常识的力量

梁宇峰　吴慧敏　著

中信出版集团 | 北京

图书在版编目（CIP）数据

常识的力量 / 梁宇峰，吴慧敏著 . -- 北京：中信出版社，2021.10（2025.12 重印）

ISBN 978-7-5217-3427-0

I. ①常… II. ①梁… ②吴… III. ①投资－通俗读物 IV. ① F830.59-49

中国版本图书馆 CIP 数据核字（2021）第 156590 号

常识的力量

著者：　　梁宇峰　吴慧敏

出版发行：中信出版集团股份有限公司

（北京市朝阳区东三环北路27号嘉铭中心　　邮编　100020）

承印者：　北京盛通印刷股份有限公司

开本：787mm×1092mm 1/16　　印张：19　　字数：219 千字

版次：2021 年 10 月第 1 版　　印次：2025 年 12 月第 5 次印刷

书号：ISBN 978-7-5217-3427-0

定价：65.00 元

序

相信常识，不要相信奇迹

两年前，我曾经为梁宇峰博士所著的《长期的力量》一书写过序，很高兴再次为《常识的力量》这本书作序。

常识是指在生活或某学科中最基本的知识、逻辑或规律，就资本市场而言，常识主要是指宏观经济、企业和资本市场运行等的基本逻辑或规律，我经常讲的一句话就是“相信逻辑，不要相信奇迹”，其实也可以换成“相信常识，不要相信奇迹”。

十年前，我曾经写过一篇文章叫《中国投资者为何爱讲故事不爱算估值》，这或许与我们传统思维习惯中辩证逻辑强、形式逻辑相对较弱有关。中国人的形象思维发达，这可以从文字起源说起。汉字起源于象形文字（甲骨文、金文是象形文字），虽然目前已跟原来的形象相去甚远，但仍属于表意文字，音、形、意相互联系，为形象思维提供了方便的工具。西方各种字母的共同来源，是希腊字母派生出的拉丁字母和斯拉夫字母，希腊字母则由腓尼基字母演变而来，而腓尼基字母是公元前 15 世纪在古埃及人创造的一种象形文字“圣书字”的基础上产生的。可见西方的文字与汉字的起源都是象形文字，但前者经历了多次创新转型，已经脱胎换骨，完全没有了象形文字的痕迹，语法、逻辑性、抽象性都很鲜明。因此，从文字的演进再结合中国人的思维和行为实例大致可以看出，东方传统思维的特征大体是归纳能力强，逻辑演绎推理能力弱，辩证逻辑能力强于形式逻辑。在这种思维模式下，容易注重局部与个案经验，忽视整体思维，缺少理论框架。

我非常同意梁宇峰在书中提出的核心观点——在投资中理解和坚持常识很重要。但在资本市场中，我们经常看到各种缺乏常识的现象：如被高科技新模式等光环所吸引，却忽视企业本质的赚钱模式和赚钱逻辑；给炒作概念的公司难以想象的高估值，但对便宜的优质公司却视而不见；在决策过程中放大短期利多或者利空因素，对长期趋势的研究则重视不够；对企业的高成长和高利润率进行线性外推，却忽略了潜在的竞争加剧带来的风险，凡此种种，不一而足。这种现象不仅仅出现在普通投资者身上，在很多机构投资者身上也会出现。规律只会迟到不会缺席，如果一个投资者缺乏必要的常识，可能在短期内取得不错的投资回报，但长期来看大概率会遭遇失败，按照现在流行的说法就是——靠运气赚来的钱靠实力输回去。

这本《常识的力量》是讲价值投资的常识，如行业竞争的常识、公司商业模式和竞争力的常识、公司估值的常识、投资决策的常识，以及人性和市场效率的常识。在这本书中，既有作者多年投研经验的归纳和总结，也有很多大家耳熟能详的案例，通过这些内容，帮助我们系统梳理了价值投资的基本框架，并提示我们在投资决策中经常犯的常识性错误。

关于价值投资，很多人有误解，认为中国市场投机性大，不适合做价值投资。而我个人非常认同梁宇峰的观点，越是投机的市场，越容易发生“定价错误”，价值投资就越能取得超额收益。A股市场也诞生了许多长线牛股，这些牛股的涨幅一点儿都不亚于海外那些大家耳熟能详的明星公司。2017 年以来，中国的资本市场更是呈现大分化，优质公司持续上涨而绩差公司一路下跌，这也说明价值投资越来越被中国投资者所接受。

关于价值投资还有另外一个观点，就是价值投资太难学，不适合普通散户。其实，价值投资的基本方法论和所需要的基础知识、专业知识、专业技能并不复杂，重要的是领会最基本的逻辑规律和常识。彼得·林奇曾经说过："五年级的数学足以满足投资所需。"这当然有些夸张，但也从侧面说明尊重常识、坚守常识是做好投资的关键。

前一段时间，我也在中信出版社出版了《趋势的力量》一书，核心观点是中国经济的高增长时代已经结束，和全球主要经济体一样，出现了方方面面的分化趋势，分化时代会呈现强者恒强、优胜劣汰和此消彼长的格局；故做投资要保持理性，切忌受情绪的影响，一定要看到长期趋势，参与大概率事件。这和梁宇峰的这本《常识的力量》中的很多内容是不谋而合的。

梁宇峰是我的老同行，曾经多年担任东方证券研究所的所长一职。2014 年他从券商辞职，创办了服务于普通投资者的"益研究"，致力于让普通投资者也能享受机构级的投研服务，这种创业初心令人敬佩。因为中国有数千万乃至过亿的普通投资者，他们为资本市场贡献良多，却一直是弱势群体，得不到专业机构的服务，很难取得好的投资业绩。益研究能专注于服务普通投资者，让普通投资者享受到专业的机构级投研服务，特别是价值投资服务，无疑能为中国资本市场的健康发展做出贡献。

李迅雷

中国首席经济学家论坛副理事长

中泰证券首席经济学家

前言

截至2021年6月30日，我国资本市场个人投资者总数已达1.88亿，占投资者总数的比例达99.77%，占全国总人口的比例为12.8%。

在这么多投资者当中，真正在股市投资中赚到钱的可能是少数，所以有“七亏两平一赚”的说法。为什么这么多投资者投资亏损？原因就是他们违背了常识。如果我们在投资中违背常识，虽有可能因为运气好而阶段性取得好业绩，但长期没有常识、不尊重常识，一定会输得一塌糊涂。

什么是违背常识呢？这里，我给大家举几个常见的例子。

第一，对商业模式的本质缺乏分析和认知。很多人都听过WeWork这个公司，作为共享办公空间的龙头企业，WeWork曾经一度备受资本市场的青睐，大名鼎鼎的软银集团也投资了WeWork，估值最高曾到达470亿美元。但2019年WeWork上市失败，估值从高点回落至100亿~150亿美元。

为什么连软银也折翼WeWork呢？我认为，主要原因在于很多投资者对于WeWork商业模式的本质认知有偏差。哪怕WeWork把自己包装成一个互联网公司，但从本质上来说，它还是通过对固定资产的经营和提供增值服务来实现盈利，也就是“二房东”的商业模式，既不符合双边平台效应，也不符合互联网赢家通吃的特征。因此，WeWork的商业模式既不是互联网经济，也不是高科技企业，而是属于房地产经济，这也决定了其运用互联网思维，通过“烧钱”来获取客户，在逻辑上是错误的。

第二，只看需求侧逻辑（行业空间），不看供给侧逻辑（竞争格局）。在股票投资中，很多人会优先选择成长性高、想象空间大的行业，这样做当然没错，但不能把需求侧逻辑作为唯一的判断依据，而忽略供给侧的分析，这也是违背常识的。当一个行业高速成长，行业内的企业可以获得超额利润时，想要进入这个行业的人必然很多，竞争一定会变得激烈，最终使得超额利润消失。但是，如果这个行业具有良好的供给侧竞争格局，就可以帮助其中的企业长时间内获得超额利润。

美国汽车行业的发展始于19世纪下半叶。随着美国经济的迅速发展，汽车行业迎来快速增长期，1965年美国汽车销量首次突破1 000万辆，而我国直到2009年才突破这个数据。需求端的爆发带动美国的车企如雨后春笋般出现，全美先后出现了上千家汽车厂商，但到今天，美国历史上曾经出现过的绝大部分汽车厂商已经不复存在，现在的三大汽车巨头中（通用、福特、克莱斯勒），除了福特，全部经历过破产。

现在，市场对电动汽车行业的追逐可以类比美国汽车行业的高速发展期，从需求端来看这无疑是一个高速增长的行业，未来空间很大。但同时我们也需要注意到行业内的汽车品牌众多，资本不断涌入，最终究竟谁能真正脱颖而出是一个值得深思的问题。对于股票投资来说，行业高增长固然是好事，但同时我们不能不看行业的竞争格局，因为只有良好的竞争格局才能帮助企业持续稳定地获取超额利润。

第三，忘记估值和安全边际。安全边际是重要的投资原则之一，用巴菲特的话说，安全边际就是用4毛钱的价格去购买价值1

元钱的股票。预测未来很难，而安全边际的存在可以帮助我们降低预测未来的难度，并且安全边际越大，决策的容错度越高，投资者的潜在投资回报率也越高。相反，高估值不仅会降低投资者未来的投资回报率，而且还会降低决策的容错能力，一旦判断错误，股价将会迎来戴维斯双杀。

但是，许多投资者在投资中经常会忘记估值和安全边际，这也是违背常识的表现。在 20 世纪 70 年代初，美股的“漂亮 50”受到投资者的青睐，估值得到大幅提升，很多公司的估值被推升到 80 多倍、90 多倍。而估值泡沫破灭之后，很多公司的市盈率回落到 9～18 倍，这就意味着如果投资者在高点买入“漂亮 50”公司的股票，将会在很长一段时间内不赚钱甚至亏钱。

在 A 股市场，这样的故事在重演。2020 年年底到 2021 年年初，以茅台为代表的基金抱团重仓的“核心资产”，估值普遍高达 60 倍、70 倍甚至 100 倍以上；在 2021 年春节后则出现抱团瓦解的情况，很多股票出现大幅度下跌。以贵州茅台为例，2021 年 2 月 10 日贵州茅台的动态市盈率最高有 70 多倍，到 2021 年 7 月底则回落到 40 倍左右。

第四，违反能力圈原则。能力圈原则也是重要的投资原则之一，却被很多人所忽视，大家经常在没有彻底搞懂一家公司的情况下就草率买入。巴菲特和查理·芒格一直坚持能力圈这一原则，只买自己能看得懂的股票，对于自己能力圈之外的股票坚决不碰。他们把公司分为三类：可以投资的、不能投资的、太难理解的。他们把很多公司划入“不能投资”和“太难理解”之列，例如制药和高科技行业就被他们归为“太难理解”的行业，这也导致他们错失了很多伟大的投资机会。即便如此，巴菲特 60 多年来的年化投资收益率依然维持在20%以上。相比之下，大多数投资者投资失败的一个重要原因，是他们违反了能力圈原则，买了自己能力圈之外的股票。

现实生活中，还有很多违背常识的案例，哪怕是机构投资者，有时候也会犯常识性错误，所以，如何强调“重视常识、回归常识”都不为过。那为什么很多投资者包括专业投资者经常会做出违反常识的决策呢？

我认为主要有以下三个方面的原因：

第一，缺乏系统的决策框架。投资的方法论有很多，有价值投资、趋势投资、量化投资，都能赚到钱。但不管什么样的方法论，都需要形成一个逻辑自洽、回测合格、符合未来趋势的严密框架。逻辑自洽是有效投资策略的基本前提，投资决策的逻辑要能够形成一个闭环；个例的成功不代表投资策略有效，只有通过大样本检验的投资策略才是有效的；大样本回测合格也仅仅证明投资策略在过去有效，而在未来能否继续有效，还要看这个投资策略是否符合资本市场的发展趋势。如果没有符合上述标准的决策框架，决策就会很随意，也不可复制。

第二，受短期业绩压力的影响。很多基金经理虽然很清楚长期投资、价值投资的好处，可无奈的是他们面对的客户很看重短期业绩排名，或者受不了短期的业绩波动，当基金投资组合不适应当前的市场风格业绩表现不佳时，可能会引发投资者的大量赎回。投资者的非理性行为会给基金经理施加压力，迫使他们为了争取更好的短期业绩而去适应市场、追逐市场热点，甚至被迫参与博弈交易，做出有违常识的决策。

第三，受非理性决策行为的影响。传统的经济和金融学理论认为，人是理性的，并在此基础上提出了有效市场假说。但在现实生活中，人并非总是理性的。曾获得诺贝尔经济学奖的丹尼尔·卡尼曼在他的著作《思考，快与慢》中把人的决策系统分为系统 1 和系统 2，系统 1 是一个快速的、自动的、潜意识的以及通常受情绪驱动的认知系统，迅速做出决策但经常出错；系统 2 则相反，它的运作是缓慢的、受控制的、耗费脑力资源的，用系统 2 决策相对缓慢但不容易出错。对很多人来说，用系统 1 决策是天性，他们没有培养出主动应用系统 2 来思考的习惯。因此，人们经常做出非理性决策而不自知。在股票投资中，即使人们的投资理论和知识在不断完善，但由于人性上的弱点，人们还是不可避免地会经常做出一些非理性的决策，即使是专业的机构投资者也无法幸免。

常识在价值投资中至关重要，所以我根据多年的从业经验总结了价值投资所需要遵循的常识，包括关于行业竞争的常识、关于公司竞争力的常识、关于公司估值的常识、关于投资策略的常识等，不仅帮助普通投资者树立价值投资的理念，更帮助普通投资者回归投资的本质，构建完善的价值投资体系。另外，本书还总结了投资者决策中常见的心理误区，应如何克服人性的恐惧和贪婪，并罗列了价值投资者的常识清单。

《常识的力量》是《长期的力量》的升级版和深度拓展版。《长期的力量》提供了一个基本面投研的基本框架，出版之后广受好评，在豆瓣等平台上的评分也不低。很多人读过之后，通过社交媒体与我互动，这让我很受鼓舞。《长期的力量》是一本入门级的价值投资读物，给读者提供了一个很好的分析决策框架，但在深度上还有欠缺。为了弥补这一不足，我写了这本《常识的力量》，结合这些年我所看到的或亲身经历的很多案例，进行了更多的深度思考。

本书中的“常识”，是我自己对价值投资的思考和理解，但未必是所有人的认知。比如关于行业竞争格局和行业成长空间哪个更重要这个话题，由于投资哲学和投资方法论的差异，个人的结论可能会完全不一样。但不管如何，我希望这些“常识”能给大家提供一个深度思考的视角，帮助大家避开思维上的盲区。

在写作本书的过程中，我得到了吴慧敏女士的全力协助。她毕业于复旦大学，是我们益研究的研究员。慧敏人如其名，慧于心、敏于行，我把我想要写的内容简单地与她进行讨论，她就能很快地帮我落实为文字。虽然，她只被列为本书的第二作者，但没有她的全力投入，就不会有本书的完稿和出版。

在写作过程中，我们还得到益研究其他研究员的大力支持，特别是在案例的收集和总结上，这里就不再一一表示感谢了。

本书的大部分内容，来自我这几年的思考与总结，以及在实践中所遇到的一些真实案例总结，错误在所难免，恳请广大读者批评指正。

梁宇峰

目录

第一章 价值投资需要尊重常识

我们经常讲，投资需要“尊重常识”。回顾这些年资本市场的潮起潮落，我们既见证了像阿里巴巴、腾讯、茅台、恒瑞、海螺、格力这样的致富神话，也目睹了乐视、暴风、康美、康得新这样的价值毁灭。总结反思这些案例，我愈发体会到“尊重常识、回归常识”的重要性。

常识在价值投资中的重要性

我们在讨论一些投资想法的时候，经常会说“这不符合常识”。那么，常识到底是什么？所谓常识，就是事物的发展规律。人们在对客观存在的规律有了一定的认识之后，进行概括与总结，便成为常识。

常识在价值投资中至关重要。如果我们违背常识，投资将等同于博傻游戏，虽有可能因为运气好而在一定阶段取得好业绩，但长期来看，一定会输得一塌糊涂。

查理·芒格认为，伯克希尔·哈撒韦之所以能取得巨大的成功，秘诀就是追求基本的道德和健全的常识[①]。他进一步阐述道："所谓常识，是平常人没有的常识。我们在说某个人有常识的时候，我们其实是说，他具备平常人没有的常识。人们都以为具备常识很简单，其实很难。"

投资是认知变现，正确认知就是遵循常识

股票投资看上去很简单，只要你开好账户，交易会非常容易，只有买和卖两个动作。但为什么这么多人投资股票，业绩却差异巨大，有人取得丰厚的回报，有人却亏损数额巨大？

我在《长期的力量》[②] 一书中曾经讲道："投资是一个概率游戏，没有战无不胜的常胜将军，没有稳赚不赔的方法策略，巴菲特、彼得·林奇、索罗斯也都有决策失误的经历，也都有投资亏损的时候。但长期来看，有的人能赚到大钱，有的人却亏得倾家荡产，差异何在？这在于投资成功者，都有一套自己的投资体系，这种盈利体系虽不能保证每次决策都是正确的，但由于正确的概率大于错误的概率，长期重复决策之后，他们就能取得很好的投资回报。这就是概率论上的'大数定律'，在投资中，大数定律一定会发生作用。"

看似简单的投资背后，是大家对投资的认知差异。认知符合常识的人，能够做到决策的正确概率大于错误概率，长此以往，他就能取得好业绩；认知不符合常识的人，决策的错误概率大于正确概率，长期来看他就很难避免亏损的命运。

---

① 2019 年 2 月，查理·芒格在每日期刊公司年会上的讲话。

② 本书于 2019 年由中信出版社出版。

股票投资涉及的认知很多，但其中有两个特别重要：一个是关于股票的认知，另一个是关于风险的认知。前者决定了你对“投资股票靠什么赚钱”的基本认知，后者代表了你“如何应对投资亏损”的基本认知。对股票和风险的认知不一样，你相信和执行的投资体系就会完全不一样。这就好比人生，一辈子很短暂，如果你觉得人生的意义在于享受，那么你选择的生活方式就会是随遇而安，抓住一切机会享受生活；而如果你觉得人生的意义在于奋斗，那么你选择的生活方式就是逆风而行，不断挑战自我。很难说哪种人生观和生活方式的选择是对的，但不管怎样，人生观将决定生活方式，同理，对股票和风险的认知决定了你的盈利体系。

关于股票的认知——什么是股票?

什么是股票？“股票是股份公司发行的所有权凭证，是股份公司为筹集资金而发行给各个股东作为持股凭证并借以取得股息和红利的一种有价证券。每股股票都代表股东对企业拥有一个基本单位的所有权。每家上市公司都会发行股票。”

这个描述很正确，但大家会觉得它很严肃甚至很无趣，离自己的投资很远。从投资角度来看，对“股票是什么”这个问题有两种完全不一样的认知。

第一种认知：股票就是博弈的筹码。什么叫博弈？就是我要挣的钱是从你的口袋里掏出来的。说得更直白些就是赌博，像德州扑克、麻将一样，都是博弈。在这种认知下，股票的基本面好不好无所谓，它就是一个符号、一种赌具、一种筹码。

在博弈的世界里，有的人博弈能力强，也能持续赚钱。但大家一定要清楚，博弈是零和游戏。什么是零和游戏？就是你赚了钱，一定会有人亏钱。如果还要考虑赌场会坐收佣金，那博弈就变成了负和游戏了。赌场的规则是“十赌九输”，所以建立在博弈基础上的盈利体系只能是少数人赚钱，大部分人亏钱。

第二种认知：股票是投资上市公司的载体，投资股票就是投资这个上市公司，就是委托上市公司的管理团队替你打理生意，上市公司盈利、成长，你也会赚到钱。当你把股票当作投资企业的载体的时候，你盈利的来源就不是其他投资者口袋里的钱，你赚的钱也不是其他投资者亏的钱，而是上市公司的成长给你带来的利润增长，以及随之而来的分红或者资本增值。这时候，股票投资就不是零和游戏了。

如果你认为股票是投资企业的载体，那么基本面就非常重要。巴菲特说过，买入一只股票，就必须要像和管理层合伙做生意一样，如果你不认可他的生意、不认可他的能力，那么你就不要碰这只股票。

对于价值投资者来说，就是把股票当作投资企业的载体，而股市也不是零和游戏，因为几千家上市公司每年都在给投资者创造丰厚的利润。

你对股票的不同认知，决定了你如何来做投资。如果你把它理解为博弈工具，那就应该去学技术分析或者其他博弈方法；如果你把它理解为投资并分享公司成长的载体，那就要研究基本面投资。

关于风险的认知——什么是投资风险?

股票投资固然会带来投资收益，但投资永远有风险，那什么是风险呢?

创立并发展于二十世纪五六十年代的现代金融学以及现代投资组合理论有两个核心假设：第一，人是完全理性的；第二，信息是完全充分的。基于这两个核心假设，现代金融理论用股价的波动率来衡量风险，股价的波动程度代表着风险的高低。即股价的波动性越大，意味着股票的风险越大。在这个基础上，西方学者构建出了CAPM模型（资本定价模型），以及现代投资组合理论的金融学大厦。

如果你认为波动是风险，那么按照现代投资学的理论，控制风险的手段就是选择相关性低（最好是负相关）的股票来构建组合，通过组合来分散风险。这是现代投资组合理论的核心思想。

但是股价波动真的是风险吗？巴菲特认为，将市场波动等同于风险是完全错误的。投资的风险并不来源于波动，波动反而是机会，因为股价波动的幅度越大，好公司出现低估的机会也越大。当你利用股价下跌，选择买入并持有好公司的股票时，会给你带来丰厚的收益。

为什么股价波动大在现代金融学眼里是风险，而在巴菲特眼里是机会？两者的主要区别在于：现代金融学理论认为人完全理性，信息完全充分，股价永远正确反映基本面，因此股价下跌一定是有合理原因的，在这样的前提下，股价的波动并非机会；而巴菲特不认为市场永远有效，股票经常被错误定价，所以对好公司来说，波动是机会。

巴菲特认为本金的永久性损失才是真正的风险。什么是本金的永久性损失？就是你所买入的公司基本面恶化，股价永远回不到你买入的价格，这才是真正的风险。所以，真正的风险并非股价的波动，而来自公司的“内在价值风险”。所以选择基本面优秀、安全边际高的股票，才是避免风险的最好投资方法。

对股票市场的不同理解、不同操作，归根到底都是源于对股票本身和风险的认知差异，不同的认知决定了人们不同的思维模式，进而采取不同的投资策略。

对价值投资者来说，核心是建立起跟价值投资相关的正确的认知，而尊重常识就是帮助自己建立正确认知，放弃对运气的依赖，让时间成为我们的朋友。

对价值投资者来说，哪些常识可以帮助我们提升决策的胜率呢？我觉得以下两方面非常重要。

一方面，我们需要用常识来帮助我们判断：哪些商业模式、哪些公司能够大概率获得可持续发展，其收入、利润有可观的成长空间。这些常识，来自你对行业竞争格局的理解，也来自你对企业护城河的判断。

另一方面，我们需要用常识来帮助我们做好投资决策，比如要有估值和安全边际的常识、能力圈的常识等。有了这些常识，才能帮助我们做出理性决策，克服恐惧和贪婪，提高投资回报。

接下来我举一些投资案例，来说明常识的重要性。前些年有句话很流行，叫作“在风口上猪也能飞”，这句话激励了很多年轻人加入“互联网＋”的创业大潮，大量资本也源源不断地涌入各个风口行业。但聪明的投资者除了要找对“风口”，更要明白这个常识——“风停了，猪还是会掉下来的”，所以聪明的投资者真正要做的不仅仅是识别风口，更要寻找不论是否在风口，都能展翅翱翔的雄鹰。

案例

都是“懒人经济”，为什么电商能成功，O2O 到家服务却不能？

互联网的发展让生活变得很方便，使得越来越多的年轻人享受到互联网所带来的便利。大家在工作之余都希望能够在忙碌中享受一份惬意，由此便催生了“懒人经济”。

电商的迅速发展助推了懒人经济的发展。随着国内互联网的不断普及，越来越多的网民加入了互联网消费大军，越来越多的商品出现在互联网上。这几年，“懒人”群体的规模不断扩大，除了网上购物，人们对快捷方便的餐饮需求也在不断增加，带动外卖业务的迅速发展，在线外卖在餐饮业中的占比逐步提升，逐渐成为餐饮业中的重要业态。

懒人经济也催生了 O2O（线上到线下）到家服务。从 2015 年开始，“互联网 +”的创业大潮风起云涌，许多风投资本开始狂热投资各种 O2O 项目，比如互联网 + 理发、互联网 + 洗脚、互联网 + 美甲、互联网 + 洗车等，各类互联网 + 项目层出不穷。但是短短 1 ~ 2 年的光景，绝大多数的 O2O 项目都“死掉”了，能够留下来的寥寥无几。同样都是懒人经济催生的产物，为什么像阿里巴巴等电商企业能够成功，而 O2O 到家服务却不能呢？

我认为最根本的原因在于做懒人的成本，也就是“出行成本”，在电商和 O2O 到家服务这两个场景中是完全不一样的。在电商场景中，具有规模效应，能帮助消费者节省出行成本，“懒”得有道理；而在 O2O 到家服务场景中，出行成本没有规模效应，只是在消费者和服务提供者之间进行转移，“懒”的代价过高，因而不具备商业可行性。

电商的物流从主干网络到最后一千米，全部具有规模效应，降低了物流成本。例如，一个快递员往一个小区送快递，一次可以送几十个包裹，由于规模效应，平摊到每一个包裹上的物流成本只要 5 元钱就够了，这比你自己去商场购买，节省了大量的出行成本（时间成本和金钱成本）。所以，电商在商业逻辑上是成立的。

而 O2O 到家服务貌似节省了消费者的出行成本，但是它其实并没有消失，而是被转嫁到了上门提供服务的人身上。在 O2O 到家服务模式下，每一次的服务都有固定的人力成本和时间成本，且每个人每天都有一个订单饱和量。可即便订单达到饱和，服务成本也难有明显降低，这意味着即使订单量足够大，有一定的规模，但是边际成本的降低依然非常有限。例如，如果我们到美甲店里做美甲，假设每个人的服务时间是一个小时，一个美甲师一天可以服务 10 个左右的客户，但是在 O2O 服务模式下，美甲师上门，除了美甲的人力成本外，还需要花费交通成本，且一个美甲师一天可能只服务 3 ~4 个客人。此时，美甲师到家服务所多出来的出行成本，势必要转嫁到消费者身上，所以最终消费者所承担的成本反而比自己到店接受服务所付出的成本要高。因此，O2O 到家项目是一种定制化服务，虽然可以让人在家享受到更好的服务体验，但事实上是很难通过大规模的订单体系达到降低边际成本的目的，从而无法获得规模效应。O2O 到家项目没有为社会创造价值，所以在商业逻辑上是不成立的。在 O2O 热潮期，平台通过大量补贴来获客，也一度热热闹闹，而一旦补贴停止，就发现要么是到家服务提供商不愿意上门，要么就是客户不愿意为昂贵的上门服务买单。

通过这个案例，我们可以获得这样的常识：任何商业模式的成功，都要真正创造价值（以合理成本，满足消费者的某种需求），不创造价值，再新颖的商业模式也不会成功。

案例

大名鼎鼎的软银为什么也折翼 WeWork？

WeWork 是美国著名的“明星”企业，成立于 2010 年，主要为初创企业、自由职业者以及跨国公司提供共享的工作区和办公室，最早于 2011 年 4 月向纽约市的创业人士提供服务。目前，WeWork 在全球拥有超过 800 个办公地点，其分布在美国、加拿大、墨西哥、阿根廷、巴西、德国、法国、英国、以色列、南非、中国、日本等多个国家，是共享办公行业的龙头企业。

2019 年 8 月，WeWork 首次公开募股失败。根据当时的招股说明书，截至 2019 年 6 月底，WeWork 拥有 52.7 万名会员，在全球 29 个国家的 111 个城市拥有 528 个分支机构，这 52.7 万名会员来自多个行业，其中有 38% 来自全球《财富》500 强企业。但是，我们再看一下 WeWork 的财报数据会发现，2016 年至 2019 年上半年仅 3 年半的时间，WeWork 的净亏损额达 41.94 亿美元。

虽然 WeWork 连续 3 年半亏损，但是这家公司曾经一度是全美估值最高的创业公司之一，并获得了大名鼎鼎的日本软银集团的投资。2017 年，软银集团成立了规模达 1 000 亿美元的愿景基金一期，投资组合包括 ARM、优步、滴滴出行、WeWork 等公司。软银和 WeWork 缘起于 2017 年 7 月，当时 WeWork 获得了由软银集团等机构 5 亿美元的 A 轮融资。此后，随着 WeWork 的快速扩张，软银不断追加投资，直到成为其最大的股东。但在 2019 年 9 月 30 日，WeWork 母公司 We Company 宣布撤回 IPO（首次公开募股）申请，推迟上市计划后，WeWork 的估值从最高时的 470 亿美元，调整至 100 亿～150 亿美元。

从 WeWork 递交上市招股说明书开始，其财务数据和商业模式便被放在显微镜之下，“看上去很美”的独角兽“泡泡”被戳破，WeWork 逐渐遭到市场的质疑。而作为其最大股东的软银同样受到了重击，2019 财年第三季度（2019 年 7 月 ~9 月）营业亏损达 7 044 亿日元，主要原因就是 WeWork 估值的大幅减记。

为何大名鼎鼎的软银也折翼 WeWork？当 WeWork 的招股说明书披露之后，市场便对其是否是一家高科技企业、估值是否合理产生怀疑。WeWork 一直自称是一家轻资产的共享经济企业、一家互联网技术驱动的高科技企业，但是投资者认为，虽然 WeWork 通过大数据选址和网络平台做共享办公空间租赁，但这并不能改变 WeWork 商业模式的本质。WeWork 的商业模式其实就是在市场上买下办公楼或者长期租赁后，分割成面积更小的隔间，根据用户需求重新改造和装修，并提供相应的配套服务。从本质上来说这就是“二房东”模式，不能以科技公司的标准对其进行估值。

为何 WeWork 的“二房东”商业模式不像很多互联网公司那样拥有很深的护城河？在发展初期，WeWork 运用“互联网思维”，借助融资在全球跑马圈地获取市场份额，并在 IPO 时提出“空间即服务”的企业定位，期望获取行业的最终定价权以及更高的利润率。淘宝、滴滴、美团等互联网巨头，都是“互联网思维”的产物，在发展初期也靠补贴来吸引用户，但它们形成了强大的“网络效应”或者“双边平台效应”①，并在没有补贴的时候能够保持用户黏性。此外，真正的互联网商业模式是赢家通吃的，因为互联网没有区域限制、没有物理边界，初期投入巨大，但边际服务成本很低，因此一旦一个行业形成一个巨头，往往意味着其他同类公司没有生存空间。

但是 WeWork 的商业模式本质上还是通过经营固定资产和提供增值

① 所谓网络效应或双边平台效应，就是平台一边是商家，一边是消费者，商家越多越吸引消费者，消费者越多越吸引商家，这样商家和消费者越来越离不开平台，这种双边平台效应是最深的护城河。

服务来实现盈利，因为它既不符合双边平台效应，也不符合互联网赢家通吃的特征。对于用户来说，哪怕 WeWork 再有名，用户选择共享办公室首要考虑的还是租金的合理性以及位置的便利性，并非一定要非 WeWork 莫属，也就是说用户没有足够的黏性。同时，WeWork 的规模再大，其边际经营成本也不会显著降低，这就决定了它很难依靠规模效应取得压倒竞争对手的成本优势，很多小而美的共享办公室公司，因为成本控制得好，反而比 WeWork 更具性价比优势。因此，WeWork 的商业模式既不是互联网经济，也不是高科技企业，本质上只是“二房东”，属于房地产经济，这就决定了其运用互联网思维，通过“烧钱”来获取客户，在逻辑上是不成立的。

通过这个案例，我们可以获得这样的常识：我们要看清楚很多高科技公司的商业本质，不能因为其披上互联网的外衣，就觉得它是互联网公司，给它互联网公司的估值，而要看它具不具备互联网公司的典型特征——双边效应、赢家通吃等。

股票投资中，不尊重常识大概率会成为“韭菜”

前面所讲的这些案例，我认为都是违背常识的案例，哪怕是机构投资者，有时候也会犯常识性错误，所以，如何强调“重视常识、回归常识”都不为过。现在让我们把视线转回 A 股市场。我们先来看一个统计数据，这是上海证券交易所公布的 2016—2019 年各类投资者的交易数据和收益表现，如表 1－1 所示。

通过表 1－1 的统计数据，我们可以得出三个结论。

第一，机构赚钱，散户亏钱。A 股散户中，无论账户余额是小于 10 万元的“超级小散”，还是账户余额大于 1 000 万元的高净值

表 1-1　2016—2019 年，各类投资者收益率情况　（元）

投资者类型	择时收益	选股收益
个人：账户余额 <10 万	-511	-618
个人：账户余额 10 万 ~50 万	-2 698	-4 682
个人：账户余额 50 万 ~300 万	-9 202	-14 449
个人：账户余额 300 万 ~1 000 万	-34 328	-53 966
个人：账户余额 >1 000 万	-150 297	698 050
机构户	-2 966 344	19 777 708
公司户	-1 435 093	42 871 529

资料来源：上海证券交易所。

人群，整体上全在亏钱，而机构投资者和公司法人投资者整体上是盈利的。

第二，本金越少，亏损率越高。也就是说，账户市值越小的散户亏损得越多。

第三，择时负收益，择股正收益。无论是机构投资者还是散户投资者，都很难依靠择时获取收益，择时只是一种神话。

“机构赚钱，散户亏钱”的现实，还可以从公募基金的业绩中得到验证。各种研究都表明：公募基金能大幅度跑赢指数，也就意味着散户是跑输指数的，因为指数就是所有投资者的平均回报率。股市中流传着“七赔二平一赚”的说法，说明散户很难做到像机构这样跑赢指数，甚至连达到指数的水平都很难。

为什么机构赚钱，散户却亏钱呢？这些年，我一直和个人投资者打交道，总结了十大原因（见表 1-2），都是一些常识性的错误，即缺乏常识的表现。

表 1-2　散户亏钱的十大原因

序号	散户常见投资行为	投资常识
1	带着一夜暴富的心态进入股市	绝大部分赌徒的命运是亏损
2	草率决策：买股票如买小菜	买股票需要慎重决策
3	不肯止损：套牢就"长期投资"	持有基本面不断恶化的公司，犹如夏日里拿着冰棍，会越来越少
4	频繁止损：自以为是有效策略	应该对基本面止损，而不是对股价止损
5	看历史股价觉得是"便宜"买入	"便宜"与否和历史股价无关，只和现在及未来的基本面有关
6	听"内幕信息"买入	连你都知道了还能是"内幕信息"？
7	根据高送转等"特大利好"消息买入	高送转是数字游戏，不改变股票的内在价值
8	觉得自己有独门秘籍，盲目自信	没有一种策略会永远有效
9	追涨杀跌、频繁交易	频繁交易不创造价值，只是给券商做贡献
10	觉得价值投资在中国没有用	越是有定价错误的市场，价值投资越有效

第一，进入股市就是为了一夜暴富。很多人进入股市是带着一种赌徒的心态，幻想自己依靠炒股能实现人生的逆袭。这种人其实就是把投资股票当成了赌博，在操作上追涨杀跌，如果还利用杠杆借钱炒股，往往损失更加惨重。股市并不能让人一夜暴富，却有很多人被炒股弄得倾家荡产。因此，越想一夜暴富，往往越容易亏钱，不相信的活可以想想赌徒的命运——绝大部分赌徒是亏钱的，这是常识。

第二，买股票如买小菜。很多人买股票的时候就和买菜一样，决策过程很短、很草率。尤其是现在手机交易很方便，加重了这种错误做法带来的影响，更容易导致草率决策、频繁交易。我经常反问这类投资者：你买个几千元的家用电器会研究比较很久，可为什么买几万元、几十万元的股票反而这么草率呢？草率决策是散户最容易犯的常识性错误之一。

第三，跌了这么多了，就当作长期投资吧。股票下跌的原因有很多，但是很多散户在股票下跌之后，往往不去思考下跌的原因，而是以持仓成本或下跌前的股价为标杆，认为股价总有一天会涨回来，从而不肯止损。但常识是如果公司基本面已经恶化，就像夏天在太阳底下曝晒的冰棍，时间越久剩下的越少。

第四，我有严格的“止损”纪律，不会亏大钱！很多散户认为自己有非常严格的止盈止损纪律，比如股价上涨20%就止盈，股价下跌10%就止损，这样自己的投资就会立于不败之地。这个纪律听上去很有道理，但仔细一想，其实这里面忽略了一个问题：概率。如果你买了十次股票，有八九次是止损，那亏损的幅度肯定很大。大多数号称自己有严格止损纪律的投资者，都是频频止损，难得几次止盈，所以止盈后的盈利远远不能弥补止损后的损失。常识告诉我们，投资要对基本面止损，而不是对股价止损，即在基本面既定的情况下，股价应该是越跌越买；如果基本面已经恶化，此时股价涨跌都不能买。

第五，股价都这么高了，还能买吗？很多投资者喜欢以股价去衡量一个公司的股票贵不贵，当一只股票从30元涨到100元的时候，很多人会觉得太贵了，不敢买入，其结果可能就是不断地与超级牛股擦肩而过。好公司是由盈利驱动的，其业绩增长能够推动股价不断上涨。我们在衡量一只股票贵不贵的时候，不是看股价的高低，而是应该看估值。如果公司成长性好，且估值合理，那么不管股价高不高，都可以买入。

第六，我有××股票的内幕消息！这时候你应该要问问自己，真的只有你一个人知道吗？如果你也知道了，那还是“内幕消息”吗？并且，这个消息有可能很早就已经反映在股价上了，而你这个时候冲进去很有可能就是高位接盘者。

第七，特大利好：“十送二十！”高送转也是很多散户喜欢的炒股题材。但事实上，对于投资者来说，送股和转股只是个数字游戏，对股市基本面和估值没有任何影响。例如，“十送二十”就是将上市公司的未分配利润转为股本，原来的10股变成30股，但是相应的股价也会变成原来价格的1/3。因此，高送转并没有任何的实质性意义，可很多散户喜欢把这个当作重大题材来操作。切记，不要因为错误的理由而买股票！

第八，我有独门秘籍，盲目自信。很多投资者购买各种图书，参加各种培训班，希望能找到一个在股市制胜的秘诀。但事实上，每一种策略都有自己的适用性，没有一套策略是适合所有市场风格的。所以很多散户刚刚学会了在一段时间还能奏效的办法，市场风格一变又开始亏钱，于是不断学、不断变、不断亏。价值投资虽然也会有无效期，而且这个无效期有可能长达数年，但由于符合商业逻辑，拉长时间来看，一定是有效的。遗憾的是很多散户没有这个耐心。

第九，超短线操作、频繁交易。很多投资者喜欢短线操作，觉得这样赚钱快。但其实短线操作看似简单，实则很难，错误率极高。A股市场是全世界换手率最高的市场之一，原因就是很多散户喜欢短线操作、频繁交易。其后果大家已经看到了，整个散户群体亏损巨大。

第十，价值投资不适合中国。很多散户对价值投资嗤之以鼻，认为 A 股市场投机性强，也很特殊，所以价值投资那套理论不适合 A 股市场。但真相是：越是无效的市场，定价错误越严重，价值投资越有机会。好公司会因为定价错误被低估，差公司会因为定价错误被高估，所以只要买入被低估的好公司的股票，就能赚到大钱。市场发生这样的定价错误，往往是在提供免费的午餐，所以价值投资同样适合中国。2017 年以来的市场，就是那些被低估的好公司的价值回归，也是那些被高估的差公司的价值回归，行情极度分化，给那些不相信价值投资的人上了生动的一课。当然，现在 A 股市场的定价错误被大幅度修正，价值投资的难度就大大增加了，而很多散户将回归价值投资。

价值投资中的核心常识

既然常识在价值投资中非常重要，那么价值投资中的核心常识都有哪些呢？

买股票就是买公司

对价值投资者来说，股票是投资上市公司的载体。投资这只股票就是投资这家上市公司，这家上市公司盈利了、成长了，投资者就赚到钱了。当你把股票当作投资公司的载体的时候，你盈利的来源就不再是其他投资者口袋里的钱，你赚的钱也就不再是其他投资者亏的钱，而是上市公司的成长带来的利润增长，以及随之而来的分红或者资本增值。

公司的内在价值是由未来利润或现金流决定的

一个公司的内在价值是由其未来利润或现金流决定的。一个公司在未来能否创造足够的利润或现金流至关重要，关系到其支付股利、偿还债务的能力，还关系到公司的生存和发展。从投资的角度来说，资本对企业价值的判断，是基于未来的视角，简言之，就是企业未来能产生多少利润或现金流，折算到现在应该值多少钱。所以，我们在给企业估值的时候，通常使用的是 DCF，也就是现金流折现法，即将未来的销售收入预测转化成自由现金流，再逐年折现到现有时点并加总，从而得出公司的内在价值。

$$\text{公司的内在价值} = \frac{\text{未来第 1 年的预测现金流}}{1+\text{折现率}} + \frac{\text{未来第 2 年的预测现金流}}{(1+\text{折现率})^2} + \frac{\text{未来第 3 年的预测现金流}}{(1+\text{折现率})^3} + \cdots\cdots$$

当然，公司的内在价值基于未来收入、利润和现金创造的预测，本身具有很大的不确定性，而且每个人的预测方式不一样，导致对公司的内在价值的判断也不一样。

决定未来利润或现金流的核心因素：行业空间、行业竞争格局和公司竞争力

公司的内在价值是公司未来产生的利润或现金流的现值，而决定公司未来利润或现金流的核心因素有：行业空间、行业竞争格局和公司竞争力。

首先，行业空间决定公司的发展空间。如果一个行业规模

很小，那么公司基本上也很难做大。2017 年年初，太钢不锈高调宣布自己具备批量生产圆珠笔的“笔尖钢”的能力，太钢不锈股价涨停。但如果我们去测算这个行业的空间大小就会发现，现在用圆珠笔的人越来越少，即使全世界圆珠笔的笔头加在一起，大概也就 2 亿元的市场。从这个角度出发，虽然太钢不锈造出了笔尖钢，但因为笔尖钢的行业空间非常有限，所以对它基本面的影响可以忽略不计。我们在评判行业空间大小的时候，可以从目前的市场容量和未来增长趋势两个角度来考虑：首先看这个行业目前的容量；其次看未来增长的趋势，是向上、稳定，还是向下。

其次，我们要评判行业的竞争格局。有的行业竞争格局很好，经过充分竞争之后大浪淘沙，存活的龙头公司竞争优势明显、护城河深，能够获得稳定的利润；而有的行业竞争异常惨烈，价格战此起彼伏，行业内各公司都很难赚到钱。因此，行业竞争格局分析可以帮助我们更好地预测公司未来的利润或现金流。我们主要可以从市场集中度、新进入者的挑战、上下游定价权等各个维度进行分析。

最后，我们要分析公司的核心竞争力，看其是否拥有足够深的护城河。企业的护城河指的是企业在相当长的一段时间内无法被模仿和替代的竞争优势，如品牌、专利、垄断性牌照、规模优势等。牛股往往是那些拥有很深护城河的公司。只有拥有足够深的护城河，公司才能够在未来持续不断地产生稳定的超额利润。如果一个公司没有护城河，即使现在很赚钱，我们也很难确定它几年之后是否还会很赚钱，因为一个赚钱的行业势必会吸引更多竞争对手，从而侵蚀现有企业的利润。因此，护城河是决定企业未来利润或现金流的一个非常重要的因素。

行业空间、行业竞争格局和公司竞争力是公司未来现金流的基本影响因素，我们要预测公司未来的盈利能力和现金流创造能力，必须分析行业空间、行业竞争格局和公司竞争力。

内在价值既定的前提下，买入价格决定投资回报率

股票的投资回报率可以这样来计算：

$$潜在投资回报率 = \frac{内在价值}{买入价格} - 1$$

所以，潜在投资回报率跟你买入的价格是紧密相关的。在基本面（内在价值）既定的情况下，买入的价格越低，风险就越低，未来的投资回报率就越高；反之，买入的价格越高，风险就越高，未来的投资回报率就越低。所以，在基本面（内在价值）没有变化的情况下，10 元买入股票，股价跌到 8 元，就应该更加坚定地买入，因为这时候买入，你的潜在投资回报率反而更高了。

前面讲的道理很简单，是基本常识，但在实际投资中，很多人是反过来的：股票一涨，就急着买进，生怕错过发财的机会；股票一跌，就开始慌张，急着抛售。这样追涨杀跌，明显是违背价值投资的基本原则，不亏钱才怪。

当然，我们也要区分股价下跌的原因。有可能是因为基本面恶化，导致内在价值下降，也有可能基本面没什么变化，只是因为受市场情绪的影响，导致价格波动。所以，面对股价下跌，要不要止损，其实需要做专业的判断，不能一概而论。但基本原则是，我们

要对基本面止损，而不是对股价止损。

市场是非理性的，经常会出现“定价错误”

现代金融学的一个重要理论就是“有效市场”假说，依据这个理论，股价都能准确反映基本面。

巴菲特曾说：“如果市场总是有效的，那我只能沿街乞讨。”在现实生活中，市场存在大量的定价错误的情况，即好公司的股价低，差公司的股价高。A 股市场长期以来存在这种定价错误。在个股的定价上，资本市场也经常是无效的。很多人不买估值低的好公司，反而一窝蜂地追逐估值高得离谱的差公司。正是这种无效，导致了定价错误。

价值投资者追求的是定价错误的机会，特别是好公司被错误定价（被低估）的机会。好公司之所以被错误定价（被低估），基本可归纳为以下几个原因：

第一，大众恐慌。当股市因为某些宏观事件而大幅下跌时，比如 2015 年的大熊市、2018 年的中美贸易摩擦，都引发了大众的恐慌。这时候不管好股票差股票，都会下跌。

第二，大众误解。有些好公司，会长时间被投资大众所误解。比如 2016 年之前，格力电器就一直被认为快要碰到发展的天花板了，海螺水泥则一直被认为是夕阳行业，但事实上这两家公司的成长性一点都不比医药、科技公司差。

第三，大众忽略。现在 IPO 的新公司很多，其中有很多细分行业的龙头公司，但经常会被市场所忽略。

大众恐慌、大众误解和大众忽略，导致好公司被错误定价。如果我们把握住这些定价错误的机会，在市场情绪恢复、估值修复后就可获得超额收益。

投资回报的来源：定价错误被修复+公司内在价值增长

从上面的分析中，我们不难找出股票投资回报的两种来源：定价错误被修复和公司内在价值增长。

首先，市场经常出现定价错误的现象。价值投资者擅长发现市场上被低估的股票并买入，等待价值回归。从中短期来看，如果我们把握住这种定价错误的机会，就可以获得这种错误定价被修复所带来的超额回报。

其次，买股票就是买公司，价值投资者赚的是公司成长所带来的利润增长，即公司内在价值增长，这是从长期的角度来考量的。如果投资者能够挖掘到那些优秀的公司，它们的成长能力和持续性远超市场预期，其内在价值会随着时间的推移不断提高，那么长期持有其股票就能获得丰厚回报。

赚定价错误被修复的钱，往往被贴上“价值风格”的标签；赚公司内在价值不断提升的钱，往往被贴上“成长风格”的标签。价值风格和成长风格是价值投资的两大基本流派，不过二者之间的区别不是绝对的。

建立常识能力真的不容易

前面说的这些常识听上去很简单，但建立常识却不那么容易。因为在现实投资过程中，人们很容易受到非理性行为的影响，从而使得投资决策背离了常识。

传统经济学和金融学理论是建立在投资者是理性的这一假设前

提之上的，也就是说人们的行为是理性的，每一个从事经济活动的人所采取的经济行为，都是力图以最小的经济代价去获取最大的经济收益。有效市场假说、现代投资组合理论，以及风险与收益理论等，全都是以理性经济人假设为前提。

但事实上，不管是在现实生活中，还是投资决策过程中，人们总是很难做到理性决策。

行为金融学对非理性行为的探索

行为金融学是一门交叉学科，将心理学尤其是行为科学的理论融入金融学之中，对传统金融理论的创新发展具有重要意义。近些年，行为金融学经济学家屡次获得诺贝尔奖，也反映出学术界对行为金融学的认可度越来越高。

关于行为金融学，有很多经典著作，比如《思考，快与慢》一书，其作者丹尼尔·卡尼曼获得了2002年的诺贝尔经济学奖。

行为金融学认为，人们的思考和决策行为经常存在着系统性偏差，也就是说人经常是非理性的。以下，我们用三种现象来说明金融市场中经常存在非理性行为。

现象1：锚定效应——指数3 000点贵不贵?

锚定效应是丹尼尔·卡尼曼和阿莫斯·特沃斯基在1974年通过实验发现的，指的是人们在对某个事件做出定量估测时，容易受第一印象或第一信息所支配，就像沉入海底的锚一样把人们的思想固定在某处。也就是说，人们在做决策的时候，容易受到初始信息或熟悉信息的影响，并不自觉地以它们为参考。

锚定效应作为一种心理现象，普遍存在于我们生活的方方面面。例如，有两个卖煎饼果子的小摊，当顾客过来买煎饼果子的时候，摊主A问顾客“加不加鸡蛋?”，摊主B问顾客“是加一个鸡蛋还是两个?”请问这两个小摊的生意哪个更好、赚的钱更多呢?答案无疑是小摊B。为什么呢?这就是锚定效应下产生的结果，小摊A给顾客提供的选择是0和1，小摊B给顾客提供的选择是1和2，此时两个小摊给客户定的锚是不一样的。在房地产销售中，开发商也经常利用锚定效应来影响消费者，最终达成交易。我们在售楼处看房时，中介或者销售人员经常会先带我们去看比较贵的楼盘，假设房价为3万元/平方米，看完之后再带我们去看普通楼盘，假设房价为2万元/平方米，有了前面的3万元/平方米作为我们心中的“锚”，自然就不会觉得2万元/平方米的普通楼盘很贵了。除了房地产行业，各行各业都经常利用锚定效应来影响消费者做决策，可以说，设置锚定效应是商家的惯用“伎俩”。

锚定效应还经常出现在许多金融和经济现象当中。例如，当指数从2 500点一口气涨到3 000点的时候，人们可能会认为指数3 000点太贵了。但是如果指数先从2 500点涨到3 500点，之后再回落至3 000点，这个时候很多人会觉得3 000点挺便宜。同样站在指数3 000点的位置上，为什么人们对股市的认知会产生这样的偏差呢?因为锚定效应。当指数从2 500点直接涨到3 000点时，人们以2 500点作为锚，而当指数从2 500点涨到3 500点再回到3 000点时，人们心中的锚变成了3 500点，自然就会产生认知偏差了。但事实上，无论是2 500点直接涨到3 000点，还是2 500点涨到3 500再跌到3 000点，都是3 000点，估值和基本面是一样的，对价值投资者来说没有任何区别。

一般来说，“锚”只要受到人们的注意，无论其数据是否夸张、是否有实际参考作用，或对决策是否有帮助，该锚定效应都会起作用。查理·芒格曾说：锚定效应危害最大。人的思维一旦锚定，就容易得出荒谬的结论。对于价值投资者来说，应该锚定的是价值，而不是历史股价，也就是说，价值投资者要忽略过去的股价表现，而根据股票的内在价值和当前股价的关系进行决策。

现象2：损失厌恶——不肯卖掉基本面恶化的亏损股票

损失厌恶也是由丹尼尔·卡尼曼和阿莫斯·特沃斯基首次提出的。他们经过长时间的研究，最终证明：人们对于同样数量的损失和盈利的感受是不一样的，损失所带来的痛苦是盈利所带来的喜悦的2~2.5倍，这就是损失厌恶。比如赚10%的钱和亏损10%的钱相比，我们更在意亏损，亏损对我们心理影响更大。所以许多投资者在投资股票的过程中，当股票下跌时，倾向于握住不卖，一直想等到回本之后再卖掉，认为这样就不会亏损本金。

买股票被“套”非常普遍。如果公司的基本面没有变化，被套越多，越应该坚持，甚至加仓买入；但如果被套是因为公司的基本面恶化，那就应该止损，卖出股票。可多数投资者一旦股票被套，不做客观分析，不寻找背后的原因，而一味选择做“鸵鸟”，还说自己是在做“价值投资”，不解套绝不卖股票，其结果是股票越套越深，亏损不断加大。对大多数人来说，把亏损的股票抛掉，等于是把潜在亏损变成了真正的亏损，也等于是承认了自己的投资错误，而承认错误这件事情，对很多人来说是件非常痛苦、不愿意面对的事情。所以，不愿意抛掉亏损的股票，根儿上还和人性固有的弱点——“损失厌恶”相关。

现象 3：羊群行为——大家都在买股票，我也应该买股票

羊群效应又称从众效应，指的是一个人的行为会受到其他人行为的影响，从而做出一致行为的现象。

由于信息不对称，人们通常只能通过观察周围其他人的行为来提取信息，在信息不断传递的过程中，许多人的信息大致相同且不断强化，从而产生一致的行为。在投资过程中，投资者普遍存在这种学习与模仿的现象，盲目效仿别人，从而导致他们在某段时间内买卖相同的股票，即“大家都在买这只股票，我也应该买这只股票”。

非理性行为会以“正反馈环”的形式进行自我升级，不断放大——股票涨了，吸引更多人买入，更多人买入导致股票进一步上涨，从而进一步吸引更多人买入。但事实上，非理性投机是不可能无限放大的，泡沫终有破灭的时候。此时投资者会将注意力转移到另外的市场，开启新的非理性投资过程。也就是说非理性繁荣没有消失，只是在另一个市场再次出现。20 世纪 90 年代，互联网股票的暴涨吸引了众多投资者，大家纷纷购买股票，因为股价在上涨、其他人在赚钱。2000 年，股市泡沫破灭之后，许多投资者开始转而投资房地产市场，开启了房地产市场的繁荣，直到 2008 年美国次贷危机发生，泡沫破灭。羊群行为所带来的非理性繁荣最终破灭的时候，造成的影响往往是巨大的。

人经常被恐惧和贪婪所左右

在华尔街有一句老话：市场是由两种力量驱动的——贪婪和恐惧。在金融投资中，绝大多数人并不擅长冷静思考、理性决策，在

市场大幅波动的时候，人们被恐惧和贪婪所控制，反过来进一步加剧了市场波动。历史上著名的股市泡沫，以及股灾，背后都是群体的恐惧和贪婪在作祟。巴菲特说："在别人恐惧时贪婪，在别人贪婪时恐惧。"这句话虽被奉为至理名言，却很少有人能够做出逆市场情绪的理智选择。

案例

2015 年疯狂开户，2018 年谈股色变

2015 年年初，A 股市场启动加速上扬行情，指数非理性暴涨，上证指数从年初的 3 350 点一路攀升，至 6 月创下 7 年以来的高位 5 166 点，各路资金如潮水般不断涌入股市，创下沪深两市日成交额 2.4 万亿元的历史纪录。很多之前从来不关注股市的人，也开始谈论股市，争相排队开户。据统计，2015 年 4 ~6 月新增个人投资者数量约 1 376 万。那时候大家都在热议，上证指数创出 2007 年的 6 124 点新高指日可待，市场一片燥热。

历史经验表明，疯狂的牛市是难以持续的。2015 年 6 月 16 日，股市跳空低开后一路暴跌，6 月 15 日 ~7 月 8 日共 17 个交易日内，上证综指、创业板指最大跌幅分别达 35% 和 43%，跌幅超过 30% 和 50% 的企业分别有 2 139 家和 1 390 家。8 个交易日中均出现 1 000 只以上的个股跌停，其中 6 月 26 日、29 日更是超 2 000 只个股跌停。

2018 年，A 股由于受中美贸易摩擦的影响，市场行情低迷，大家的交易热情也明显下降，沪深两市最高日成交额不到 6 400 亿元，最低日成交额约 2 068 亿元。上证指数从 2018 年年初的 3 558 点附近一路震荡向下，最低探至 2 483 点，年内累计跌幅达 26%。这时的市场交易非常低迷，很多人预测指数将跌破 2 000 点。

在2015年上半年，A股估值已经很高了，理性的决策应该是离场观望，但许多人被股市上涨所带来的盈利冲昏了头脑，于是争相入市，当股价暴跌，钟摆往反向摆动的时候，许多人血本无归。2018年年底，指数跌破2 500点，估值非常低，理应加大投资力度，但股市的低迷和颓势使得许多人谈股色变，纷纷远离。应该减仓却疯狂入市，应该加仓却谈股色变，人性的贪婪和恐慌在市场波动中展现得淋漓尽致。

以上所举的案例，就是为了说明建立常识不容易。一方面，很多简单道理如果你没有意识到，对你来说就不简单；另一方面，虽然有些简单道理你很清楚、很明白，但人性的弱点会使你知易行难。

如何建立常识能力

人性的弱点使得常识能力的建立困难重重，那么，我们该如何克服人性的弱点，建立自己的常识能力呢？

了解人性弱点，避免草率做出违反常识的决策

人有理智的一面，也有疯狂的一面，在日常购物时人们经常货比三家，追求性价比，而在投资的时候却经常跟风，不管股票估值多高也敢从众买入。当股市涨到5 000点的时候，理论上说我们应该谨慎些，但是往往因为贪婪的心理，幻想着还能继续往上涨，从而赚更多的钱。而当股市跌到2 500点的时候，虽然我们可能都在亏钱，但这时候很多股票被低估，甚至很多优秀的公司也被低估，正是投资的好时候，可事实上我们往往会在这个时候非常恐慌，驻足不前。

成功的投资应该是建立在投资者对情绪的合理控制之上的，能够抵抗人性的弱点和所谓的直觉。投资大师彼得·林奇曾经说过："投资的窍门不是要学会相信自己内心的感觉，而是要约束自己不去理会内心的感觉。"他认为，成功的投资应当是逆人性的。

在这里，我强烈推荐大家阅读一些行为金融学的经典著作，如《思考，快与慢》《赢者的诅咒》等。通过阅读，大家可以了解普罗大众的思考和决策盲区，这样就会清楚自己容易犯什么错误，从而最大限度地避免非理性行为对自己的影响。

建立自己的商业逻辑分析框架

在投资决策中，我们要对公司的基本面进行深度研究。商业逻辑分析框架的建立对价值投资者至关重要，它可以帮助我们系统、全面、客观地判断公司的基本面。

每一家公司都有自己的商业模式，制造业和服务业的商业模式很不一样，阿里巴巴和腾讯的商业模式也差异巨大。尽管大家的商业模式各不相同，却都受类似的商业逻辑所支配。

我们常见的商业逻辑分析框架有波特五力模型、护城河分析等。

波特五力模型是由迈克尔·波特于 20 世纪 80 年代初提出的。他认为行业中存在着决定竞争程度的五种力量，共同影响行业的吸引力和企业的战略决策，可以用来分析行业的基本竞争态势。这五种力量分别为行业内现有竞争者的竞争能力、供应商的讨价还价能力、购买者的讨价还价能力、潜在进入者的威胁以及替代品的威胁。我们经常将五力模型运用于行业竞争格局分析，通过这五个维度的分析，基本上就能够判断出这个行业的竞争格局好不好，一个公司在这个行业所处的地位是否能够保持下去。

护城河的说法来自股神巴菲特的某次演讲，之后有一本书叫《巴菲特的护城河》，将巴菲特的投资理论用“护城河”来概括，使得护城河这个概念被投资界广泛接受。护城河是把竞争对手挡在外面的东西，主要包括品牌、专利、垄断性牌照、规模优势等。假设全社会的平均利润率有 10%，而某个行业有 20%、30% 的时候，这个行业就有了超额利润，就会吸引大量资本涌入。而当很多投资者都往这个行业投资的时候，如果一家公司没有强大的护城河，那么其超额利润一定会因为竞争而逐步消失。因此，当你看到一家公司的盈利能力很强的时候，一定要问两个问题：“它凭什么能做得这么好？未来它是否能持续做好？”这两个问题都是关于公司护城河的。

对一家公司做了五力模型和护城河分析之后，你基本上就能得出比较全面、客观的判断了。当然，常见的分析框架还有很多，比如 SWOT 分析（态势分析）等，我们在做出投资决策之前，要学会利用这些分析框架来对公司进行深入研究，从而做出理性判断。

建立自己的投资决策框架

前面提到过，价值投资的基本认知是“股票是上市企业的载体”，所以价值投资者的投资体系是基本面投资体系。但基本面投资内容非常庞杂，我在《长期的力量》一书中曾经总结过自己的实战经验，大致可分为“选股—验证—决策—跟踪”四大环节。

第一步：初选股票

选股就是发现潜在的好股票。但 A 股市场上的股票已经超过 4 000只，任何一家机构想要对 4 000 多只股票进行覆盖研究，都是不可能的。对于普通投资者来说，要对全部公司进行研究更是不现实的，而且个人投资者资金量小，其投资组合当中一般选 8 ~ 10 只股票就已经足够了。那么市场上有接近 4 000 只股票，普通投资者应该如何选择从而构建自己的投资组合呢？

初选股票的方法很多，最常见的就是从财务指标中进行初选。例如，我们可以设定一个简单的指标，选出净资产收益率（ROE）连续 3 年大于 20% 的股票，就能剔除掉 90% 的股票，只剩下大约 400 只，就能大大降低我们选择的难度。当然，比较重要的财务指标还包括现金流、估值等。

在《长期的力量》一书中，我们曾经用通俗易懂的语言，总结了发现潜在好股票的“7 种武器”。

第一种武器：跟着券商研报选股。

券商研报是最好的初选工具之一。我国一定规模的券商都会建立自己的研究团队，他们会深度研究市场中的优秀公司，并发布研究报告。通过这些研究报告，我们可以快速理解一家公司的基本面。

当然，券商研究所重点服务机构投资者，研究报告只是他们服务机构投资者最基本的形式；而且券商研报本身如何使用，也有一定技巧——每天数百篇券商研报，连机构投资者都看不过来（全部读完这些研报既不可能也无必要），如何找出真正有价值的研报，并不是件轻松的事情，需要经过专业训练或者选择合适的工具。

第二种武器：跟着财报选股。

巴菲特日常工作中最重要的部分就是阅读上市公司的财报。但是公司财报少则几十页，多则几百页，财务指标也是多达数百种，哪些才是最重要的指标呢？哪些内容才是最核心的段落呢？

根据多年的经验，我最看重3个财务指标。第一个是净资产收益率，代表企业的赚钱能力。从逻辑上说，一家公司的净资产收益率越高，公司越应该被给予更高的估值。第二个是经营性现金流，代表企业的盈利质量。一般来说，公司的经营性现金流净额和净利润的比例大于1，表示盈利质量较高，反之，则表示盈利质量较差。第三个是市盈率，代表估值的合理性。

除了财务指标，财报中的文字部分也包含了许多重要的信息，管理层的经营情况讨论与分析可以说是整个财报文字部分的核心内容。这一部分主要包含公司管理层对公司过去一年经营情况的概述，以及管理层对未来的行业分析和战略规划。

第三种武器：跟着聪明钱选股。

聪明钱一般来自专业机构，包括QFII（合格的境外机构投资者）、社保基金、保险资金，以及知名的公募基金、私募基金的资产等。这类资金一般能在资本市场上先知先觉，具有政策洞察力强、团队实力强的特点，偏好大而美的公司、长线投资、逆向投资，往往能赚取很不错的投资回报。

跟着这些聪明钱，也是非常有效的选股思路。

第四种武器：跟着“内部人”选股。

所谓“内部人”，就是指大股东和高管，他们对公司基本面的了解远超外部人。所谓跟着内部人选股，不是从内部人那里获得内幕信息，而是指利用大股东、高管等的大规模增持，或者上市公司回购行为等的公开信息，选出潜在的好公司。

第五种武器：跟着生活经验选股。

生活中的衣食住行都隐藏着潜力牛股，如贵州茅台、涪陵榨菜、格力电器、美的集团、白云山、吉利汽车等。我们要做生活中的有心人，坚持做自己能力圈内的事情，区分好信号和噪声，很多好公司在等着被你挖掘。

第六种武器：跟着新闻选股。

在投资实践中，值得投资者关注的新闻类别包括国家政策类新闻、重要领导人调研考察类新闻、行业性新闻等，这些新闻往往意味着一些政策的出台或者调整，对特定行业和公司意味着机会和风险。当然，新闻非常多，投资者需要区别其中的信息是属于信号还是噪声，股价是否已经提前做出反应，以及是否对上市公司基本面真正产生影响。

第七种武器：跟着专业投顾团队选股。

对于普通投资者来说，很难获得券商研究所的直接服务，但可以获得投顾机构的服务。专业的投顾会在充分了解投资者的风险承受能力的基础上，帮助投资者做好资产配置并构建股票组合，并且会坚持“长期投资”的原则。但是，投资者在选择投顾公司的过程中，需要注意识别专业类投顾和“忽悠”类投顾。

第二步：深度验证

在选出潜在的好公司之后，我们还需要深度验证其是不是真的好公司？我认为验证好公司有“四大工具”。

第一，用“望远镜”验证公司的赛道。赛道是公司所处的行业或者业务领域，我认为可以从两个维度去判断清楚公司所处的赛道吸引力如何：赛道的空间大小和赛道中的竞争状况。

第二，用“透视镜”寻找公司的护城河。在了解了行业空间和竞争状况后，还得找出这个行业中最具竞争力的公司，因为只有拥有很深护城河的公司才能持续保持高盈利能力。

第三，用“显微镜”检验公司财务状况。所有对行业和公司的定性研究和逻辑分析最终都要落实到公司的财务数据上，因此我们还需要用财务指标来验证公司的经营状况。

第四，用“公平秤”评估股票性价比。好股票等于好公司加上合理估值，所以估值对于评价股票至关重要。

第三步：组合及仓位决策

经过深度验证之后，我们需要选择股票构建组合，在这个过程中，我们需要做好充分决策。

首先，我们需要确定组合仓位，在进行仓位控制时，比较重要的是股票市场的估值吸引力和未来企业盈利增速这两个核心变量。

其次，设定股票买入的条件，发现一家好公司之后，我们还需要等待合理价格的到来，以及一些重要的基本面“催化剂”的出现。

最后，预先设定股票的卖出条件，基本面投资讲究“买卖逻辑自洽”，买入股票是因为基本面好和估值合理，那么卖出股票的相应逻辑应该是基本面恶化或者估值不再有吸引力，以及找到更好的标的。

第四步：紧密跟踪（止盈止损）

在买入股票之后，我们还需要跟踪关键驱动因素的变化，也就是主要产品的销量和价格、主要成本的边际变化、主要客户和主要竞争对手的动态和政策的变化，这些能帮助我们提前判断公司的业绩变动趋势。通过跟踪关键驱动因素的变化，根据不同的情况，结合股价的变化，理性做出决策。

坚持能力圈原则

能力圈原则是以巴菲特和查理·芒格为代表的价值投资者坚守的重要投资原则之一。巴菲特在 1996 年致股东的信中写道："投资人真正需要具备的是对所选择的企业进行正确评估的能力，请特别注意'所选择'（selected）这个词，你并不需要成为一个通晓每一家或者许多家公司的专家。"价值投资的基础是正确分析企业价值，而正确分析企业价值的前提就是能力圈原则。如果你去分析一家你什么都不懂的企业，就如盲人摸象，自然也很难得出正确的结论；相反，如果是在你的能力圈范围内，就会如鱼得水，从而正确分析企业的价值，做出正确的投资决策。

能力圈的大小并不重要，重要的是你要很清楚自己的能力圈有多大。那么，我们要如何才能搞清楚自己的能力圈有多大呢？

第一，界定能力圈

巴菲特说："如果你知道了能力圈的边界所在，你将比那些能力圈虽然比你大五倍却不知道边界所在的人要富有得多。"价值投资者会对自身能力进行评估，严格界定自己的能力圈，避免投资不在能力圈内的公司。价值投资者强调将时间和资源集中应用于自己熟悉的领域、行业或公司，进而提高投资效率。

人贵有自知之明，承认自己能力的有限性，认清楚自己能力的边界范围，同样也是一个人成熟的标志。

第二，坚守能力圈

界定能力圈之后，我们就需要坚守能力圈边界。俗话说："多挖几口井不如深挖一口井。”我们每个人的时间和精力都是有限的，只有专注于自己擅长的领域，不断深耕钻研，才能拥有超越他人的认知，从而取得好的投资回报。

坚守能力圈原则最大的困难在于，如何抵挡住为了追逐更多的利润而跨出能力圈的诱惑。巴菲特就是我们的榜样，他的核心理念是：对于能力圈外的公司，无论别人怎么看好，自己坚决不碰，哪怕错过再大的赚钱机会也不会后悔。

我曾经也错过了一些超级牛股，包括腾讯、阿里巴巴这样的科技股龙头，我总觉得它们估值高。事实证明我是错的，但是我并不后悔。坚守能力圈原则，其实也就是告诉我们，不懂的股票不碰，赚钱的机会很多，要只赚自己能搞明白、抓得住的钱。

第三，扩大能力圈

坚守能力圈不代表我们的能力圈范围不可以发生改变，它是可以不断拓展的。我们能够通过学习、交流等方式提升自己的认知水平，不断扩展自己的能力圈边界。

在这一方面，巴菲特也是我们的榜样。近些年来，巴菲特把自己的投资范围扩展到了苹果这样的科技公司，而之前相当长的时间内，巴菲特认为科技公司是不在他自己的能力圈内的。

培养二层次思维的能力

股票投资本身不是“零和游戏”，但超额收益是零和游戏，有人超越市场平均水平，必然意味着有人跑输市场平均水平。我们的投资目标不是达到市场平均水平，而是要超越市场平均水平。霍华德·马克斯在《投资最重要的事》一书中对成功投资做了定义：

"比市场及其他投资者做得更好。"当然这是长期目标，并不是要时时刻刻超越市场平均水平。但是要战胜市场是一项艰巨的任务，单纯靠运气是行不通的，投资者还需要具备他人所没有的非凡洞察力，需要"二层次思维"。二层次思维对于投资成功是至关重要的，你的思维方式必须与众不同。

什么是二层次思维？霍华德·马克斯认为，当我们观察一只股票时，一层次思维的人会这样想：这是一家好公司，所以我们可以买这家公司的股票。二层次思维的人会这样想：这是一家好公司，市场上很多人也认为它是好公司，所以它的股价已经很高，它的股票不一定值得买。所以，我们也可以将二层次思维简单描述为：与众不同且正确，或者说"正确的非共识"。

一层次思维几乎人人都可以做到。在投资过程中，大多数投资者往往只关注一层次思维。一层次思维会这么认为：A 股市场是一个投机市场，所以基本面研究是没有用的。二层次思维会这么认为：A 股市场确实有很多投机者，也有定价错误，所以我们能用基本面研究的方法找到定价错误，从而获得超额收益。

一层次思维简单而肤浅，比如公司前景光明，所以股票会上涨。二层次思维则更为复杂，投资者需要进行更多的思考，例如人们的共识是什么？价格中所反映的共识是过于乐观还是过于悲观？显然，由于二层次思维的复杂性，导致能够进行二层次思维的人数远少于能够进行一层次思维的人数。在超额收益的零和世界中，要想获得超额收益，投资者必须具有比群体共识更加深入的思考，必须寻求非常规但正确的看法。

如何正确认识“常识是用来被打破的”

我们经常会听到“常识是用来被打破的”这句话，经常会被告知要摆脱常识的束缚，颠覆传统的观念，可我却在这里一再强调常识的重要性，该如何看待这种矛盾呢？该如何正确认识“常识是用来被打破的”这句话呢？

不能用个案来否定规律

从哲学上来说，整体是构成事物的诸要素的有机统一，部分是整体中的某个或某些要素。“用个案来否定整体”的观点其实就是犯了把整体和部分混淆起来的错误。对于整体来说，个案只是其中的一小部分，不具有代表性，我们不能用个案去颠覆一个道理，或者建立一个新的道理。

在现实生活中，当我们讨论某一规律的时候，经常会有人来举反例——这个事情就不符合这个规律，这是缺乏“概率思维”的表现。比如我们讨论“欧美人普遍比中国人高”这个话题（最新数据显示，欧美各个国家的男性平均身高有所差异，但基本上为175～180厘米，而中国男性平均身高的最新数据为170厘米），有人可能会举反例：“我们有姚明啊！”这就是缺乏概率思维的表现。但是如果有一天，我们发现身边的人的身高基本上都超过175厘米了，那就要对“欧美人普遍比中国人高”这个命题重新评判了。

总之，常识是一种社会共识，是对事物发展规律的概括，具有普遍性。我们不能拿1%的个案来否定99%的规律，这不符合“概率思维”原则。普通投资者往往缺乏“概率思维”的能力，而概率思维是投资中最重要的能力之一。

规律本身的前提条件发生变化

规律是客观事物发展过程中的普遍联系，它的发生具有一定的前提条件。当规律的前提条件发生变化的时候，规律本身也会发生改变。

因此，我们在回答“常识是否是用来被打破的”这个问题之前，首先要知道规律本身的前提条件是否发生了变化。就像前面所说的“欧美人普遍比中国人高”这个命题，我们要去追究原因。中国人普遍身高低于欧美人，可能有人种的遗传因素，也有可能和生活习惯、饮食习惯相关。

规律只会迟到，不会缺席

规律从来只会迟到，不会缺席。在投资过程中，股价最终由内在价值决定，但在短期内由于受各种干扰因素的影响，股价表现可能在很长时间内、很大程度上与内在价值偏离。在《投资最重要的事》一书里对此有精彩论述：“在投资中，正确≠正确能够被立即证实。”但规律迟早会被验证，股价最终会回归公司的内在价值。这样的案例，在资本市场数不胜数。

关于价值投资的常识

1. 股票是投资上市公司的载体，投资股票就是投资上市公司，就是委托上市公司的管理团队替你打理生意。你盈利的来源不是其他投资者口袋里的钱，你赚的钱也不是其他投资者亏的钱，而是上市公司成长给你带来的利润增长，以及随之而来的分红或者资本增值。因此，股市不是零和游戏。

2. 本金的永久性损失才是真正的风险。什么是本金的永久性损失？就是你所买入的公司基本面恶化，股价永远回不到你买入的价格，这才是真正的风险。所以，真正的风险并非股价的波动，而来自公司的“内在价值风险”。

3. 一个公司的内在价值是由其未来利润或现金流决定的。所以，我们在给企业估值的时候，通常使用的是 DCF，也就是现金流折现法，即将未来的销售收入预测转化成自由现金流，再逐年折现到现有时点并加总，得出公司的内在价值。

4. 企业内在价值是企业未来产生的利润或现金流的现值，而决定企业未来利润或现金流的核心因素有：行业空间、行业竞争格局和公司竞争力。

5. 潜在投资回报率跟你买入的价格是紧密相关的。在基本面（内在价值）既定的情况下，买入的价格越低，风险就越低，未来的投资回报率就越高；反之，你买入的价格越高，风险就越高，未来的投资回报率就越低。

6. 价值投资者追求的是定价错误的机会，特别是好公司被错误定价（被低估）的机会。大众恐慌、大众误解和大众忽略，会导致好公司被错误定价。

7. 股票投资回报的两种来源为：定价错误被修复和公司内在价值增长。

8. 能力圈原则是价值投资者坚守的重要投资原则之一。

9. 股票投资本身不是“零和游戏”，但超额收益是零和游戏，要想持续获得超额收益，必须要有二层次思维。

10. 规律从来只会迟到，不会缺席。但在投资中，正确≠正确能够被立即证实。

第二章 如何寻找“好赛道”

——关于行业竞争的常识

对于价值投资者来说，判断好股票的标准可以用“好赛道 + 好公司 + 好价格（估值）”来概括，这也是价值投资的核心三要素。本章和接下来几章，我将从这三个方面对价值投资中的常识进行详细的阐述。

赛道是公司所处的行业或者业务领域。判断赛道是否有吸引力，在股票投资中非常重要，因为公司所处的行业前景决定了公司的发展前景，而公司的发展前景是最重要的基本面。戴维斯双击、戴维斯双杀与赛道紧密相关。公司发展前景好的时候，利润往往也很高，市场有信心给它好的估值，因而会有一个比较高的市盈率；而当公司发展前景不好的时候，利润往往会下降，估值也会下降。所以赛道如何，往往会引发戴维斯双击或者戴维斯双杀，对股价的影响是非常大的。我们在做投资的时候，要尽量避免在大方向上踏错节奏，擦亮我们的望远镜，判断清楚公司所处赛道的吸引力如何。

行业的选择很重要，公司的选择同样重要。好公司至少在某一方面或几方面拥有核心竞争力，核心竞争力就是护城河。同处于非常好的行业，但如果公司的经营能力不一样，结果的差异也是非常大的。有些公司尽管看上去是处于没有增长性的行业，但公司自身拥有核心竞争力，比如海螺水泥，依然能够保持强大的盈利能力。因此，公司有没有护城河、有什么样的护城河，是真正让这家公司保持高盈利能力的条件，也是这家公司值不值得被投资的决定性因素。

除了要看行业好不好、公司竞争力强不强，我们还要看公司股价贵不贵。衡量股票贵不贵的时候，要看估值。有时候你可能会觉得一家公司的基本面一般，成长能力也一般，但是如果它的股价跌得足够低，估值有吸引力，那么股价也是有可能上涨的。股票投资中有一个“钟摆”原理，也就是价值回归：股价就像钟摆一样，不断在高和低之间来回摆动，中轴线就是合理估值，或者说公司的内在价值。

所以我经常说：“好股票等于好公司加上合理的估值。”在价值投资中，我们要牢牢记住“好赛道、好公司、好价格”这三个核心要素。

价值投资的起点——行业分析

行业是由许多同类企业构成的群体。从股票投资的角度来看，行业分析是上市公司分析的前提，是价值投资的起点。

在股票投资中，行业分析的目的是理解行业属性，预测行业空间，分析行业竞争格局，并挖掘出具有投资潜力的行业，进而选出最具投资价值的上市公司。

我们在对公司基本面深度研究的时候，会先从行业分析入手。

如果我们只进行公司分析，虽然会对公司的经营战略和财务状况有较为深入的了解，但是对于行业的未来发展前景、行业内竞争对手的情况以及公司在同行业中所处的地位等信息知之甚少，这样我们就没有办法对公司的基本面情况有较为全面的了解，因为行业的发展前景在很大程度上决定了公司的发展前景，行业分析是上市公司分析的重要前提。

我们主要从行业生命周期、行业属性、行业空间和行业竞争格局这四个维度入手来进行行业分析。

行业生命周期分析

行业生命周期是指行业从出现到退出社会经济活动所经历的时间，主要包括四个发展阶段：初创期、成长期、成熟期、衰退期。在行业的不同阶段，市场的需求和增长率都在发生变化，并且用户的需求特征、波特五力模型中的五种竞争力量以及行业竞争格局等可能都会随着生命周期的变化而表现出不同的特征。因此，理解行业所处的生命周期的具体位置，可以帮助我们更好地识别行业中的机遇和风险。

第一，行业的初创期

行业的初创期，往往是技术革新或新商业模式创建的时期，基本特征可以归结为技术、市场和竞争的不确定性。在这一时期，行业渗透率很低，增长率较高，但进入壁垒低，同时技术进步非常迅速，竞争结果高度不确定。这一阶段行业的潜在利润可观，不过承担的风险也会很高。

在这一阶段，投资的不确定性很高，但投资者认为行业未来的市场空间很大，所以很少根据市盈率来估值，尤其是在牛市期间，市场可能会给出难以想象的高估值。从投资的角度来看，此时高收益与高风险并存，比较适合采取主题投资策略，股价经过爆发后容易出现泡沫。

第二，行业的成长期

行业的成长期，是新行业走向成熟的过渡阶段，技术和市场的不确定性逐步降低，但竞争程度加剧。在这一时期，市场增长率很高，行业的技术标准逐步形成，产品数量和竞争者数量增多，进入壁垒也提高了，整个行业呈现高速发展的特征。在这一阶段，行业的机会较大，企业会加大市场投入，投资者可以获得企业高成长的回报。

在这一阶段，行业渗透率处于快速提升阶段，也是市场愿意给企业较高估值的阶段，适合成长股投资策略，因为龙头企业有现实的业绩增长，随着业绩增长其估值会较为稳定。此时，投资者需要关注行业竞争格局如何变化，是走向寡头垄断还是充分竞争？公司是否拥有足够的竞争力来脱颖而出，成为市场份额集中的领导者？

第三，行业的成熟期

经历了一段时期的高速增长之后，行业都会进入成熟期，此时市场需求稳定，增长率降低到正常水平，技术的标准化程度高。行业内竞争格局相对稳定，处于竞争弱势地位的企业不断退出，剩下一小部分企业主导行业。在这一时期，行业的进入壁垒很高。企业以巩固市场地位为主，投资者可以获得稳定的投资回报。

当行业渗透率提高至一定水平之后，行业从成长期向成熟期转变，这时候应该主要关注公司的分红、ROE、PB（平均市净率）的情况，此时行业内的公司可能会经历杀估值的过程，因为公司盈利增速在这一阶段会逐步下降并趋于稳定。

第四，行业的衰退期

行业进入衰退期的特征主要表现为产能过剩、市场增长率下降、需求下降、产品品种和竞争者数量减少。

行业从成熟期走向衰退期可能出现两个路径：一个路径是行业出现“寡头垄断”，也就是赢家通吃、强者恒强，它们会保持自身的竞争优势，通过不断扩大市场份额促进竞争格局的改善，从而保持业绩稳定甚至增长，延长了行业成熟期的时间长度；另一个路径是没有出现“寡头垄断”，或者由于技术变革等原因，整个行业快速进入衰退期，这时候行业里的公司就会非常辛苦。

第一种路径是深度价值投资者比较喜欢的，这些行业的好公司往往拥有很深的护城河，牢牢占据市场份额，且产品拥有定价权。

走第二种路径的企业很快会进入衰退期，例如各种制造业，包括很多所谓的高科技行业，被替代之后快速进入衰退期，如昔日的胶卷巨头柯达就是典型案例。所以这类企业往往不具备投资价值，而只有阶段性的交易机会。

不同阶段的行业，适合的投资方法论是有区别的，如表 2－1 所示。

行业属性分析

在分析行业的过程中，我们会把某些具有共性特征的行业归到同一个类别，甚至贴上“标签”。不同属性的行业具有不同的特点。

表2-1　不同阶段的行业所适合的投资方法论

内容	初创阶段	成长阶段	成熟阶段	衰退阶段
适合的投资方法论	主题投资	成长股投资	价值股投资	特殊情形投资
业绩维度	业务成长远景	现实业绩增长	现实业绩	业绩的可延续时间
投资关注点	全行业的渗透率	龙头公司的市占率	龙头公司的护城河	特殊价值（如清算价值）
股价推动	无业绩，估值快速提升	业绩提升，估值稳定或下降	估值修复	事件驱动（如并购、清算）
泡沫程度或概率	高	较高	较低	低
风险	行业成长逻辑被证伪	公司成长性被证伪	公司护城河被侵蚀	价值陷阱

消费、科技、传统制造业

首先，我们看消费行业。这是被公认的赛道比较好的大类别。中国股市发展30余年来诞生了很多长期牛股，其中消费行业是出现长期牛股最多的行业，比如贵州茅台、伊利股份、格力电器、云南白药等（见表2-2）。

表2-2　2000—2020年A股市场涨幅前20位的股票（剔除资产重组）

序号	证券简称	2000—2020年涨跌幅（倍）	所属申万一级行业
1	贵州茅台	415	食品饮料
2	恒瑞医药	214	医药生物
3	山西汾酒	210	食品饮料
4	五粮液	112	食品饮料
5	片仔癀	108	医药生物
6	福耀玻璃	81	汽车

续表

序号	证券简称	2000—2020 年涨跌幅（倍）	所属申万一级行业
7	三一重工	78	机械设备
8	通策医疗	72	医药生物
9	华兰生物	64	医药生物
10	东方雨虹	64	建筑材料
11	伊利股份	63	食品饮料
12	古井贡酒	60	食品饮料
13	苏泊尔	58	家用电器
14	300 康泰生物	55	医药生物
15	万科 A	52	房地产
16	立讯精密	46	电子
17	隆基股份	45	电气设备
18	三花智控	42	家用电器
19	海通证券	41	非银金融
20	新和成	37	医药生物

资料来源：市场公开信息。

消费行业为什么容易出现长期牛股呢？这和消费品的特性息息相关。第一，消费行业的周期属性相对较弱，经营业绩不太受宏观经济周期的影响；第二，消费品公司经过长期经营和资金投入，形成较强的品牌壁垒和渠道壁垒，获得了行业垄断地位，且这种垄断地位相对稳定；第三，消费品公司一旦形成品牌护城河和渠道护城河，不太需要进行持续的大规模资本支出，也不太容易被新技术、新模式所颠覆。

我们在投资消费品公司的时候，要注意它们的品牌护城河是否被侵蚀（品牌老化），这是消费品公司的大敌。

其次，我们看科技股。科技公司的特点是，行业想象空间大，里面的公司往往能获得快速成长；与此同时，科技公司也面临着技术更新迭代迅速、公司被迫不断进行资本投入以获得持续竞争力的挑战。所以，我们经常看到很多科技公司虽然顶着“高科技”的“桂冠”，其盈利能力和自由现金流却乏善可陈。互联网公司是科技公司中很特殊的一类，它们具有很强的消费和服务属性，而且一旦形成网络效应护城河，竞争力会特别强而且能持续很久。

最后，我们看传统制造业的赛道。传统制造业行业增速一般较慢，进入壁垒低，业绩受宏观经济影响大。但在某些行业，经过大浪淘沙，进入“剩者为王”的良性竞争格局阶段，而且这时候龙头公司往往具备了非常明显的规模优势，其盈利能力突出且可持续，这往往是价值投资者最喜欢的标的。水泥行业中的海螺水泥是典型的代表（见图2－1）。

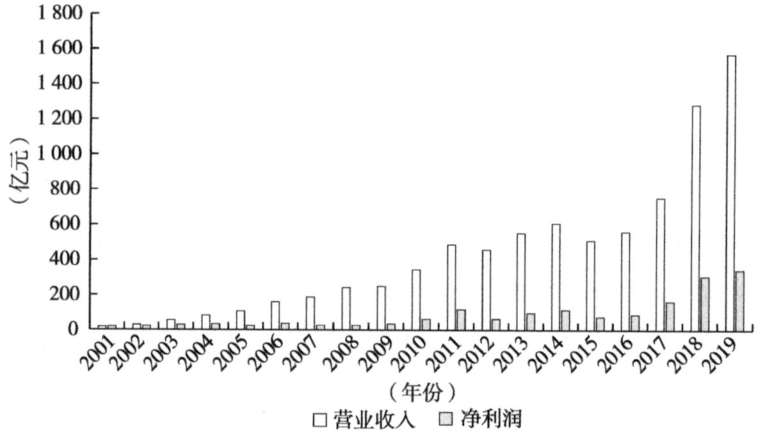

图2－1　海螺水泥的营业收入和净利润

资料来源：市场公开信息。

除了消费、科技和传统制造业，我们也可以按照其他标准对行业进行归类。

周期与非周期

周期性行业是指行业的景气度与经济总体趋势相关性较强，并呈现周期性循环的行业。钢铁、煤炭、水泥、化工、有色金属等行业的企业经营具有明显的周期属性，会产生明显的波峰和波谷，业绩往往随着经济周期而上下起伏，稳定性较弱。企业既可能在景气时赚得盆满钵满，也可能在衰退时亏损甚至破产。

与周期性行业相对应的是非周期性行业，主要是指不受宏观经济周期性影响的行业，需求相对稳定，往往集中于日常消费类的行业，如食品饮料、烟酒类、医药、服装等。因为无论经济繁荣还是衰退，人们总是要吃饭、穿衣、旅游、就医等，所以宏观经济波动对这些产品的需求不会产生太大的影响。我们也可以将非周期性行业称为防御性行业。

周期性行业的强周期主要来自需求的波动叠加产能的顺周期扩张，在经济景气时，需求高涨，行业内企业利润大增，于是企业就不断增资扩产，使行业整体产能不断扩大。当宏观经济繁荣度下滑时，市场对产品的需求降低，但之前的新增产能陆续完成，供给过剩的问题越发严重，使全行业陷入恶性竞争。并且，周期性行业的产品往往差异不大，企业属于同质化竞争，一旦供过于求，价格战是唯一的手段。因此，从行业本质上来看，周期特征特别明显的行业，很难成为好的赛道。

从投资的角度来看，强周期决定了周期性行业只能拥有阶段性的投资机会，且对投资者有着较高的要求，投资时机的选择尤为关键，投资者要能够发现公司业务衰退或者繁荣的早期迹象，这是非常难的。

而非周期性行业相对来说则比较稳定，业绩确定性强。无论是贵州茅台、伊利股份、海天味业等消费股，还是阿里巴巴、腾讯等互联网巨头，都属于周期性不强、长期回报很高的行业。其实这也已经在欧美上百年和中国几十年的市场经济发展中得到了相应的验证，巴菲特就非常喜欢消费品行业，因为消费品的需求是最稳定的。

在价值投资中，我们更倾向于选择长期来看表现稳定的赛道，而不是阶段性的机会。虽然我们对周期性企业的投资很难把握，但可以寻找周期属性减弱、行业竞争格局变好的企业进行投资。如海螺水泥，受益于行业集中度的不断提升，利润大幅增长，其盈利能力和成长性一点不亚于大多数科技公司，股价在最近 20 年也呈现出爆发式增长（见图 2－2）。除了海螺水泥，A 股这样的行业和公司还有不少。

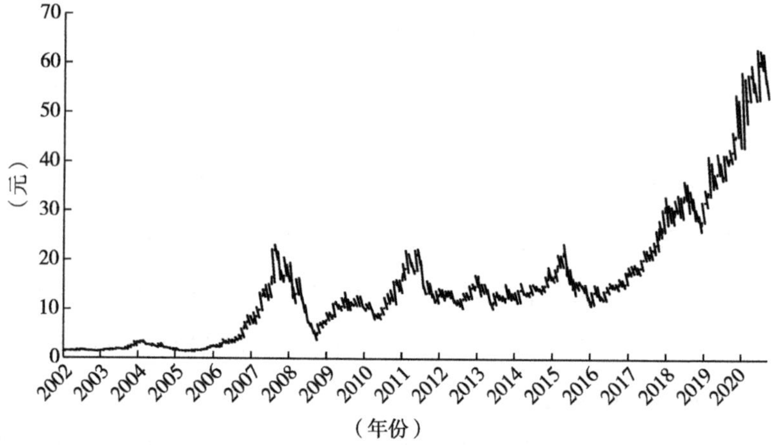

图 2－2　海螺水泥股价走势

资料来源：市场公开信息。

重资产与轻资产

重资产行业是指企业经营较多依赖厂房、机器设备、原材料、物理销售网点等“有形资产”，需要较大的资金投入。传统制造业，包括很多偏制造业的科技公司，大多属于重资产行业。

轻资产行业则是指企业经营较多依赖专利、品牌、客户关系等“无形资产”，资金投入较少，周转速度较快，资本收益率较高。很多服务业属于轻资产行业。

资本市场的投资者总体偏爱轻资产模式的公司，对重资产模式的公司可能会给较低的估值，尤其是在经济不景气的时候，这种表现可能更为明显。因为重资产模式的公司往往需要持续的资本支出用于技术和产品的更新迭代，营业收入的增长必须匹配相应的厂房、机器等的增量支出；而轻资产模式资金投入较少，公司的自由现金流更高，从现金流折现的角度来看，轻资产公司的价值也就更高。除此之外，很多人认为轻资产公司拥有更广阔的空间，一旦拥有核心技术或品牌效应，其后续扩张的边际成本很低，可以以较少的资本撬动更多的资源。但同时我们也要认识到，轻资产模式是很容易被模仿的，无法形成强大的壁垒。

重资产模式虽然不太招投资者喜欢，但未必一定不好。那重资产模式在什么情况下是好的，什么情况下是不好的？在技术路线和产品需求长期稳定的前提下，如果公司能通过持续不断的资本支出，形成巨大的产能，产生规模效应，形成自身的护城河，将竞争对手淘汰掉并挡在外面，这种重资产模式就会给企业带来持续的超额利润。比如京东方，过去 10 年其累计资本支出高达 2 600 亿元（见图 2 -3），近 3 年每年平均的资本支出超 500 亿元，且 2017—

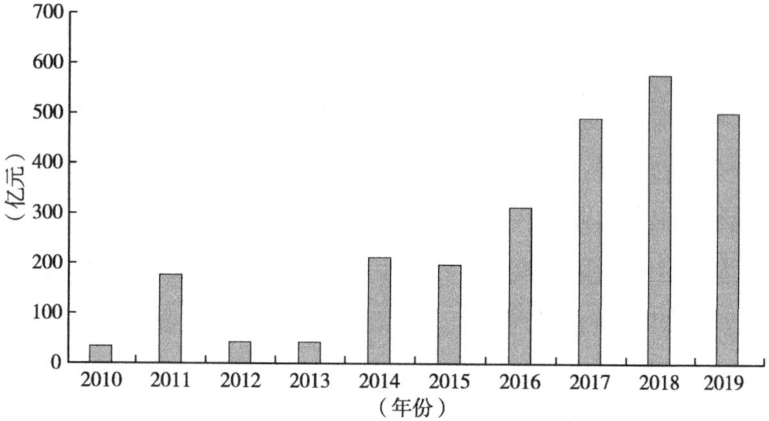

图 2-3 2010—2019 年京东方资本支出数据

资料来源：市场公开信息。

2019 年的归母净利润仅为 76 亿元、34 亿元和 19 亿元（见图 2-4）。看到这里，我们已经知道京东方是一家典型的重资产公司，资本支出高昂且投资回报低。但是通过持续的资本支出，目前京东方的液晶面板出货量稳居全球首位，是液晶面板行业的龙头企业。并且，随着日韩企业纷纷退出液晶面板行业，整个行业的竞争格局不断改善。目前，京东方在行业内技术领先，具有规模优势，成本很低，拥有一定的定价权。如果这种格局能够持续（注意，前提是"技术路线和产品需求长期稳定"），京东方未来的盈利能力自然不错（见图 2-5）。

当然，技术革新迟早会到来，比如很多日韩企业退出 LCD（液晶显示屏）市场之后，纷纷开始研发 OLED（有机发光二极管）技术，一旦有新的技术出现对原有技术形成替代，对于重资产公司来说去产能又很困难，那么前期大量投入的产能将会变得没有价值。所以，这也是为什么重资产公司需要不断地投入资金进行技术研发的主要原因。

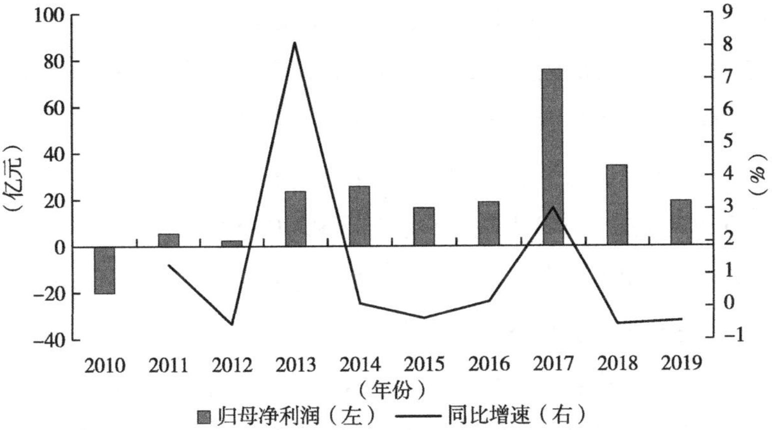

图 2－4　2010—2019 年京东方归母净利润数据

资料来源：市场公开信息。

图 2－5　京东方股价走势

资料来源：市场公开信息。

A 股市场还有一家典型的重资产公司——万华化学。万华化学于 2001 年在上交所上市，当时营业收入不足 6 亿元，归母净利润约 1 亿元，到 2019 年营业收入约 681 亿元，归母净利润超 100 亿元，与上市初期相比，万华化学的收入和利润均增长了超 100 倍。

我们再来看万华化学的股价，过去10年其股价涨了超10倍，其间虽然也经历过几次较大的回调，但从长期来看，投资回报率是非常可观的。万华化学除了具有重资产属性，还具有周期属性，那是什么因素促使它成长为十倍股呢？万华化学的MDI[①]产能从最初的不足10万吨提升至210万吨（包含匈牙利BC公司的30万吨），达到全球第一。MDI行业具有资金投入大、技术壁垒高的特点，长期以来一直呈现寡头垄断格局，从全球产能来看，2016年全球MDI行业CR5（行业排名前5位的公司的累计市场占有率）超85%，行业集中度高，其中万华化学占全球产能约25%，位居全球第一；从国内产能来看，2016年国内MDI行业CR5超70%，其中万华化学占比约50%，在行业内享有很强大的定价权。

由于这个行业资金投入大，万华化学每年均有高额的资本支出，近10年万华化学资本支出达690亿元。如图2-6所示，近几年万华化学的资本支出不断扩张，近三年平均每年的资本支出超100亿元。伴随着万华化学巨额的资本支出，其固定资产规模不断扩张，从2009年的32亿元扩张至2019年的375亿元。这也是万华化学构建护城河的一部分，帮助它将竞争对手阻挡在外面，成长为全球的化工龙头企业（见图2-7、图2-8）。

正因为MDI行业的需求和技术路线长期来看都较为稳定，所以重资产属性帮助万华化学构建起宽阔的护城河；反过来，在需求波动大、技术路线不断迭代的行业，重资产属性就是企业的噩梦。

---

① 中文名为二苯基甲烷二异氰酸酯，是合成聚氨酯材料的主要原料。

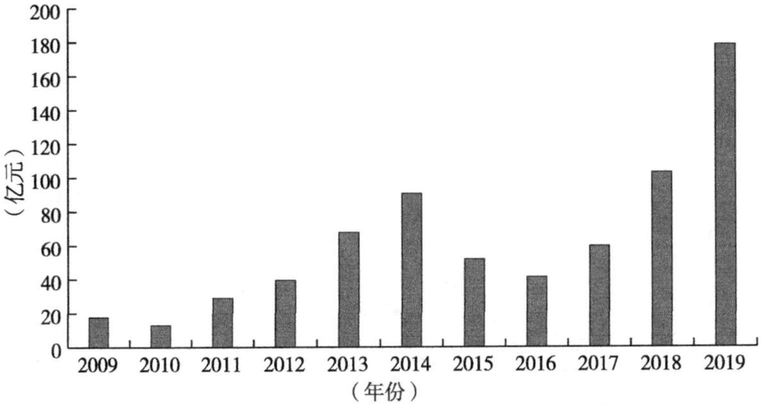

图 2 -6　2009—2019 年万华化学资本支出数据

资料来源：市场公开信息。

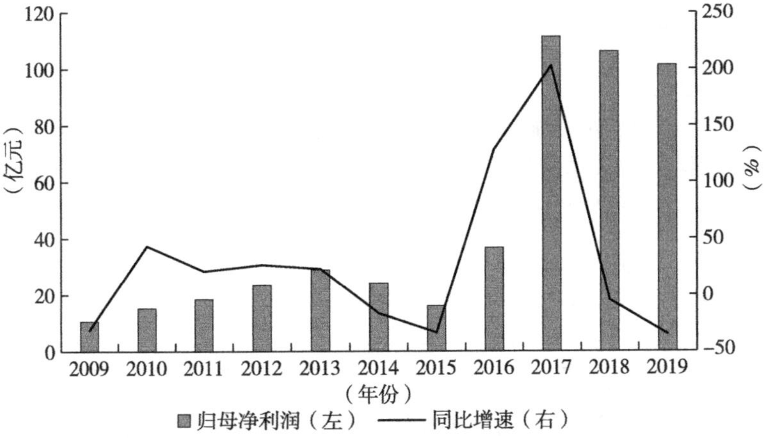

图 2 -7　2009—2019 年万华化学归母净利润数据

资料来源：市场公开信息。

所以我们认为，重资产模式和轻资产模式只是公司分类的维度之一，各有优缺点，本身并没有好坏之分。两者的优劣势比较如表 2 -3 所示。

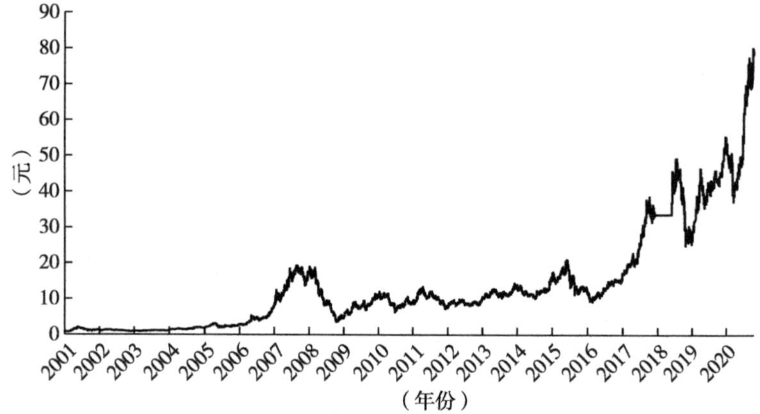

图2－8　万华化学股价走势

资料来源：市场公开信息。

表2－3　重资产和轻资产模式的优劣势对比

商业模式	优势	劣势
重资产模式	龙头公司能形成强大的进入壁垒，阻止新竞争对手的进入（前提是产品需求和技术路线稳定）	如果行业内有多个玩家，一旦遭遇需求下降，去产能很困难，会陷入行业恶性竞争中，大家都不赚钱
轻资产模式	ROE、ROIC（投入资本回报率）等指标高，企业绩效好。遇到需求下降时，船小好调头、能快速退出	无法形成强大的壁垒，很容易被竞争对手模仿

当然，表2－3中的分类非常简单，而简单的“标签”式分类，对我们做投资固然有一定作用，但切记不要只根据“标签”做投资。很多时候，市场会根据“标签”给出相应估值，如给“科技”公司高估值，给“制造业”公司低估值，这往往是造成“定价错误”的重要原因。对价值投资者来说，寻找定价错误，特别是好公司的定价错误，是取得超额收益的重要来源。

行业空间分析

评判行业空间，可以从目前市场容量和未来增长趋势两个维度来考虑。首先看这个行业目前的容量，是 100 亿元、500 亿元，还是 1 000 亿元。其次看未来增长的趋势，是向上、稳定，还是向下（见图 2 -9）。

图 2 -9　行业空间公式

举个例子。2005—2015 年有一只超级大牛股，是一家做装修装潢的公司，叫金螳螂。装修这个市场很大，至少是上万亿元级的市场。这个公司在刚开始的时候是一个非常小的公司，2005 年它只有 12. 9 亿元的收入和 5 000 万元的利润，这和整个行业比起来简直是九牛一毛。但是这家公司做得非常好，逐渐成为这个行业的龙头，到 2014 年的时候，它的收入达到 200 亿元，利润达到 18. 8 亿元，收入增长了 18 倍，利润增长了 40 倍。在这个过程中，公司的股价涨了大概 30 倍。所以说，当你身处一个大行业的时候，发展机会和空间是非常大的。这是一个非常典型的大行业里龙头公司的案例，如果能够找到这样的大行业里的龙头公司，在它高速增长的阶段，投资回报是非常惊人的。

当然，现在金螳螂的市场占有率还只是个位数，占比依旧很低，要再往大做，其经营管理能力必须跟上。并不是说一家公司的竞争力强，就能够把整个行业都垄断了，这是不太现实的。因为一个公司往往会有经营管理能力的极限，超过这个极限，管理效率就会降低，变成了规模不经济。所以龙头公司也是有边际的，这个边际是由这个行业的特征所决定的。但是一般说来，大行业里的龙头公司肯定比小行业里的龙头公司更有发展空间（见图2-10、图2-11）。

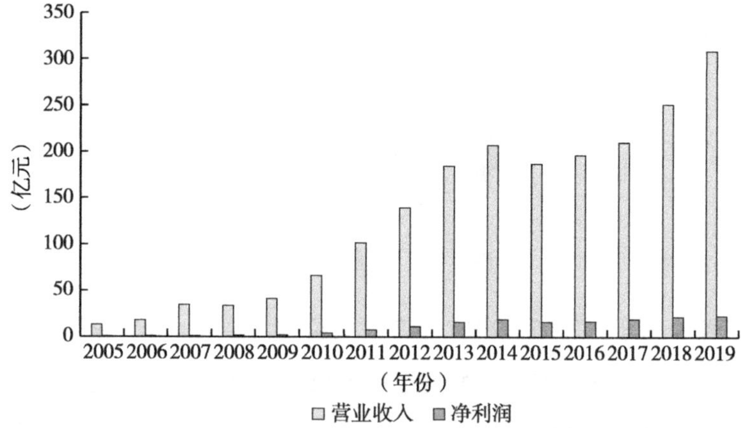

图2-10　金螳螂营业收入和净利润

资料来源：市场公开信息。

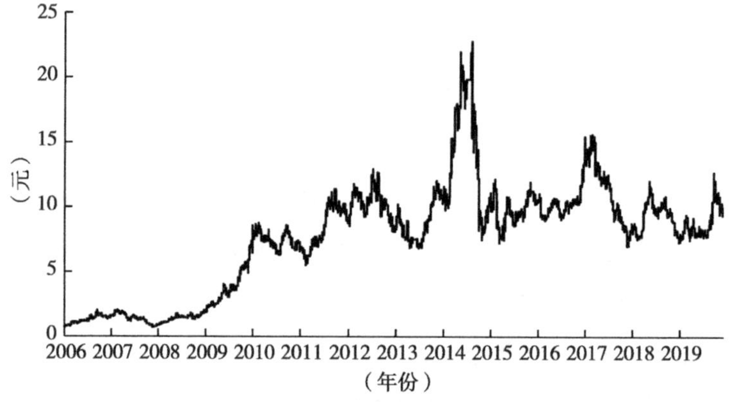

图2-11　金螳螂股价走势

资料来源：市场公开信息。

行业竞争格局分析

有的行业竞争格局很好，行业经过充分竞争之后大浪淘沙，存活的公司竞争优势明显、护城河深，能获得很稳定的利润；有的行业则是竞争异常惨烈，价格战此起彼伏，各公司都很难赚到钱。

我们应该主要从哪些维度来看行业的竞争格局呢?

第一，关注市场集中度。集中度是指该行业内前几家大公司所占市场份额的总和，集中度越高，竞争格局越好。我们一般认为，CR4（行业排名前 4 位的公司的累计市场占有率）小于 40%，则该行业为竞争型；如果 CR4 大于等于 40%，则该行业为寡头垄断型。

第二，关注价格战的激烈程度。"价格战"是商场最常见的竞争手段之一，目的是打压竞争对手、占领更多市场份额、消化库存等。如果一个行业中，产品或者服务同质化程度高，那么价格战往往就是唯一的竞争手段。航空业是一个典型的例子，服务同质化程度高，价格竞争激烈。券商的经纪业务也同样如此，纷纷通过价格战来抢市场份额，行业的平均佣金率从以前的千分之二以上降到了目前的约万分之四，下降幅度高达 80%。

第三，关注上下游是否强势。一家公司的上下游越集中、越强大，这家公司的定价权就越弱，就越容易受上下游的压榨，盈利能力和盈利前景也就越差。当你研究的公司有强大的上下游时，你一定要想一想这家公司有没有反制上下游的核心能力。

第四，关注新进入者的挑战。即使在一个已经实现了寡头垄断的行业，也要关注新进入者的挑战。新进入者希望在已被现有企业瓜分完毕的市场中赢得一席之地，往往会采取激烈的竞争手段，会导致行业中的现有企业盈利水平下降，严重的话还有可能威胁现有企业的生存。比如网宿科技原来在 CDN（内容分发网络）领域一枝独秀，后来阿里云进场，网宿科技的业务受到巨大冲击；又比如原来 E 代驾在代驾领域做得风生水起，后来滴滴进场，E 代驾的发展变得举步维艰。因此，在关注行业竞争状况时，我们不能忽视新进入者的挑战和冲击。

垄断、垄断竞争、完全竞争

经济学将市场竞争类型分为完全竞争和不完全竞争，其中不完全竞争包括完全垄断、寡头垄断和垄断竞争。根据竞争程度排序，依次是：完全竞争，垄断竞争，寡头垄断，垄断。

完全竞争是经济学中理想的市场竞争状态，能够实现帕累托最优。市场上存在众多的卖者和买者，产品同质化，竞争激烈，没有进入壁垒，所以市场上的买者和卖者全是价格接受者，价格完全由供求关系决定，企业只能获得平均利润水平。由于潜在进入者可以自由进入和退出市场，即使先进入者可以在前期获得超额利润，超额利润的存在也会吸引新进入者进入这个行业，而随着竞争的加剧，最后超额利润将会消失，市场上的企业只能获得平均利润。

完全竞争市场很明显是一种非常理想的市场状态，在现实经济生活中只有农业等少数行业比较接近完全竞争市场。但对投资来说，完全竞争的市场是一个噩梦，因为这意味着你只能获得平均利润。

和完全竞争相反，在完全垄断市场中，没有竞争者和替代品，厂商能控制价格，进入壁垒很高，赢家通吃，强者恒强。对企业来说，这样很容易形成规模经济或其他竞争优势，形成很深的护城河，比如网络社交平台就是典型的案例，如腾讯、脸书等，它们面向 C（个人）端用户，黏性非常高。

在寡头垄断市场中，少数几家厂商垄断了某一行业的市场，这几家厂商在整个行业占有较高的市场份额。大多数的消费行业都会形成这种多寡头竞争格局，如白酒行业里的茅台和五粮液、乳制品行业里的伊利和蒙牛、空调行业里的格力和美的、饮料行业里的可口可乐和百事可乐等。这类行业的特点是具有一定的规模经济，产品存在部分差异，拥有品牌效应，很难被替代，厂商拥有较强的定价权，且进入壁垒相当高。因此，头部企业的竞争优势很明显，拥有核心竞争力。

垄断竞争市场存在较多的厂商，所提供的商品和服务是有差别的，厂商的定价能力低，且不同的消费者偏好不同，进入壁垒较低，很难形成规模经济。这类行业的集中度一般很难提升，即使行业空间很大，也很难形成巨无霸企业，比如餐饮、服装行业等。

在不同竞争类型的市场结构中，厂商所获得的超额利润不同。显然，拥有或接近拥有垄断地位的企业，行业进入壁垒将会把新进入者挡在外面，因而更容易在竞争当中获得超额利润。

在股票投资中，我们要优先选择竞争格局好的行业，还要优先选择具有垄断地位或者寡头垄断地位的企业。如果是处于完全竞争或过度竞争的行业，行业竞争格局不好，就无法保障企业在激烈的竞争中获得稳定的利润，也就很难有投资价值。

行业竞争格局比行业成长性更重要

大部分投资者都知道成长性很重要，都喜欢投资高成长性的行业，但很少有投资者能意识到，行业竞争格局和行业成长性同样重要，甚至更重要。这个要从经济学原理中的“竞争法则”说起。

法则1：竞争会使一个行业里的大多数企业获得平均利润率

经济规律告诉我们，资本会从利润率低的部门转移到利润率高的部门，从而在不同部门之间进行再分配，最终使得各部门之间的利润率趋于平均。也就是说，竞争会使一个行业里的大多数企业获得平均利润率。

如果一个行业没有进入壁垒，或者进入壁垒很低，同时行业内存在超额利润的话，那么这个行业肯定会吸引新进入者，加剧市场竞争，此时行业的超额利润一定会因为竞争而逐步消失。在中国尤其如此，由于资本过剩，企业最擅长打价格战，竞争使领域内的超额利润消失得无比迅速。

所以，在一个充分竞争的行业里，企业只能获得平均利润，无法获得超额利润。从投资的角度来看，也就是ROIC等于WACC（加权平均资本成本），或者是ROE等于投资者所要求的股权回报率。甚至在过度竞争的市场结构中，企业可能连这两点都做不到。

法则2：良好的竞争格局和宽阔的护城河，能长时间保护优秀企业获得超额利润

竞争会使得一个行业里的大多数企业只能获得平均利润率，但如果企业所处的行业具有良好的竞争格局，企业本身拥有宽阔的护城河，就可以帮助优秀企业在长时间内获得超额利润。

我们来看一下水泥行业。水泥行业被很多人认为是夕阳产业，但海螺水泥的营业收入从2008年的240多亿元增加到2019年的1 500多亿元，归属于上市公司股东的净利润从2008年的20多亿元

增加到 2019 年的 330 多亿元。2016—2017 年的供给侧改革，使得传统的水泥行业中的不少中小型企业退出，令水泥行业的集中度不断提升，行业格局显著改善。海螺水泥作为水泥行业的龙头公司，更是受益于行业竞争格局的改善，利润大幅增长，最近几年的股价实现了 4 ~5 倍的上涨，远远跑赢了很多高科技公司。

再来看乳制品行业，我们熟悉的企业有伊利、蒙牛和光明等，那么这个行业的竞争格局如何呢？公开数据显示，乳制品行业的 CR2（行业排名前 2 位的公司的累计市场占有率）从 2012 年的 31.2% 逐步提升至 2018 年的 37.3%，可以判断这是一个寡头垄断的行业。规模化乳制品企业凭借品牌、渠道、奶源、产品等全方位的优势，逐步提高市占率。同时，立足常温灭菌奶的伊利、蒙牛也与立足低温奶的光明逐步拉开差距。伊利近 10 年的股价涨了 10 倍以上，蒙牛的股价涨了 3 倍，这是好赛道带来的好结果。

我们再举一个例子：腾讯的雄厚实力，不得不归功于微信。自诞生之日起，微信就受到了很多竞争对手的挑战，如阿里巴巴的“来往”、网易的“易信”等，但这些都没有成功。而微信具有强大的网络效应，形成了很深的护城河，阻挡了竞争对手一次又一次的进攻。

因此，我们在投资的时候，在遵循经济规律的前提下，要优先选择具有良好的竞争格局和宽阔护城河的公司，因为只有这样的公司，才能帮助我们穿越牛熊，获取投资的超额回报率。

行业竞争格局比成长性更重要

很多人在做投资的时候，会优先选择成长性高、想象空间大的行业。成长性高、想象空间大是好事，但在经济规律的作用下，如果一个行业成长性高且想象空间很大，那么想要进入这个行业的人肯定非常多，竞争一定会非常激烈，最终使得超额利润消失。

行业竞争格局和成长性，哪个更重要？当行业触及天花板，是否代表其就不具有投资价值了呢？答案是否定的。白酒销量在2016年见顶之后，近几年一直在缩减，但是茅台和五粮液的收入一直处于稳步增长态势，股价在2016年之后的4年半时间里涨了超6倍。

其背后的逻辑就在于，良好的竞争格局使龙头企业可以凭借品牌和渠道的优势挤压竞争对手的市场份额，享受行业集中度提升所带来的收益。也就是说，成长性固然重要，但对竞争格局的分析更为重要。只有竞争格局良好且稳定的行业，才有投资的确定性。

如果一个行业竞争格局很稳定，同时成长性高、想象空间大，那这个行业就是投资的首选。当然，要同时选到行业竞争格局稳定且成长性高的行业并非易事，这样的行业本身也不是很多，可能只有少数的垄断性行业才是。而当竞争格局和成长性两个条件相互矛盾的时候，我们要优先选择竞争格局稳定的行业。

我整理了关于竞争格局和成长性的投资组合，如表2-4所示。

表2-4　竞争格局和成长性的四种投资组合

格局态势	成长性高	成长性低
竞争格局稳定	最优但少见	次优（适合价值股投资者）
竞争格局不稳定	次次优（适合成长股投资者）	回避

（1）如果一个行业竞争格局稳定且成长性高，那这个行业就是最优的投资选择。

（2）如果一个行业竞争格局稳定，但成长性相对较低，则为次优的投资选择。

（3）当行业竞争格局不稳定的时候，即使成长性高，你也很难搞清楚这家公司能否最终在激烈的竞争中胜出，而且随着新进入者所带来的竞争加剧，利润率也会下降。

（4）如果一个行业竞争格局不稳定且成长性低，显然是不具有投资价值的。

当然，关于第二象限（成长性低、格局稳定）和第三象限（成长性高、格局不稳定）的偏好顺序，仅是我自己的经验总结，未必是很多人的共识。

案例

白酒与葡萄酒

在A股的众多赛道里面，食品饮料行业一直是一条好赛道，特别是中国这种人口基数大的国家，巨大的消费需求支撑着食品饮料行业的良好发展。而在食品饮料的众多子行业中，白酒行业是其中最好的细分子行业之一，也是一个牛股辈出的好赛道。除了茅台，A股市场上的很多白酒公司利润都不错，也都给投资者创造了不菲的回报。

白酒公司能够在股票市场上胜出，核心原因有以下几个。

首先，白酒是一个受本国文化影响很大的行业，不存在外国产品的竞争。白酒相对于其他酒有着不同的地位，具有悠久的历史和独特的民族文化内涵，这也成为白酒行业的壁垒和护城河。

其次，白酒是一种情感消费，消费者除了要考虑口感等因素，更多考虑的是社交需求。我们是一个强社交的社会，这使得白酒消费呈现不完全追求“性价比”的现象。

再次，白酒的口味具有一定的“路径依赖”，也就是说，当消费者喝惯某个牌子的白酒之后，会一直喜欢这个口味，觉得其他口味不好喝。比如，喝惯酱香型白酒的人，往往不太喜欢浓香型白酒。

最后，白酒不涉及库存问题。白酒行业有一个跟任何行业都不一样的特殊之处，那就是白酒储藏时间越久，就越香醇、越值钱，所以白酒企业不用太担心库存管理。而不像服装行业，如果库存管理做得不好，后果会很严重。

而葡萄酒同为酒类赛道，为什么就没有这么“幸运”（相关上市公司没有给股东创造很好的回报）呢？我认为核心原因有以下两个方面。

一方面，高端白酒行业竞争格局稳定，龙头公司提价话语权高。贵州茅台和五粮液这两家公司的营业收入占整个高端白酒市场营业收入的比例将近90%，所以即使白酒销量在2016年见顶之后，贵州茅台依然能凭借龙头地位稳步提升收入和利润。再看葡萄酒行业，产品繁杂、品牌分散、市场秩序较为混乱，市场集中度低，龙头公司的竞争力并不突出。

另一方面，葡萄酒作为西方舶来品，判断其品质高低用的是国际标准，比如规定经纬度在哪个范围内的葡萄是酿造葡萄酒的好材料、甜度要多少才合适等，这就使国内生产企业缺少了酿造“好”酒的土壤，容易受到进口葡萄酒的冲击。所以葡萄酒的高端产品多是国外品牌，国内的葡萄酒由于缺乏品牌优势而难以卖出好价格。

从图2－12和图2－13中我们可以看到，白酒龙头公司贵州茅台和葡萄酒龙头公司张裕这些年的业绩和股价表现有着天壤之别。

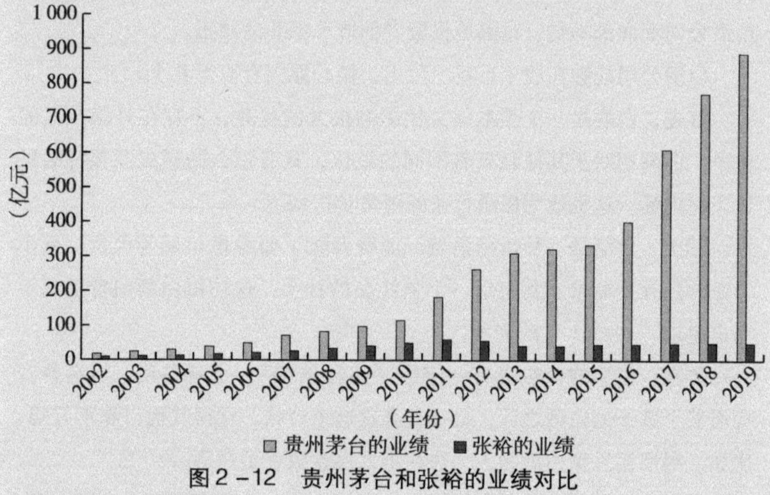

图2－12　贵州茅台和张裕的业绩对比

资料来源：市场公开信息。

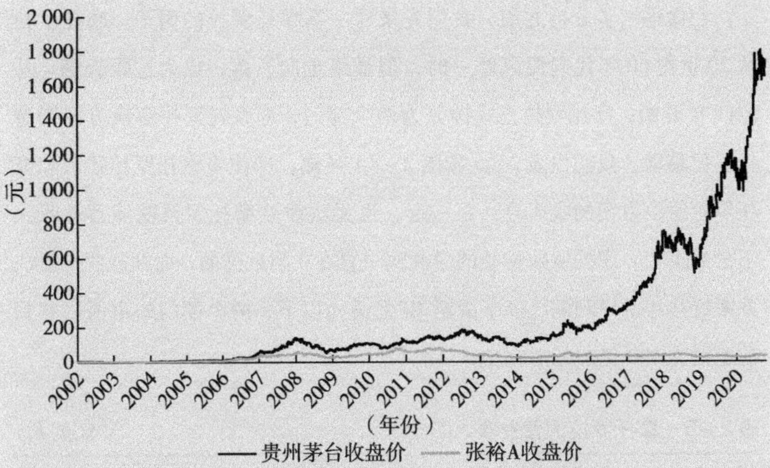

图 2－13　贵州茅台和张裕 A 的股价走势对比

资料来源：市场公开信息。

20 年前，很多人认为葡萄酒行业成长性高，所以那时候的资本市场上，追捧张裕的人多过看好茅台的人。但事实告诉我们，葡萄酒尽管比白酒有着更高的行业增速，由于其行业竞争格局分散和品牌溢价能力弱，决定了龙头公司张裕的业绩和股价表现远远不如白酒龙头公司贵州茅台。因此，我们在评估一个行业时，只看成长性是远远不够的，良好的竞争格局才是好赛道的首要评判标准。

案例

通信设备行业

通信设备行业一直是朝阳行业，从 1G 到 5G，通信设备行业一直蓬勃发展，产值越来越大，但是行业内的很多明星公司如北电网络、AT&T（美国电话电报公司）、摩托罗拉、诺基亚等均已成为过眼云烟，各领风骚三五年。

在做进一步分析之前，我们先来看一下摩托罗拉的例子。摩托罗拉从20世纪60年代起便风靡一时，但最终走向衰落，成为过眼云烟。从2011年开始，摩托罗拉正式拆分为两个部门，即摩托罗拉解决方案和摩托罗拉移动。我们由表2-5和图2-14可知，即使将摩托罗拉移动和摩托罗拉解决方案的收入合计在一起，也无法改变摩托罗拉整体营业收入下滑的事实。摩托罗拉移动的净利润一直在0附近徘徊，而摩托罗拉解决方案近几年的净利润已经下滑至10亿美元以下，两个部门的市值之和目前也仅为300亿美元左右。

表2-5　摩托罗拉的营业收入　（亿美元）

年份	2006	2007	2008	2009	2010	2011	2012	2013	2014	2015	2016	2017	2018	2019
摩托罗拉解决方案	429	366	301	220	193	82	87	87	59	57	60	64	73	79
摩托罗拉移动					2	3	4	4	6	7	7	7	8	8

资料来源：市场公开信息。

图2-14　摩托罗拉解决方案和摩托罗拉移动的市值

资料来源：市场公开信息。

为什么像摩托罗拉这样的巨头陨落得如此彻底？因为这个行业的竞争格局不好。

首先，通信行业竞争很激烈，厂商不得不通过价格竞争来获取市场份额。例如无线通信模组行业，它的上游是芯片厂商，下游是各种应用终端如无线支付、共享单车、安防、车载运输等。未来随着5G技术的发展，各大机构预测物联网将成为超万亿元规模的巨大市场，物联网公司将迎来行业需求量的爆发式增长，行业的成长性是很高的。但是我们再来看看该行业的竞争格局，外资企业占据整个蜂窝通信模块市场大部分的份额，行业内竞争十分激烈，下游客户价格敏感性很高，在产品质量差别不大的情况下，下游客户更倾向于选择价格低廉的产品。因此，虽然公司受益于行业需求爆发而出现营收大幅增长，但是随着产品逐步成熟普及，行业恶性竞争日趋白热化，容易引发价格战，毛利率收窄的压力不容忽视。在股票投资中，我们不能只看到需求量的增长，而忽视产品价格重心的下移，否则容易过高地估计业绩与利润增速。

其次，技术不断更新迭代，通信设备公司普遍资本性支出较高，企业的利润大部分要重新投入研发当中。因为通信设备行业技术升级和更新换代速度快，行业发展需要持续的研发投入规模，从1G到5G，每一次技术的更新迭代都伴随着资本开支的巨额上升，这就导致通信设备公司无法获取较高的利润率，或者有利润也没有很好的现金流。

最后，通信设备行业具有周期性波动的特点，其收入和运营商的资本支出有很大的关联性。通信设备属于基础设施建设，主要受投资驱动，而运营商的网络建设和更新改造投资则随着技术演进发展具有一定的周期性，所以通信设备行业的周期性主要来自技术创新周期。国内通信设备公司的下游客户基本上是三大运营商，即中国电信、中国移动和中国联通，这就使得通信设备公司的营业收入和三大运营商的资本开支有很大的关联性。三大运营商资本开支增大，通信设备公司收入增加；三大运营商资本开支下降，通信设备公司收入下滑。这种对下游客户的过度依赖，就使通信设备公司毛利率收窄的压力加大。

基于以上三点我们就可以知道，通信设备行业尽管是高成长性行业，但是由于行业竞争格局不好，最终导致很多明星公司成为过眼云烟。

行业竞争格局的基本分析框架：五力模型

我们通常运用波特五力模型对行业竞争格局进行分析，它包括五种力量，即行业内现有竞争者的竞争能力、供应商的讨价还价能力、购买者的讨价还价能力、潜在进入者的威胁以及替代品的威胁。接下来，我将运用波特五力模型对具体的例子展开分析。

案例

海螺水泥与宝钢股份

海螺水泥是传统水泥行业的龙头公司，宝钢股份是传统钢铁行业的龙头公司，这两家公司在 2003 年 1 月 ~2020 年 8 月的股价走势分化明显（见图 2 – 15），海螺水泥远远跑赢宝钢股份。那究竟是什么原因造成这两家公司股价的差异呢？

第一，行业集中度对比。近几年来，我国水泥行业的集中度不断提升，且水泥作为大宗商品，其价格从 2017 年以来持续上涨，这就是行业格局不断改善的最好验证。2010 年以来，钢铁行业 CR10（行业排名前 10 位的公司的累计市场占有率）从 49% 降至 2018 年的 35%，虽然 2015 年的供给侧改革加速了产能出清，使行业集中度提升，但是钢铁行业的集中度显然不及水泥行业的集中度，水泥行业的龙头公司的话语权明显更强。

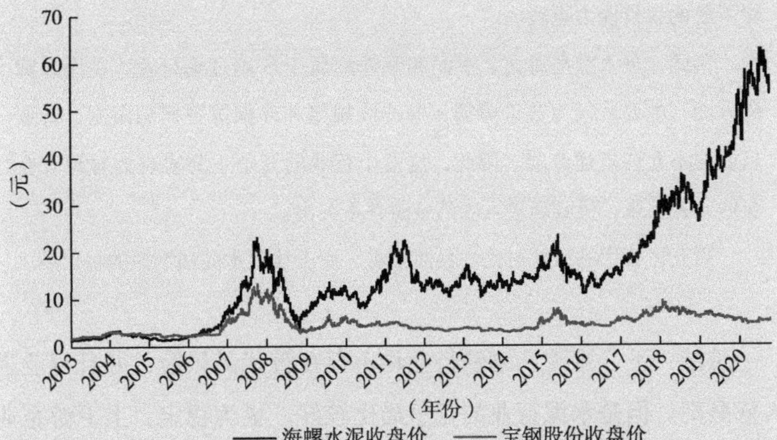

图 2-15 海螺水泥和宝钢股份的股价走势对比

资料来源：市场公开信息。

第二，上游议价能力对比。从成本端来看，海螺水泥的成本主要由石灰石和煤电等构成，且海螺水泥自己拥有大型高品位石灰石矿山；宝钢股份的成本主要由铁矿石、煤电等构成，由于国内铁矿石品位低，宝钢股份约 99% 的铁矿石依赖国外进口，而四大矿山淡水河谷、力拓、必和必拓和 FMG 的铁矿石产量占比全球产量过半，因此，宝钢股份相对上游的议价能力明显较弱。

第三，下游议价能力对比。水泥的下游需求主要是地产建筑、基建和农村，其中建筑商集中度非常低，农村需求分布更是分散，缺乏统一的议价能力。此外，水泥的单价较低，运输成本却很高，这决定了水泥是一个区域竞争市场，更是加大了水泥公司在区域内的定价权。钢铁的下游需求主要来自建筑（包括地产和基建）、机械、汽车、能源、造船、家电、铁道、集装箱及其他，其中，汽车是宝钢股份最主要的用钢领域。国内汽车制造厂商集中，自 2005 年 1 月以来，国内前五大汽车制造厂商月销量占国内汽车销量比例基本保持在 65% 以上，这就使得宝钢股份相对下游的议价能力也较弱。

第四，进入壁垒对比。水泥和钢铁均属于产能过剩行业，在进入障碍方面，主要表现为政策障碍，即产线规模和环保等方面的限制，行业目前均不允许新建产能。因此，这两个行业的竞争主要表现为对现有企业的兼并扩张，受到新进入者的威胁并不突出。

第五，替代品风险对比。目前来看，尚未找到水泥和钢铁的替代品。

总结一下，水泥和钢铁行业均不存在替代品风险，并且行业进入壁垒高。但是水泥行业的竞争局比较好，更为稳定，上下游企业较为分散，因而水泥公司拥有较高的定价权。2010 年以来，海螺水泥的毛利率相比宝钢股份的毛利率的差额一直维持在 20% 以上，深刻反映了两家公司所面临的行业格局差异。这种差异最终体现在两家公司的业绩差异和股价差异上。

案例

彩电行业与空调行业

空调行业具有稳定的竞争格局，行业内的龙头企业在品牌、渠道等方面形成很深的护城河，行业竞争格局不断改善，毛利率稳步提升。而彩电行业发展至今，经历了 CRT（阳极射线显像管）时代、平板时代（等离子和液晶技术）、后平板时代（QLED/OLED）三个时代，两次技术变革。时至今日，彩电行业公司的盈利能力和空调行业公司的盈利能力出现了较大的分化，龙头公司的股价表现也差别较大（见图 2-16）。

为什么会出现这样的差异呢？接下来，我们继续运用波特五力模型分析框架对这两个行业进行对比分析。

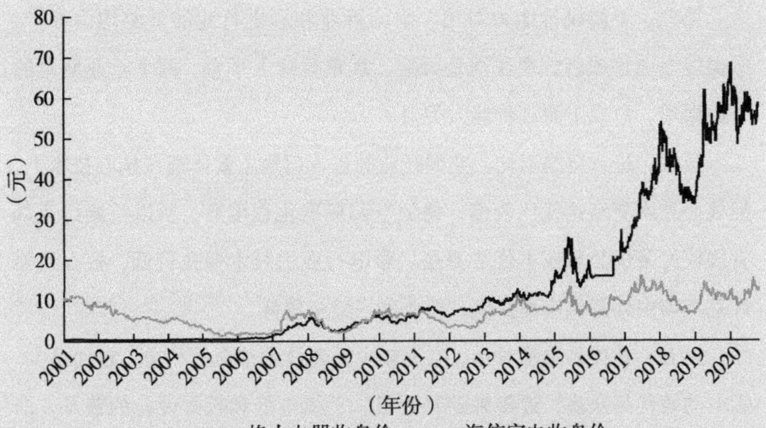

图 2－16　格力电器和海信家电的股价走势对比

资料来源：市场公开信息。

第一，行业集中度对比。空调行业的发展历程堪称竞争格局的教科书，在经历过激烈竞争之后，几家优质企业脱颖而出，行业集中度不断提升，形成格力电器和美的集团的双寡头格局。2019 年，空调行业的 CR2 为 59%，2020 年上半年进一步提升至 66%。而彩电行业竞争激烈，直到现在也没有形成像格力、美的、老板这样有品牌优势的家电企业，主要是因为电视机的生产技术更新太快，生产商难以形成有效的品牌积累。技术更新太快，一方面需要持续不断的大规模研发，另一方面又容易被竞争对手弯道超车。所以技术变化太快、容易被颠覆的行业较难积累长期优势，相反，一些变化慢的行业容易形成长期优势。

第二，上游议价能力对比。空调行业的上游供应商主要为铜、铝、冷轧板等大宗商品，压缩机、电机等核心零部件占比在 80% 以上，供应商众多，集中度低。且空调制造企业往上游拓展的一体化能力较强，更能形成产业链规模优势。彩电行业的硬件供应商和专利技术供应商主要为外部供应商，如夏普、三星等，供应商有很强的话语权。因此，相对来说，彩电行业对上游供应商的议价能力较弱。

第三，下游议价能力对比。空调行业和彩电行业的下游均为苏宁、国美等专业连锁店，现在则是天猫、京东等线上平台。两个行业面对的下游渠道，以及下游议价能力类似。

第四，进入壁垒对比。空调行业的进入门槛主要体现在核心技术上，但核心技术更新迭代比较慢，叠加空调标准化程度高，所以空调行业具有规模经济优势和成本优势壁垒。彩电行业的技术壁垒较低，核心元器件基本均由外部供应商提供，行业进入壁垒较低。

第五，替代品风险对比。空调较少受到技术革命的冲击，替代品少。彩电的替代品众多，近年来随着手机、平板电脑和投影设备的普及，消费者对于影音设备的使用习惯出现迁移，以前大家通过电视机来获取新闻资讯、观看电视剧等，现在慢慢转移至手机、平板电脑等移动终端设备，从而对彩电行业的需求形成压制。因此，打垮彩电行业的并非彩电行业自己，而是来自替代品的风险。

总结一下，空调行业呈现双寡头格局，龙头企业美的集团和格力电器具有较强的话语权，技术更迭慢，具有规模经济优势，且无替代品风险。而彩电行业技术更新快，行业进入壁垒低，不仅面临来自同行业的竞争，还面临小米等互联网企业的新竞争，同时用户需求转移使得彩电行业所面临的替代品风险加大，令彩电行业难以形成稳定的竞争格局和拥有长期的竞争优势。

案例

被忽略的小行业龙头——安琪酵母

有一些不太起眼的行业，其实竞争格局很好，里面的龙头公司往往过得很轻松，安琪酵母就是其中之一。

安琪酵母成立于1986年，其主导产品是各种酵母，可谓国内酵母行业的绝对龙头企业。糖蜜是公司的主要原材料，由于糖蜜生产的周期性，很多人将安琪酵母理解为化工股。但如果从行业竞争格局去分析的话，我们会发现安琪酵母所处的竞争格局非常不错。

第一，酵母行业是一个成熟行业，行业集中度高，竞争格局稳定。从全球行业的竞争格局来看，行业CR5为77.8%左右，其中安琪酵母的市占率为15.8%，位居全球第三，而且目前安琪酵母处于产能扩建阶段，未来有望超过全球第二。从国内行业的竞争格局来看，国内酵母行业CR3（行业排名前3位公司的累计市场占有率）为83%，其中安琪酵母市占率为55%，是国内酵母行业的绝对龙头。随着环保压力的不断加大，龙头企业规模优势日益凸显，行业有望向龙头进一步集中。

第二，从公司的上游供应商来看，安琪酵母属于重资产行业，具有规模优势。作为国内的绝对龙头、全球行业第三，安琪酵母的生产能力和规模是中小企业短期内难以超越的，所以，安琪酵母对上游供应商话语权较强。

第三，从公司的下游客户来看，80%的客户为B（机构）端客户。由于酵母产品本身的特殊性，即不同品牌的酵母，在给定量相同的情况下，面包的发酵程度是不一样的，对于B端客户的产品品质会有较大的影响，因此安琪酵母具有一定的客户黏性。另外，对于B端客户来说，酵母成本在其总成本中的比重较低，所以下游B端客户对价格的敏感性较低，安琪酵母具有一定的议价能力。

第四，行业进入壁垒高。酵母是一种单细胞真菌微生物，其生产制造包括菌种培育、繁殖等过程，技术精细、复杂，属于经验积累型行业。目前全球酵母生产企业中自身拥有菌种的企业屈指可数，在国内仅有安琪酵母具备独立育种的能力。此外，酵母生产工艺中的清洁工艺、发酵过程的流加量曲线和温度曲线的控制等非专利技术以及对熟练技术工人的要求等均对新进入者构成了一道难以逾越的屏障。

第五，安琪酵母的发酵方式是酵母发酵，优点是发酵速度快，能够保留食品中的营养和口味，但是价格相对较高。有两种发酵方式即老面发酵和化学膨松可能会对酵母发酵形成替代关系，且两者价格均相对较低。但是老面发酵存在破坏营养成分的风险，化学膨松存在食品安全的风险，相对酵母发酵来说，安全系数都较低。因此，这两种发酵方式替代酵母发酵的可能性很低，反过来，未来的趋势应该是酵母发酵逐步替代这两种发酵方式。

总之，我们通过运用波特五力模型对安琪酵母分析得出，安琪酵母作为小行业的龙头公司，行业竞争格局稳定，集中度高，上游供应商对它没有议价能力，它对下游客户却拥有一定的定价权，行业进入壁垒高，且替代品的替代风险低。从这个角度来看，我们不难发现，这是小行业里的隐形冠军，它的股价走势也反映了资本市场对它的认可（见图 2－17）。

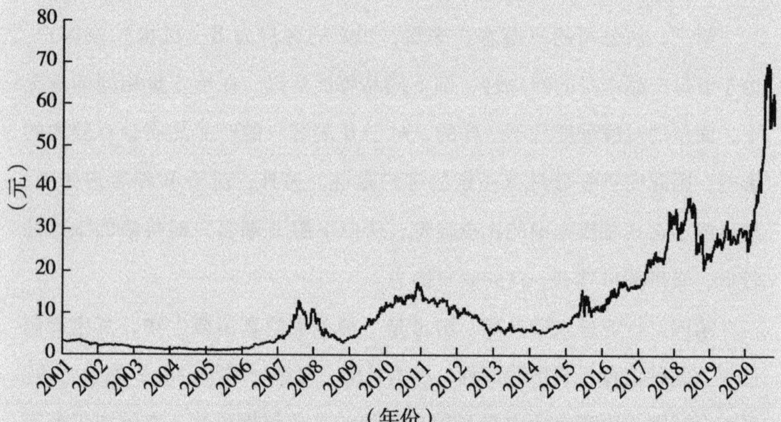

图2－17　安琪酵母股价走势

资料来源：市场公开信息。

行业属性及股东回报

行业属性决定了不同公司具有不同的特点，也往往决定了长期回报率的差异。

消费品、医药、烟草及酒类行业——长牛股集中营

在中国股票市场近30年的发展历程中，诞生了很多长期牛股，消费品、医药、烟草及酒类行业均被称为长牛股集中营，很多优秀公司具备穿越牛熊的能力，给长线投资者创造了惊人的回报。

消费品行业

消费品行业是最稳定产出长期牛股的行业，比如茅台、伊利、格力、云南白药等。不光是在中国股市，在美国股市，消费股也占据了长期牛股的半壁江山。

为什么消费品领域容易出长期牛股呢？这和消费品的特性息息相关。

首先，消费品行业的周期属性相对较弱，经营业绩不太受宏观经济周期的影响。改革开放40多年以来，随着国力的增强和人民生活水平的提高，对消费的需求是不断增加、不断升级的，这支撑了消费行业的长期业绩增长。

其次，消费品企业经过长期经营和资金投入形成较强的品牌壁垒和渠道优势，获得行业垄断地位，且这种垄断地位相对稳定。在国内消费品领域中，无论是白酒、乳制品、调味品、空调等行业，均已形成集中度不断提升、强者恒强的态势，有助于其盈利能力维

持长期稳定或提升。

最后，消费品公司一旦形成品牌和渠道等护城河，不太需要进行持续的大规模资本支出（很多科技公司，为什么利润很高，但现金流很差，因为要被迫进行持续的资本支出），也不太容易被新技术、新模式所颠覆（互联网技术再突飞猛进，人们对白酒的需求也不会减少）。这和很多制造业、科技业有着天壤之别。

当然，我们在投资消费品公司的时候，要注意它们的品牌护城河是否被侵蚀（品牌老化），这是消费品公司的大敌。

医药行业

医药行业是一个非常好的长期赛道，它不仅是一个长期的成长性赛道，也是一个有时间价值的赛道。

首先，我国人口老龄化日趋严重，随着社会进步和人民健康意识的提升，对医药医疗的需求会越来越大，可以说这是一个不需要担心需求增长的行业。人们对生命健康的追求永远是放在靠前的位置的，尤其是近两年的疫情更是加强了人们的健康意识，也增加了对医药的需求，所以这是一个不会随着经济周期的波动而波动的行业。

其次，医药公司研发时间长、资金占用多，这使得医药行业的寡头垄断效应非常明显。但医药行业的寡头垄断有其自身特点：医药行业由于疾病的多样性，人们对药物和治疗方法的需求也非常多样化，在这种情况下，少数公司无法满足这么多且复杂的需求，所以医药行业难以形成全格局的寡头，它们只在各自的细分领域积累研发、销售等优势，从而建立护城河。

所以，我们在分析医药公司的时候，同样要运用波特五力模型，优选出细分行业内的好公司。

烟草及酒类行业

烟草和酒类公司也属于消费品行业，但它们拥有其他消费品公司所没有的特性。一方面，消费者对白酒和香烟的需求可以说是永不消逝的；另一方面，香烟和酒都是带有致瘾性的，而且消费者对特定口味的产品会上瘾，所以消费者对产品的黏性非常高。这就使得烟草和酒类公司一旦形成品牌效应之后，其品牌护城河会非常深。所以，烟和酒都是好赛道，很容易诞生牛股。

美股菲利普－莫里斯国际是世界上第一大烟草制造商，拥有世界第一的香烟品牌——万宝路。2019 年菲利普－莫里斯国际的营业收入达 779 亿美元，近几年的毛利率基本维持在 23% 以上。截至 2019 年，它的股价在过去 10 年里涨了两倍多。在美国上市的还有全球最大的洋酒公司——帝亚吉欧，它从上市以来至 2019 年年底股价翻了将近 9 倍（见图 2－18）。帝亚吉欧拥有许多著名的酒类品牌，2020 财年的营业收入 218 亿美元，且毛利率近 5 年内一直保持在 40% 以上。在 A 股市场上市的酒类公司中也有很多牛股，例如贵州茅台和五粮液。从上市至 2020 年年底，贵州茅台和五粮液的股价分别涨了 390 倍和 146 倍（见图 2－19）。

高科技公司——高回报但确定性弱

高科技公司的投资回报率非常高，但也具有确定性弱的缺陷。这是为什么呢？因为技术不断迭代更新，行业很难形成稳定的格局。尤其是重资产属性的科技公司，要持续不断地进行资本支出，对公司利润形成压制，造成公司回报率低。

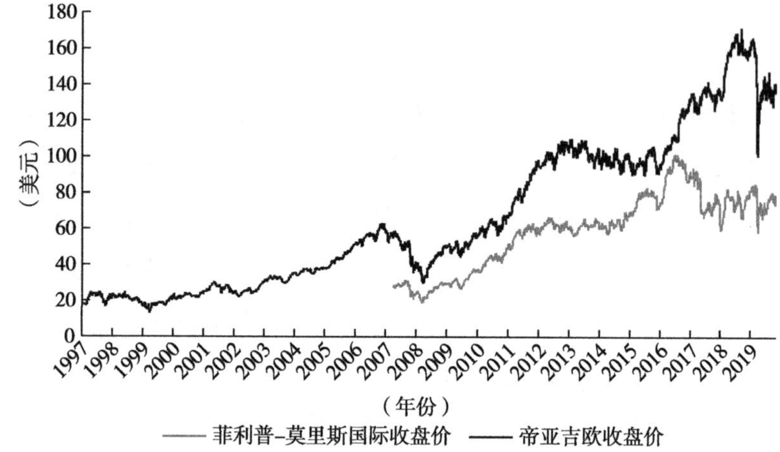

图2－18　菲利普－莫里斯国际和帝亚吉欧股价走势

资料来源：市场公开信息。

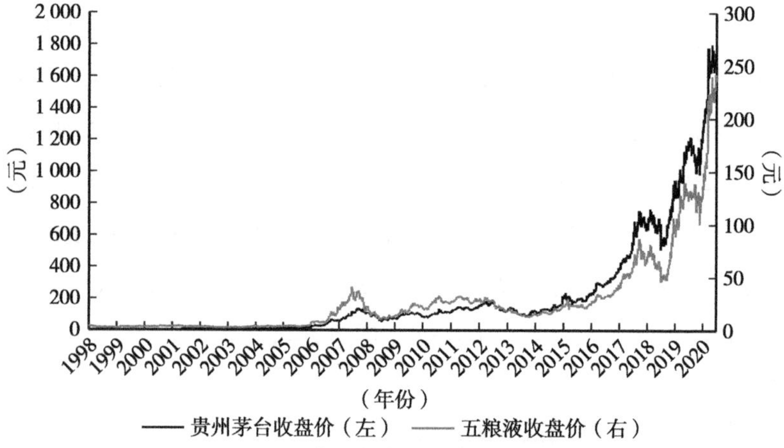

图2－19　贵州茅台和五粮液股价走势

资料来源：市场公开信息。

什么样的科技公司容易成为长牛股?

历史上有很多科技公司辉煌过，例如我们前面提到的摩托罗拉、诺基亚、AT&T，还有诸如IBM（国际商业机器公司）、苹果、微软、英特尔、谷歌等，它们曾经站在时代的浪尖上，引领着时代的发展，但是我们现在回过头去看，为什么仅有部分科技公司依然保持着过去的辉煌，而大部分成为过眼云烟了呢？

摩托罗拉曾经是高科技公司的卓越代表，曾经在移动通信、数字信号处理和计算机处理器三个领域都是技术领先的公司。但最后摩托罗拉在计算机处理器上败给了英特尔，在手机业务上败给了诺基亚，在数字信号处理上败给了德州仪器。作为一家老牌的高科技公司，摩托罗拉的技术曾经非常领先，但最后为何成了“没落的贵族”？

再来看诺基亚。诺基亚曾经是手机市场的第一，打败了“贵族”摩托罗拉，迅速占领手机市场，但是最终败给了苹果公司。先行的领导者往往因为不愿意放弃自己的先发优势，固守自己的领地，而丧失在新领域的竞争机会，最终被时代所淘汰。

最后我们来看曾经是北美最大的电信设备商北电网络。为何它最终也走向了灭亡？在 20 世纪 90 年代，北电网络的产品在业界无疑是最领先的。进入 21 世纪后，在其他厂商转向 IP（网际互联协议）的时候，北电网络坚持采用自己的 ATM（异步转移模式）。随后，在 3G 逐渐在全球大规模商用的时候，爱立信、华为等开始加大研发，而北电网络则将其 3G 技术出售给阿尔卡特，把大量资源投入研发 LTE（长期演进技术）和 WiMAX（全球微波接入互操作性）这些 4G 技术，最终结果是，在 2009 年北电网络破产的时候，这些技术都还未开始商用。

我们通过对上述公司的分析会发现，虽然各家公司业务有所不同，但是它们失败的原因却是十分相似的。它们在对待新技术、新趋势、新产品上，要么是看不见，要么是看见了却瞧不起，等竞争对手成长起来之后，要么看不起，要么看不懂，最后就是赶不上了。很多技术的更新迭代非常快，企业必须持续不断地进行资本支出以维持技术优势；而且在新技术出现之后，原来的领先企业往往面临“左右手互搏”的困境，要革自己的命很困难，越成功的企业则越困难。这就是为什么很多曾经如日中天的科技公司最终倒在了技术革新的浪潮之中。

案例

微软：科技公司中的常青藤

科技公司大多是针对 B 端业务，但也有些科技公司的客户是 C 端用户，而且对 C 端用户构成了非常强的黏性，微软就是这样的一家公司。

微软是靠 PC（个人计算机）时代的 Windows（视窗）操作系统起家的，Windows 操作系统一直是微软的主营业务之一，在全球的操作系统市场中，微软一家独大，市占率超 90%，远超其竞争对手苹果和 Linux。和 Windows 操作系统相配套的还有微软的 Office 办公软件，占据全球办公软件 90% 以上的市场份额，虽然受到一些本土办公软件的冲击，但是依然未能撼动其在全球办公软件领域的龙头地位。而随着全球云计算业务的发展，微软也开始布局云计算领域，2019 年，微软在全球云计算市场排名第二，市占率约 18%，仅落后于亚马逊（市占率约 45%）。2020 财年微软的营业收入高达 1 430 亿美元（见图 2－20），毛利率达 68%，可见其护城河之深。并且微软最近 5 年的毛利率呈现逐渐上升的趋势，一直保持在 62% 以上。再来看它的股价（见图 2－21），从上市至 2019 年年底，涨了超 2 500 倍，在近 10 年里，它的股价也涨了超 62 倍。

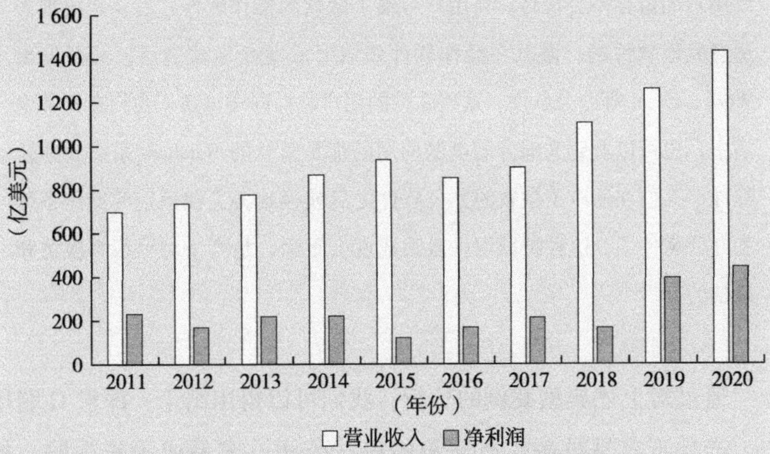

图 2-20　微软公司的营业收入和净利润

资料来源：市场公开信息。

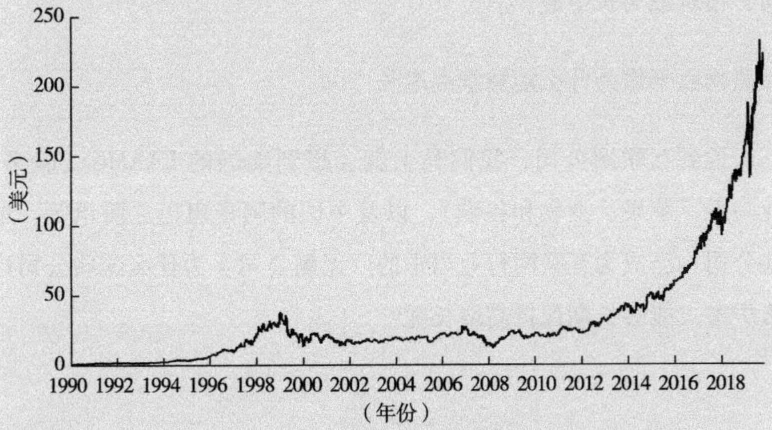

图 2-21　微软公司股价走势

资料来源：市场公开信息。

为什么微软能长期保持竞争力呢？和其他高科技公司不同的是，微软的主要用户是 C 端的消费者，而 C 端用户的特点就是黏性非常高，企业获取用户的成本很高，同样用户离开企业的成本也很高，这就导致最终用户的留存率会很高。当用户习惯了微软的操作软件之后，是很难去适应其他软件的。微软在操作软件领域形成垄断地位之后，又开发出 Word、Excel 等办公软件，这些软件的用户黏性同样很高。我们在日常生活中，也可以看到大部分的电脑使用的都是微软的 Windows 系统和办公软件，人们在适应了微软的办公软件之后就很难再去使用别的操作系统和办公软件了，这种护城河一旦形成就会很深，是竞争对手很难模仿和超越的。

通过对上述典型案例的分析，我们可以得出结论：深耕 C 端用户，产品不容易被替代或颠覆的科技公司，容易成为长牛股。相反，聚焦于 B 端用户，技术容易被替代或商业模式容易被颠覆的公司，很难成为长牛股。

互联网巨无霸为什么能持续高增长

说到互联网公司，我们马上就会想到美国的 FAAMG（脸书、亚马逊、苹果、微软和谷歌），以及中国的阿里巴巴、腾讯等，这些公司均已成为互联网行业当中的巨无霸公司。为什么这些公司这么厉害，能够长期保持高增长呢？

案例

FAAMG、阿里巴巴、腾讯数据分析

我们统计了 2010—2019 年美国的 FAAMG 和中国的阿里巴巴、腾讯这些公司的各项数据（见表 2-6），发现这些公司的收入和利润均实现了较高的增长。我们再来看股价表现，因为阿里巴巴是 2014 年才上市的，

所以这里的股价涨幅是2014年公司上市以来的统计数据。其他的几家互联网公司近10年的股价表现都是非常惊人的，亚马逊、苹果公司和腾讯更是实现了10倍以上的回报率。我们再来看同期指数的回报率，2010—2019年纳斯达克指数累计涨幅295.42%，标普500指数累计涨幅189.73%。对比之下，互联网巨无霸们显然远远跑赢同期指数。

表2-6　FAAMG、阿里巴巴、腾讯增长数据统计

公司	近10年营业收入复合年增长率（%）	近10年净利润复合年增长率（%）	近10年股价涨幅（%）	2019年年底总市值（亿美元）	2019年年底市盈率
脸书	57.00	55.13	436.86	5 853.73	26.47
亚马逊	27.60	29.09	1 273.65	9 202.24	90.95
苹果	19.75	20.97	1 021.06	12 876.43	23.61
微软	7.97	10.42	552.37	12 002.55	30.66
谷歌	21.21	18.08	331.66	9 211.38	30.05
阿里巴巴	49.87	56.15	125.90	5 710.03	43.74
腾讯	40.66	33.59	1 044.25	35 879.62	39.94

注：阿里巴巴数据为近8年的营业收入复合年增长率和净利润复合年增长率，阿里巴巴的股价涨幅是2014年阿里巴巴上市以来的涨幅。腾讯2019年年底总市值的单位为亿港元。

资料来源：市场公开信息。

互联网巨无霸们为什么会这么厉害呢？我认为可以总结为三个原因：（1）对C端用户的黏性；（2）形成垄断地位，只有龙头企业才能生存；（3）形成双边平台效应的公司，护城河尤其深。

（1）对C端用户的黏性。

互联网巨无霸的一个共同点就是聚焦于C端用户，它们的产品受众规模大，使用频率高，这就使得它们很容易成为超级流量入口。互联网公司在初期依靠补贴吸引用户，并形成强大的“网络效

应”或者“双边平台效应”，所以在没有补贴的时候依然能够保持用户黏性，让用户离不开。可以说，这些互联网巨无霸都是“互联网思维”的产物。

当我们要和某个人联系的时候，第一时间想到的肯定是发微信，因为大家都在用微信，所以你也只能用微信，否则你将会脱离这个社交圈。同样，当我们要在网上购物的时候，使用最多的是淘宝，因为淘宝上聚集了很多商家，可供挑选的商品众多。还有，点外卖时我们会想到美团，打车时我们会想到滴滴等。我们在生活的很多方面都离不开互联网巨无霸的产品或服务，因为我们转移到其他产品或服务的成本会非常高，或者非常不方便。

（2）形成垄断地位，只有龙头企业才能生存。

互联网是一种边际扩张成本很低的商业模式，这就使得互联网企业只有成为龙头才能生存下去，并快速形成垄断。

微信刚上市的时候，我们只用它发发信息，后来慢慢开始有了朋友圈、公众号、红包、小程序等。2020 年，微信面对抖音等短视频公司的挑战，推出微信视频号。微信甚至发力“微商”，帮助千千万万中小商户在微信上实现私域流量变现，挑战淘宝的“江湖地位”。

滴滴最开始做的是出租车市场，在推出专车之前，也有易到、神州等竞争对手，但是因为滴滴通过出租车市场积累了大量用户，使其在专车、快车市场上能够迅速做大做强。之后，滴滴更是乘势布局顺风车和代驾市场，现在只要提到“出行”，我们立马想到的就是滴滴。

美团最开始是从团购入手，在合并了团购领域的竞争对手大众点评，实现了在这个行业的垄断之后，开始进行横向业务拓展，入局外卖、酒店住宿、在线旅游、新零售等，逐渐形成美团生态。

因此，对于互联网公司来说，一旦积累了大量用户获得领先竞争优势之后，往新业务拓展的边际成本就会很低，这是其他细分行业的小龙头公司无法企及的。互联网公司一旦长成巨无霸，它所涉及的领域将会形成马太效应并赢家通吃，这也是互联网行业和其他行业最大的不同。

（3）形成双边平台效应的公司，护城河尤其深。

双边平台效应一旦形成，是最深的护城河。因为网络效应一旦形成，无论是供给端，还是需求端，都会被牢牢吸附在这张网上，很难脱离，在这种黏性下，供需两端的迁移成本都是巨大的。其中最典型的例子就是腾讯和阿里巴巴。

微信是腾讯的一张王牌，自诞生之日起，就受到了很多竞争对手的挑战。2013 年 9 月，阿里巴巴推出了“来往”，一问世就万众瞩目。阿里巴巴在来往的推广上投入很大，请来了各路明星宣传造势，但效果非常不理想，阿里巴巴也随之放弃了来往这个项目。除了来往，试图挑战微信的还包括网易的“易信”，但也没有成功，根本撼动不了微信的地位。之前流行的“子弹短信”，没几个月就衰落了。为什么这些手机应用“阵亡”得这么快？因为使用它们的人太少了，即便你感兴趣，你的家人、朋友、同事都没安装这个应用程序，那你也就不会继续使用它了。这就是微信的网络效应，它形成了强大的护城河，阻挡了竞争对手一次又一次的进攻。

同理，阿里巴巴通过技术手段和商业模式创新，一方面对卖家赋能，降低开店难度，提高销售效率；另一方面通过大数据，对买家实现千人千面的精准推送，这样，平台的护城河也进一步加深了。

具有网络效应的公司，不惧类似商业模式、类似竞争对手的挑战。因为竞争对手首先要复制出类似的网络，这需要大量的资金投入和长期的积累，绝不是一件轻而易举的事情。

它们真正面临的最大挑战，一是来自颠覆性的技术或者商业模式；二是来自监管，比如阿里巴巴、腾讯、滴滴、优步这样的公司，都面临着巨大的反垄断监管的挑战。

投资科技股不能只看技术

科技股看上去很光鲜亮丽，却未必是好的长期投资标的，原因有以下几点。

第一，单纯的技术公司的护城河并不深。暂时领先的技术，容易被模仿甚至迭代，一般说来，两三年以上的技术，基本上已经没有优势了。只有落地为产品能力、营销能力和品牌力，从而给公司创造可观的利润，并利用自己的盈利能力，建立起强大的、持续的技术研发能力，这才是护城河。例如海康威视就是比较典型的案例。在 A 股市场中，有些公司头顶高科技的光环，如人工智能、生物技术等，一看销售和利润，却少得可怜。这样的公司，A 股市场中有很多，估值也很贵，大家一定要小心。

第二，我们的科技企业有不少在商业模式上称雄，但在核心技术上却受制于人。例如 A 股市场有一家著名的基因测序公司，其实并没有太多技术壁垒，因为基因测序行业中最有价值、最有壁垒，也是最赚钱的，是生产测序仪器的供应商，而现在主要被几家国际厂商垄断。

第三，科技股由于顶着“高科技”的光环，估值往往很贵。估值贵了，未来的投资回报率自然就降低了。如果这些公司不能把领先技术转化为高利润，一旦碰到技术更新和迭代，很可能会遭遇戴维斯双杀。

因此，我们投资科技股，一定要找到具有品牌、低成本、渠道、高转换成本护城河的公司，而不能简单看其是否有领先技术，更不能只是因其带着科技股的帽子，就盲目买入。

思维拓展

新技术的“电影院困境”

一个新技术，有人率先采用，会获得一定的超额利润，但如果不能形成壁垒，技术一定会扩散，最终形成“电影院困境”——率先站起来的人看得更清楚，但之后大家都会跟着站起来，导致大家都更辛苦了，却并没有看得更清楚。

电力、计算机、“互联网 +”等领域均是如此，先行者只能获得短暂的领先地位。定制家居行业也经历了类似窘境，原来只有一家定制家居公司的时候，它能获得显著的竞争优势，而且上市融资后，更能扩大投入来保持领先地位，但当其他公司纷纷跟进并且也都上市融资之后，竞争不可避免地会加剧。将来这样的案例还会不断出现，比如“人工智能赋能”“柔性制造”等都会如此。对企业来说，这样的技术扩散是噩梦，被迫不断增加投入却不能增加利润，但对社会而言，这就是熊彼特所说的“破坏式创新”，是社会进步的强大动力。

所以，遇到“新技术赋能”或者“新商业模式赋能”的公司或者主题，一定要问：竞争对手会不会跟进？能不能跟进？

周期性公司——很难创造长期回报

强周期决定了周期性行业只能拥有阶段性的投资机会，因而周期性公司很难创造长期回报。但是我们也要用辩证的眼光去看待周期性公司，实际上也有很多周期性公司经过大浪淘沙之后，周期性逐步减弱，也就是说周期性公司的周期性不再那么强了。比如水泥行业，经过供给侧改革之后，中小企业产能出清，龙头公司的生存状况得到显著改善，看看海螺水泥的股价，显然是可以创造长期回报的。

需求的周期波动叠加产能的顺周期扩张，放大了周期效应

周期性行业的强周期主要来自需求的周期波动叠加产能的顺周期扩张，像钢铁、煤炭、水泥、化工、有色金属等均属于周期性行业。

我们来看一下化工行业的一个细分行业——尿素。它的下游需求有工业需求和农业需求，其中农业需求占比较高，容易受到经济波动的影响。2012 年以来，全球尿素产能迅速增加，供大于求导致全球尿素开工率逐年下滑，价格下行趋势明显。从需求端来看，尿素主要应用于农业化肥领域，工业需求对它的影响有限。而全球粮食从 2012 年开始一直处于供应过剩的局面，导致农产品价格低迷，农户种植积极性较低，从而对尿素需求形成压制，直到 2016 年，尿素供过于求、价格低迷的局面都没有得到改变。

同样，造纸业也具有周期效应，2010 年以前，造纸行业总体开工率比较充足，盈利能力也很不错，但到了 2012 年，随着新产能逐渐释放，产能显著过剩，使行业进入较长时期的低迷状态。

此外，还有很多行业的周期效应非常明显，在经济景气、需求上升时期，企业利润增加，促使企业不断进行产能扩张，最终导致行业产能过剩，供过于求，全行业陷入低迷，甚至有很多公司抗不过“寒冬”而破产倒闭。

情况正在改变：很多行业开始出清，产能不再增加，行业竞争格局变好

以前我们认为周期性行业的周期效应非常强，但是现在我们看到这样一个变化：很多行业开始出清，产能不再增加，行业竞争格局变好了。在股票投资中，我们更倾向于选择这种类型的周期性公司，这样更能为我们创造长期的回报。

例如我们前面提到的尿素行业。2015—2017 年的尿素行业可以说进入了一个断奶期：2015 年之前给予尿素行业的优惠政策，如电价、铁路运输费、化肥增值税等各方面的优惠政策，在 2015 年之后全部被取消了。这导致企业成本增加，落后产能加速退出。在 2016 年尿素市场价格降到低点的时候，很多中小企业亏损甚至破产退出，而龙头企业华鲁恒升的业绩也有所下降，但在 2017 年之后快速回升（见图 2 - 22 和图 2 - 23）。这就是产能出清之后，行业格局变好的一个案例。

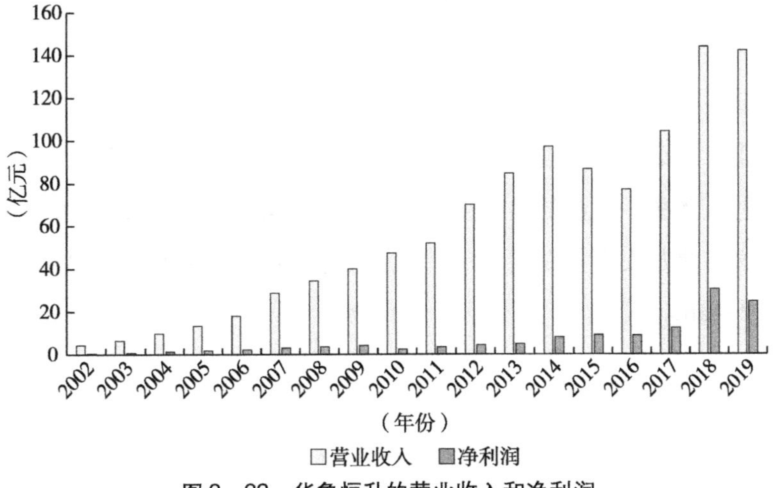

图 2 - 22　华鲁恒升的营业收入和净利润

资料来源：市场公开信息。

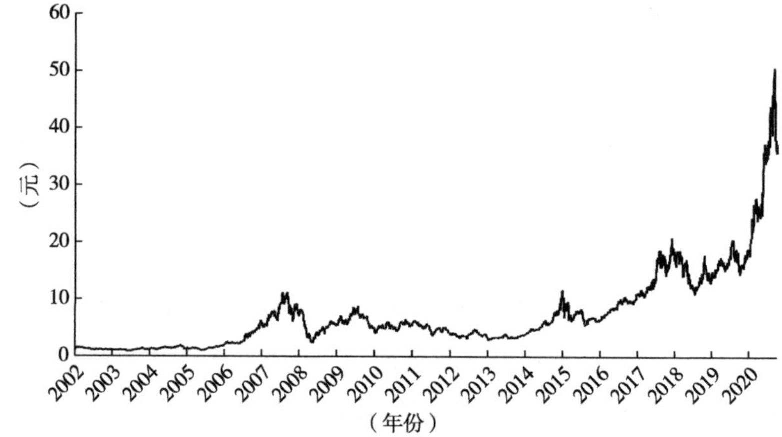

图2－23　华鲁恒升股价走势

资料来源：市场公开信息。

造纸行业也表现出了周期性逐步减弱的特征。从供给端来看，这些年实行的环保政策提高了行业进入门槛，造纸企业环保投入较高，如太阳纸业累计投入50多亿元用于环保治理，这就将很多小企业挡在门外。同时，新建产能也受到政策限制，环保部和发改委出台了一系列产业政策，对新建、扩建制浆及造纸项目单条生产线起始规模进行明确规定，要求发展规模经济（例如新建新闻纸的起始规模为年产30万吨）。这些均提高了造纸行业的进入壁垒，行业的集中度不断提升，竞争格局变好，像太阳纸业这样的龙头企业的话语权不断提高（见图2－24、图2－25、图2－26）。

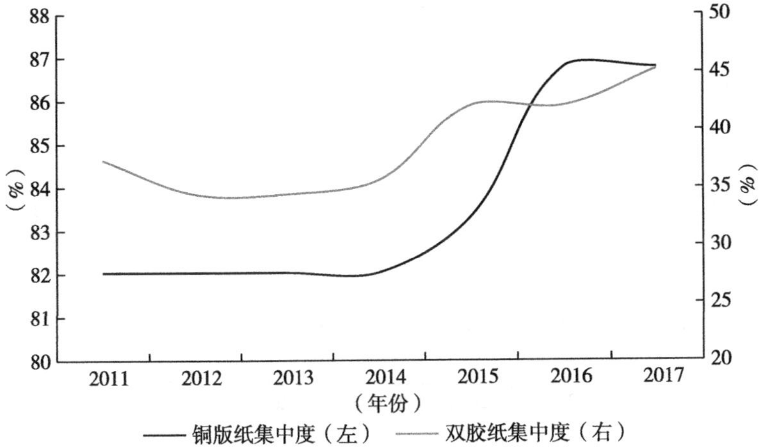

图 2－24　造纸行业集中度稳步提升

资料来源：市场公开信息。

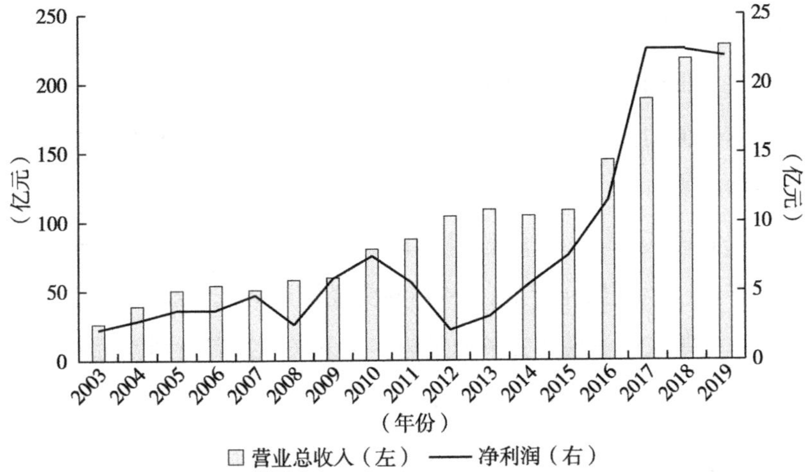

图 2－25　太阳纸业营业收入和净利润

资料来源：市场公开信息。

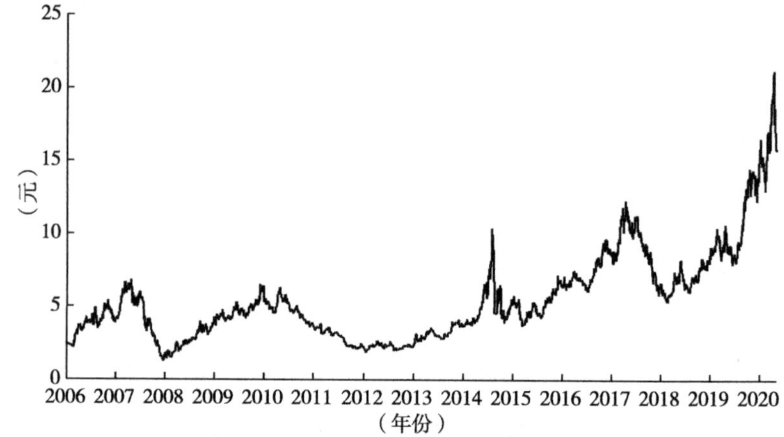

图 2－26　太阳纸业股价走势

资料来源：市场公开信息。

毁灭股东价值的行业特征

在投资的时候，我们要选择能为股东创造价值的公司，回避毁灭股东价值的公司。从行业的角度来看，毁灭股东价值的行业具有哪些特征呢？

我们将其总结为五点：（1）高额资本支出；（2）高额固定运营成本；（3）同质化产品；（4）易受经济形势波动影响；（5）易受技术变革或商业模式变革的影响。接下来，我们分别就每种特征进行详细描述。

高额资本支出

高额资本支出，顾名思义，就是企业要持续不断地进行大额的机器设备投资、技术更新改造支出等，这主要体现在重资产行业。正如我们前面说的，重资产行业未必好，也未必不好，要视情况而定。

如果企业通过大量的资本投入可以获得规模优势，从而占据行业的龙头地位，那么也可以形成自己的护城河，将竞争对手挡在外面。比如我们前面分析过的京东方，虽然长期有高额的资本支出，但是京东方把自己建成了全球面板行业的龙头公司，具有了规模优势，在技术迭代之前，它能够获得不错的利润。

但如果公司经过高额的资本支出，仍无法形成自己的竞争优势，从而提高行业进入壁垒，那么高额的资本支出将会对公司业绩产生很大的负面影响。比如鹏博士，这是一家做互联网宽带接入业务的公司，最初通过收购长城宽带进入这个行业。互联网宽带行业的特点是需要持续不断地投入资本，从鹏博士的财报数据我们可以看到，2013—2018 年公司的总资本支出接近 200 亿元。再来看这个行业的竞争格局，行业内有三大运营商——中国电信、中国联通、中国移动，无疑全部具有资金优势和资源优势。而鹏博士的上游供应商也主要是这三大运营商，很明显，鹏博士所处的行业格局是非常差的，并且对上游没有话语权，这就导致它很难形成自己的竞争优势。特别是近几年，三大运营商都加大了对宽带接入业务的投入，在激烈的竞争面前，鹏博士的业绩每况愈下，最终被曝出巨额亏损。

高额固定运营成本

通常情况下，员工薪酬、机器设备运行等固定运营成本越高，风险也就相对越高。比如有些行业因为某些特定原因，即便面对需求下降，也不能解雇员工、停止机器运行，这种类型的公司在面临因经济不景气或者其他原因导致收入下降的情况的时候，不能同步大幅度削减运营成本，经营往往会遭遇困难甚至会出现巨大亏损。

同质化产品

同质化产品指的是消费者在购买产品时不考虑品牌等因素，只考虑价格，在这种情形下，企业的产品和服务很容易被替代，企业只能采取降价的方式来竞争。降价可能会奏效，但降低了利润率，且很难形成长期的竞争优势，只要价格涨一点点，就很容易会失去市场份额。

易受经济形势波动影响

如果公司业绩容易受到经济形势波动的影响，那么它的业绩会随着经济周期而上下起伏。在经济景气时，企业利润大增，产能不断扩大；在经济下行时，产能过剩，陷入恶性竞争。

易受技术变革或商业模式变革的影响

技术变革或商业模式变革对行业和公司的影响是非常大的。历史上被技术变革颠覆的公司非常多，比如数码相机的出现消灭了胶卷行业，而智能手机的普及又基本上消灭了数码相机行业。在互联网出现之前，传统商业企业是以空间拓展和空间竞争为主，因为我们买东西都是在连锁超市、百货商场、便利店等地购买；商业竞争的模式也是有地理隔绝的，如果一个公司占领了某个商圈，即使它的竞争力不是很强，竞争对手也很难打败它。而在互联网出现之后，这种物理的空间壁垒显然不存在了，这加剧了整个零售行业的竞争，使整个行业发生了重大变化。在股票投资中，我们要回避容易受到技术变革或商业模式变革影响的行业。

案例

航空公司

航空公司基本上符合了毁灭股东价值标准的全部五条特征。

第一，典型的重资产公司。航空公司需要不断引进先进机型、淘汰老旧机型来优化机队结构。飞机是昂贵的固定资产，比如宽体客机的价格通常超过10亿元，窄体客机的价格也超过5亿元。

第二，航空公司的固定运营成本很高。航空公司每年的固定运营成本主要包括燃油成本、员工薪资、飞机的维修成本、折旧与摊销等，其中燃油成本占航空公司总成本约1/3，工作人员薪酬和维修成本也很高，并且很难削减。这就使得航空公司的固定运营成本很高，即使进入行业低谷，也很难削减。

第三，航空公司的产品同质化，消费者没有品牌意识。航空公司提供的服务是同质的，且价格透明，这就使得行业竞争非常激烈，容易打价格战。在国内，很少有人对某家航空公司绝对忠诚，愿意为选择某家航空公司而支付更高的价格，大部分乘客购买机票都会选择价格最低的，即哪家便宜就选择哪家。

第四，航空公司非常容易受宏观经济波动的影响。首先，由于燃油成本是航空公司的主要营运成本，燃油价格的波动将直接影响公司的业绩表现，所以原油价格对航空公司的影响很大。其次，国内航空公司的带息美元负债都很高，例如截至2019年，南方航空负债约700亿美元，中国国航负债约600亿美元，汇率波动对公司业绩影响较大。最后，由于航空公司的高投入特点，它的资产负债率普遍较高，所以公司业绩受利率波动的影响也较大。

第五，航空公司还容易受到技术变革的影响。例如高铁对航空飞行的替代效应，尤其是对于里程较短的航线，高铁的冲击效应将会更加明显。

因此，我们说航空公司具备毁灭股东价值的全部特征，难怪历史上航空公司最多也只有短期的阶段性机会，从长期来看，航空公司很难为股东创造好的回报。

事实上，如果我们用上面五个标准去衡量很多行业和公司，会发现A股市场上的很多热门行业和热门公司，都符合上述标准，甚至包括很多所谓的科技公司。而我曾长期工作过的券商行业，其实也是一个不太容易给股东创造价值的行业。

2020年资本市场行情火热，不管是对经纪业务、投资业务还是投行业务来说，都是大年。但事实上，2020年券商股是下跌的！海通证券的股价甚至一度跌破净资产，这在以前的牛市行情中是不可思议的。其实这种现象很正常，因为只要稍微深入思考一下，你会发现券商股不值得长期投资，至少对价值投资者来说是如此。为什么这么说？我们看几个简单数据。截至2020年12月31日，证券行业的净资产为2.31万亿元，净利润为1 575亿元，可以得出证券行业2020年的ROE是6.8%（1 575亿元/2.31万亿元）。如此业绩大年，行业ROE只有6.8%，可想而知，行情一般的时候，证券业的ROE有多少。2018年证券行业的ROE只有2%，2019年为3%~4%。所以证券行业看上去很赚钱，实际上盈利能力非常弱，比很多制造业的ROE都要低。

为什么证券行业的ROE上不去？我们要从以下几个标准来分析。

第一，券商是资金密集型行业，各种业务都要消耗大量资金，如融资融券、股票质押融资等，所以各家券商都极力扩充资本金。ROE已经这么低了，大家为什么还要极力扩充资本金来进一步摊低

ROE 呢？原因也很简单，因为大多数券商更看重规模而不是 ROE，而规模就代表着实力和地位。

第二，券商固定运营成本很高，特别是人力成本支出非常高。券商的人均人力成本高达 60 万～70 万元，而一般制造业在 10 万元左右，技术含量高一点的也就 20 多万元，可想而知券商的运营成本有多高。

第三，券商的产品和服务同质化，所以大家最常用的竞争手段就是价格竞争。最典型的就是经纪业务，不管是交易佣金，还是融资融券利率，都会通过打价格战来吸引客户。

第四，券商是强周期行业，业绩非常容易受资本市场行情的影响。

所以我一直说，做券商股东并非如大家想象的那么美好。整体来说，券商股只有在估值低的时候（例如股价远低于净资产）才有价值回归的机会。当然，一定会有竞争力和成长性远超行业的优秀公司，那就另当别论了。所以，投资要回到常识，“牛市炒券商”这样的论调，也要接受常识的检验。

关于行业竞争的常识

1. 对于价值投资者来说，好股票的标准可以用“好赛道 + 好公司 + 好价格（估值）”来概括，这也是价值投资的核心三要素。

2. 在股票投资中，行业分析的目的是理解行业属性，预测行业空间，分析行业竞争格局，并挖掘出具有投资潜力的行业，进而选出最具投资价值的上市公司。

3. 消费品行业容易出现长期牛股，因为消费品公司业绩不太受宏观经济周期的影响，容易形成较强的品牌壁垒和渠道壁垒，且不太容易被新技术、新模式颠覆。

4. 虽然我们对周期性企业的投资很难把握，但可以寻找周期属性减弱、行业竞争格局变好的企业进行投资。

5. 在需求波动小、技术路线稳定的行业，重资产属性能帮助龙头企业构建起宽阔的护城河；反过来，在需求波动大、技术路线不断迭代的行业，重资产属性就是企业的噩梦。

6. 行业竞争法则：竞争会使一个行业里的大多数企业获得平均利润率，但良好的竞争格局和宽阔的护城河，能长时间保护优秀企业获得超额利润。

7. 我们评估一个行业，只看其成长性是远远不够的，良好的竞争格局才是好赛道的首要评判标准。

8. 科技公司的投资回报率非常高，但也具有确定性弱的缺陷，因为技术不断迭代更新，行业很难形成稳定的格局。

9. 深耕C端用户，产品不容易被替代或颠覆的科技公司，容易成为长牛股，互联网巨头是典型代表。

10. 毁灭股东价值的行业的共性特征有：（1）高额资本支出；（2）高额固定运营成本；（3）同质化产品；（4）易受经济形势波动影响；（5）易受技术变革或商业模式变革的影响。

第三章

如何寻找“好公司”

——关于公司竞争力的常识

好股票的标准可以用“好赛道 + 好公司 + 好价格（估值）”来概括。在上一章我们讲了关于“什么是好赛道”的重要常识，这一章我们聊聊关于“什么是好公司”的常识。

公司利润的来源——以合理的成本规模化地为客户创造价值

任何一个商业模式想要成立，都要能够以合理的成本规模化地为客户创造价值。什么是为客户创造价值？就是满足客户的某种需求，或者解决客户的某个痛点。但是在这个过程中，要注意公司的成本必须是合理的。有些公司的商业模式确实是给客户创造了价值，但是成本非常高，比如前面提到过的 O2O 美甲、O2O 美发等 O2O 到家服务，虽然解决了消费者的某种痛点，但因为服务成本非常高，企业无法实现规模经济，最终不能成为一个可持续的商业模式。因此，公司利润来源的核心是企业的成本是合理的，同时商业模式是可拓展的，能够规模化地为客户创造价值。

我们可以用下面这个简单的公式来解释企业的利润创造：

企业利润 = （产品价格 - 单位成本） × 产品销量

产品价格是由什么决定的？产品价格的上限是“客户因为某种需求得到满足而愿意支付的金额”，产品定价是无法超过这个上限的。产品满足客户需求而给客户带来的价值越大，客户愿意支付的价格就越高。

谈到客户的需求，我们可以借助马斯洛需求层次理论来阐述。马斯洛需求层次理论强调人的动机是由需求决定的，而人潜藏着五种不同层次的需求，在不同的阶段，不同的需求占据主导地位，其他需求居于从属地位。需求由低层次到高层次可分为生理需求、安全需求、社交需求、尊重需求和自我需求（如图 3 - 1 所示），其中生理需求和安全需求属于低级需求，它的满足基于物质条件的满足；社交需求、尊重需求和自我需求属于高级需求，它要基于社交环境才能被满足。在低层次的需求被满足之后，人们会自动被高一层级的需求接管。

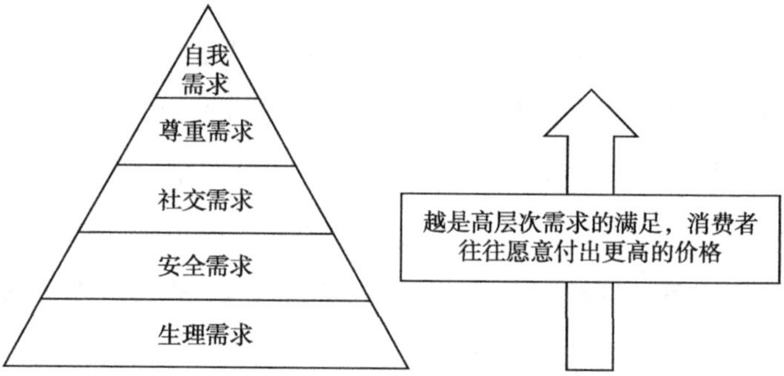

图 3 - 1　马斯洛需求层次理论

越是高层次需求的满足，消费者往往愿意付出更高的价格。因此我们看到，同样是白酒消费，二锅头主要满足的是生理需求（致瘾性消费），所以价格很难定高；而茅台、五粮液在很大程度上满足的是社交需求，因此它们的价格就远远高于普通白酒，更是远远高于生产成本。

与此同时，产品价格还受市场竞争的限制，同样的客户需求，如果有很多竞争对手在提供同样的产品和服务，那么价格也很难定高。

产品的单位成本，受规模效应影响巨大。很多公司因为无法实现规模效应，导致产品成本居高不下，也就无法盈利。

因此，企业要获得好的利润，有两个途径：（1）想方设法满足客户的需求，特别是客户的高层次需求，获得好的产品定价；（2）想方设法获得规模经济，降低产品成本。

为客户创造价值的形式

既然公司生存和发展的基础，是要能够为客户创造价值，那怎样才能为客户创造价值呢？创造价值的形式有哪些呢？

企业为客户创造价值的三种形式为：以更好的产品满足客户需求，以更低成本满足客户需求，或者以新产品满足客户需求。

以更好的产品满足客户需求

第一种为客户创造价值的形式是“以更好的产品满足客户需求”。在产品供给越来越过剩的时代，客户可选择的产品非常多，单单只靠营销已经很难留住客户，而客户越来越注重产品的质量，产品力逐渐成为企业追寻的重要目标。

格力电器就非常注重客户需求，其设计人员在研发过程中，始终秉承客户体验至上的原则，从便于客户使用的角度出发，开发操作简易、使用方便的智能系统。在空调的核心零部件领域，格力电器是首家掌握垂直一体化制造能力的中国空调企业，从 1994 年就开始产业并购，并且其申请的专利数也遥遥领先于同行业的美的集团、海尔智家等。格力电器专注于空调行业，其空调的生产规模占全球总产量 2 亿台的 1/4，居全球首位。上下垂直一体化在帮助其挖掘产业链利润、获取成本优势的同时，保证了空调产品的质量。正因为格力的产品质量过硬，所以即使格力空调的售价比其他品牌要高出不少，消费者也乐意买单，从而为公司带来丰厚利润。

以更低成本满足客户需求

“以更低成本满足客户需求”是创造价值的另一种形式。在传统制造业，最经常采用的是成本竞争战略，企业通过实现规模经济降低成本，在市场上保持一定的竞争优势。中国的大部分制造业都非常擅长成本竞争，很多行业依靠成本优势称霸全球。在空调还没有实现国产之前，进口的空调价格非常贵；而在空调实现国产之后，国内空调行业形成格力电器和美的集团的双寡头格局，企业实现了规模经济之后，空调价格降低了很多。当产品品质类似时，企业通过规模经济降低成本，这也是在创造价值。

互联网普及之后，我们发现很多行业可以通过“互联网 +”来降低成本。比如，电商的出现和普及，使得我们购买商品的金钱成本和时间成本都得到显著减少。现在，互联网向各行各业渗透，成为不可或缺的基础设施。

以新产品（服务）满足客户需求

第三种为客户创造价值的形式就是“以新产品（服务）或新模式满足客户需求”，甚至是创造新需求，也就是说不再采用传统竞争方式如价格战等来获取客户，而是直接颠覆行业的商业模式，改变行业的商业规则和生态。我们可以将其理解为下棋时，棋手不再在原来的棋局里思考如何打败对手，而是直接颠覆整个棋盘，修改了下棋的游戏规则。

诺基亚曾经在手机领域占据绝对市场份额，最后却败给了苹果手机，这是为什么呢？

与其说诺基亚和苹果之间的竞争是企业与企业之间的竞争，不如说是功能机与智能机之间的竞争。在功能机时代，手机的固有属性就是打电话，但苹果智能机的出现彻底改变了手机的固有属性，我们不仅可以用手机打电话，还可以用它来拍照、听音乐、看电影等，手机甚至部分取代了电脑，成为我们日常工作和生活中不可缺少的组成部分。诺基亚显然没有意识到消费者诉求的改变，因而没有跟上时代的步伐，最终只能走向失败。苹果公司重新定义手机属性，彻底颠覆原有的手机市场格局，打败竞争对手诺基亚，其实就是以新产品创造新需求的典型案例。

案例

共享单车——以新模式解决客户痛点

共享经济时代打破了我们固有的传统思维，“互联网 +”共享经济模式启发我们用共享思维满足客户需求、解决客户痛点。共享经济里曾经最热门的一个领域就是共享单车，它在2016年年底突然红遍全中国，我们在大街小巷随处可见共享单车的身影。共享单车为什么会这么火呢？因为它以新模式满足了用户的痛点需求，即解决用户最后几千米的短途出行需求。比如，你的公司距离最近的地铁站1～3千米，在共享单车出现之前，我们往往是步行到公司，但是有了共享单车之后，我们出地铁之后花1～2元就可以骑自行车到公司，大大节省了我们的通勤时间，方便快捷。同时它也解决了时间和空间上的问题。从时间上看，多人共用一辆自行车，提高了单辆自行车的使用效率；从空间上看，共享单车解决了异地存取车的问题，消费者只需要使用自行车这个最有价值的环节，而单车的维修和运营等则由专门的公司负责。

共享单车本身是很好的商业模式，但为什么会有一大批共享单车品牌宣布破产呢？问题不是出在商业模式本身，而是出在不理性的“烧钱”行为上。

我们来看一下共享单车是靠什么赚钱的。共享单车的本质是单车租赁，前期资金投入较大，它的成本主要来自单车的制造成本以及日常运营管理和维修成本，属于重资产行业。它的收入主要来自用户租金和押金，以及广告收入等。由于单车的骑行费用不能设置太高，每次骑行1～2元，所以共享单车刚上市的时候，企业会向用户收取押金，这一部分资金不需要融资成本，同时可以补充企业的现金流。但是现在行业已经形成共识，几乎所有共享单车企业都采取免押金模式，因此，这就决定了共享单车企业资金的回收周期会很长。

在共享单车爆红之后，大量资本纷纷进入这个行业，许多共享单车品牌不断被推出。为了获取用户，共享单车企业不断降低单车收费标准和押金，并依靠大量补贴大打价格战，虽然用户基数呈现爆发式增长，但是疯狂的资本投入导致过度竞争，变成了烧钱模式。整个行业供过于求，许多共享单车企业后期由于没有持续的现金流入，纷纷宣布倒闭，有些甚至连前期向用户收取的押金也无法退还。

在价格战停止之后，整个行业回归理性，我们发现这个行业的商业模式是可行的，它很好地解决了用户的痛点需求，存活下来的公司也能赚到合理的利润。

在共享单车火起来之后，很多创业公司开始尝试共享汽车。但迄今为止，共享汽车公司几乎全部“壮烈牺牲”。共享汽车同样也属于共享经济领域，但我们发现，“以合理的成本、规模化地为客户创造价值”这句话在共享单车上是成立的，可放到共享汽车上就是不成立的，为什么呢？

共享汽车的商业模式本质上是属于汽车租赁行业，这是本来就存在的行业，不像共享单车是一个全新的行业。和共享单车相比，共享汽车的运营成本也比较高，它的还车站点有两种模式：自由流动模式和定点模式。

自由流动模式指的是，用户可以利用地图寻找附近的车辆后进行租赁，使用结束之后需要放回共享汽车专属车位或者免费随停的车位。但如果在市中心的话，高峰期可能会面临停车位难找的问题，或者可能直接停在需要收费的停车位上，这样的话下一个用户使用的时候可能需要支付高昂的停车费用。或者如果用户将车停在偏远的免费停车位上，会容易导致车辆闲置时间过长。相比之下，定点模式虽然在一定程度上解决了停车难的问题，但是用户必须到指定的地点租车还车，费时费力，严重影响了用户体验。

因此，和共享单车的随时随地、随取随还模式所带来的高用户黏性不同的是，共享汽车运营成本高，用户体验欠佳，很难培养出高用户黏性，自然也就不满足“以合理的成本、规模化地为客户创造价值”。

通过共享单车和共享汽车的对比，我们得知，看任何一个行业的商业模式能否可持续地为企业创造利润，关键在于其是否以合理的成本、规模化地为客户创造价值，是否真正地解决客户的痛点。

识别公司商业模式的本质

我们在投资一家公司之前，必须识别出公司商业模式的本质是什么，也就是搞清楚公司是靠什么赚钱的。虽然很多公司的产品和业务看上去互不相同，有的公司顶着“高科技”“新模式”的光环，但如果透过现象看本质，通过总结公司是靠什么赚钱的，我们会发现，其实公司赚钱的本质是差不多的。

只有弄清楚公司是靠什么赚钱的这个问题之后，我们才能理解公司收入和利润的来源。比如我所理解的诸如太阳能运营、垃圾发电等类型的公司，它们的商业模式其实就是准金融模式，主要依靠资金利差来赚钱。这些公司大多使用了很高的财务杠杆（比如太阳能运营、垃圾发电公司一般的自有资金和债务融资的比例是1∶3），融资成本大概在5%，项目IRR（内部收益率）为8%~10%。所以对这些公司来说，技术和管理固然很重要，但它们赚取的利润本质上就是通过加杠杆赚取利差。

我们前面说买股票就是买企业未来的现金流，而公司商业模式的好坏，对企业的未来发展起着至关重要的作用。好的商业模式在为企业创造持续稳定的利润的同时，还能起到防御作用，宛如壁垒森严的战壕，竞争对手除非付出巨大的代价，否则难以撼动公司的地位。相反，不好的商业模式如同不设防的城池，当行业内存在超额利润时，无法将竞争对手阻挡在外。所以在投资过程中，不管公司如何标榜自己，我们真正要做的是清楚公司赚钱的模式。

我们总结了以下几种比较常见的赚钱模式。

传统制造业：获取产品和原材料的价差

制造业虽然行业众多，但是我们发现，它们的赚钱模式基本一致，即通过加工原材料生产产品所产生的差价赚钱。

这种模式的核心在于，企业一定要形成规模经济降低生产成本。在过去30年间，规模优势和成本优势一直是中国制造业的核心优势，价格竞争也是传统制造业的主要手段之一。

这种模式的缺陷显而易见。迈克尔·波特于1985年提出的价值链将企业分为上游、中游、下游，每一家企业都在价值链的某一端。与之相对应的是微笑曲线，其两端分别对应研发设计和营销品牌，中间的底部是生产制造（加工组装）。研发和品牌均属于高附加值，生产制造则属于低附加值。过去，很多中国的制造业公司均处于微笑曲线底部，依托成本的比较优势在整个国际产业链分工中分一杯羹。近些年来，我们发现过去中国制造业所依托的比较优势在逐渐消失，很多产业开始向东南亚等国家转移。2018年以来的贸易摩擦给我们提出新的问题，中国制造业未来的发展势必要更多依靠核心技术的发展，过去的赚钱模式很难继续成为企业的利润来源。

所以，对于大部分制造业公司，我们研究和跟踪的重点是销量和毛利率、净利率等指标。

消费品公司：占领消费者心智

对于消费品公司来说，自从艾·里斯（Al Ries）与杰克·特劳特（Jack Trout）于20世纪70年代提出定位理论，营销就变成一场心智的战争，消费者心智才是建立品牌的终极战场。在市场竞争加剧的背景下，对于大多数企业来说，提高企业生产效率和销售管理能力等是比较容易做到的事情，但是生产出来的产品在进入市场之后，如果无法占据消费者心智，最终就很难成为真正的品牌。

何为消费者心智？其实就是在没有任何提示的情况下，说到某一种产品的时候，你脑海中立刻就能想到的品牌。比如说到可乐，我们会想到可口可乐；说到白酒，我们会想到茅台；说到空调，我们会想到格力；说到凉茶，我们会想到王老吉；说到牛奶，我们会想到伊利和蒙牛；说到咖啡，我们会想到星巴克，诸如此类。当我们说到某种品类的产品，你能够不假思索地脱口而出相关的品牌时，说明这个品牌已经深深占据了你的心智，而这种已经烙下印记的心智无疑是很难被改变的。因为消费者心智的空间是非常有限的，我们往往只能认识、了解和记住少数品牌。从心理学上来看，人类对于同样刺激的反应会由第一次的警觉到后面的逐渐麻木，也就是说在消费者的心智饱和之后，消费者对同种产品品类的品牌的刺激会逐渐麻木，并产生记忆惰性。所以，消费品公司通过占领消费者心智所形成的品牌护城河往往是非常深厚的，这也是很多消费品公司的毛利率很高的重要原因。

我们都知道茅台的毛利率常年保持在90%以上，而它的成本是非常低的，主要是高粱等粮食作物，这是公开的秘密。但是为什么消费者愿意为它支付这么高的溢价呢？因为茅台这个品牌已经深深占领了消费者的心智。

茅台在消费者心中的定位一直就是中国国酒，这个定位至今从未动摇过，使得消费者心甘情愿地为它的产品付出高溢价。对于消费者来说，消费茅台酒不仅是为了实现产品功能，更多的是表达自己的身份、社会地位。茅台对消费者心智的占领，除了体现在高毛利之外，还体现在茅台酒在过去几十年里可以不断提价上。以茅台的出厂价进行计算，我们发现茅台酒在过去 20 年里，平均年化涨价幅度约为 10.5%，不仅跑赢了通胀，也远远跑赢了多数大类资产。说到这里，想必大家已经深刻认识到茅台品牌力的强大之处了。

我还想和大家分享另外一个典型案例——飞鹤奶粉。近些年来，我国的婴幼儿配方奶粉呈现高加成、格局分散的特征。婴幼儿奶粉的高加成主要体现在厂商高加成和渠道高加成。从厂商角度来看，婴幼儿奶粉的成本其实不高，而毛利率较高，如飞鹤奶粉的毛利率接近 70%。从渠道角度来看，婴幼儿配方奶粉贡献了我国连锁母婴店近一半的收入，推销超高端奶粉可以为母婴店带来丰厚的利润。尽管奶粉行业毛利率不低，但行业格局分散，外资更具有品牌优势，因为在 2006—2016 年这近 10 年的时间里，内资品牌受信任危机的影响，行业红利更多地被外资企业收割，同时监管和政策没跟上，使整个行业野蛮生长，新进入者源源不断。

在这样的行业背景下，飞鹤是如何做到成功突围的呢？其营销的战场不在产品，而在用户心智。在婴幼儿奶粉已经有外资领导品牌的时候，飞鹤集中火力于国内市场，在 2015 年的时候提出“更适合中国宝宝体质”的品牌定位。飞鹤的业务员在一线与顾客沟通时会说：“我们和洋奶粉最大的区别就是，我们的奶粉更适合中国宝宝的体质。”面对这种营销推荐话术，顾客往往很乐于接受。这种差异化定位打破了洋品牌的垄断地位，且让洋品牌颇难还击。可以说，“更适合中国宝宝体质”这个品牌定位让飞鹤获得了巨大成功。

除了茅台和飞鹤这两个典型案例，在现实生活中，还有很多消费品公司具有这样的特征，它们的共同特点都是通过占领消费者的心智来赚钱。消费者的心智一旦被占领，其他品牌就很难再改变消费者固有的认知，所以消费品公司的品牌护城河一旦形成，都是非常深厚的，这也是很多投资者，包括巴菲特，喜欢投资消费品公司的重要原因。

所以，对于消费品公司来说，我们研究和跟踪的重点是公司的品牌力，以及品牌老化的风险。

专业产品类公司：利用信息不对称

经济学假设市场信息是充分的、对称的，消费者根据这些信息来做出理性的购买决策。但在某些专业化程度很高的领域，如医药，其产品最大的特点就是信息不对称。

以医药行业为例，一般来说我们在购买产品的时候，会直接告诉商家我们要买什么，但是当我们去看病的时候，会问医生自己得了什么病，然后由医生告诉我们应该买什么药。在这个过程中，我们会发现整个消费行为的逻辑发生了变化，在医药行业里，是医生或医院代替消费者选择，消费者只需要缴费即可。这就是医药行业的特殊性，也就是所谓的信息不对称。当消费者无法根据自己的需求决定购买什么产品的时候，医药行业的交易在某种程度上违背了经济学的供需原理。这些年，大家总在抱怨药价虚高，但一直得不到根本性治理，就是因为这不是一个信息对称、竞争充分的行业。

从 2015 年开始，政府推行仿制药“一致性评价”，使得药品疗效有了统一的评价，从而大幅度降低了信息不对称。2018 年下半年，政府又推出药品带量采购政策，通过行政手段引入竞争，多家药企集中报价，中标者获得大订单，未中标者出局。一致性评价、带量采购，使得整个行业的竞争更加充分，让虚高的药品定价降下来了。对于医药公司来说，原先保持高毛利的逻辑被破坏，很多公司的毛利率开始下滑，很难继续保持高盈利。这也提醒我们在投资中要选择优秀的企业，特别是有强大研发能力的创新药企业。

对于依靠信息不对称来赚钱的公司，我们要高度关注是否存在某种外力因素（新政策、新技术、新商业模式），能够极大降低信息不对称的程度。

金融业：获取杠杆和资金息差

金融业主要通过资金息差赚钱，比较典型的如银行，以较低的利率向资金盈余方吸收资金，再以较高的利率贷给资金需求方，所以这其实也是一种加杠杆赚钱的模式。在存贷款基准利率放开之前，存贷款基准利率由官方制定，商业银行的净息差接近 2.8%，是其主要利润来源。息差越高，银行的利润自然也就更高，但是一旦息差受到挤压，银行的业绩就会受到较大的冲击。另外，银行通过息差赚钱，但与此同时银行也要承担坏账的风险，所以“息差—坏账率”是银行的核心指标。

随着利率市场化的进程，我国相继放开对存贷款利率的限制，也就是说商业银行存贷款利率可根据基准利率上下浮动，根据自身的情况来决定真正的存贷款利率。利率市场化改革加剧了银行间的竞争，使息差有所收窄，目前商业银行净息差已经下降至不到 2.1%，这也意味着商业银行很难继续像以前一样依靠净息差赚钱，需要寻求发展新的业务。

金融业容易受到宏观经济波动的影响，呈现一定的周期性特征。由于金融业的特殊性，如果一家银行发生挤兑风险，则很容易引发连锁反应，导致金融危机。历史上发生过很多起因银行挤兑风险而引发的危机，2008年雷曼兄弟的倒闭成为席卷全球金融海啸的导火索，所以全球的监管机构在这之后提高了对银行的资本充足率的要求，以防范银行的经营风险，这也在某种程度上降低了行业的盈利能力。

因此，金融业依靠资金息差赚钱的模式正面临越来越多的挑战，我们要持续关注息差和坏账率的边际变化。

资本密集型公司：获取杠杆和资金息差

以资金息差为赚钱模式的还有资本密集型公司。资本密集型公司最主要的特点是资金投入比例较大，企业用融资资金购买设备、建设厂房等，再用经营所产生的现金流去偿还融资资金和利息。正如前面所说的，太阳能运营、垃圾发电等类型的公司，就是典型的资本密集型行业，它们的商业模式其实就是准金融模式，主要依靠资金息差来赚钱：自有资金和债务融资的比例是1∶3，融资利率在5%左右，项目IRR为8%~10%。

这些公司的利润，简单来说可以用以下公式来衡量：

公司利润＝公司资本支出×（IRR－融资利率）

＝公司资本金投入×财务杠杆倍数×（IRR－融资利率）

很多公用事业公司，如高速公路、水力发电，也都属于这个类型。

从本质上来看，资本密集型公司的赚钱模式就是通过加杠杆和资金息差赚钱。在这种赚钱模式下，当社会融资成本下降的时候，公司的利润可能会增加。公司经营最主要的风险在于，当公司经营活动所产生的现金流无法偿还融资资金和利息，甚至在极端情况下，公司的经营活动无法产生现金流或者产生的现金流极小的时候，由于融资资金利息属于刚性支出，公司可能会面临无法偿还债务本息从而导致公司破产的风险。

在资本密集型公司中，有很多顶着“高科技”公司的光环。举个例子，互联网数据中心（Internet Data Center，简写为IDC）就是一个典型的资本密集型行业：在A股上市公司当中，IDC企业的资产负债率都很高。IDC企业要建立标准化的专业级机房环境，为企业和政府提供服务器托管、租用以及相关增值等方面的服务——简言之，IDC企业就是“二房东”业务模式，建好专业机房，出租给其他需要安放大量服务器的企业使用。新冠疫情的蔓延，使得人们对在线教育、在线办公、在线娱乐的需求爆发，对服务器和带宽的需求也大幅度增加，令IDC公司的股价疯涨。但大家仔细想一想就能知道，IDC公司赚的其实就是杠杆和资金息差。

对于这类公司，我们要关注和跟踪它们的IRR和资金成本。

人力成本密集型公司：获取人头价差

我认为，资本密集型公司赚的是资金息差，而人力成本密集型公司赚的则是“人头价差”。

在人力成本密集型公司的成本结构中，人力成本占比较大的比重。典型的例子是软件定制开发公司。软件定制开发公司会根据客户的需求，量身定制一系列符合客户实际应用场景的软件。由于客户需求的独特性和多样性，很难有标准化的产品满足大部分客户的需求，所以，随着业务的扩大，需要源源不断地补充开发人员。典型的软件定制开发公司的产品报价是这样的：一般根据客户的项目需求，评估出需要的开发工时，然后用估算的工时乘以每小时的价格。这种类型的公司的赚钱模式，实际上是在赚向客户收取的工时费与员工工资之间的差价。在中国，存在着大量的软件定制开发企业，彼此之间的价格竞争非常激烈，大家实际上都是赚的辛苦钱。

同样是软件公司，如果做的是标准化产品，如微软的操作系统和 Office 软件，完全是标准化的产品，其销售额的高低和软件开发人员的多少几乎没有任何关系，这样的企业一旦产品好、营销能力强，边界可以做得很大，也能取得惊人的利润。

对于这类公司，我们要关注人力成本的上涨速度，以及它们转嫁成本的能力。

知识产权授权型公司：依靠法律保护获取超额利润

知识产权授权型公司主要是指拥有专利或法定许可的公司。例如，拥有某种药品专利的医药公司，在专利保护期内，只有它可以进行该药品的生产和销售，相当于通过法律遏制了竞争对手的进入，提高了行业的壁垒。所以，我们可以将知识产权授权型公司的赚钱模式理解为依靠法律保护获取超额利润。

这种模式的优势在于，在法律保护期内，由于缺少竞争对手，企业可以充分享有产品的定价权和超额利润。但是，一旦保护期限到期，竞争对手进入该行业，超额利润将会逐渐消失。对于拥有专利权的公司来说，一旦专利到期，如果公司没有其他专利，或者后续缺乏创新能力，那么可能会面临业绩大幅下滑的风险。

创立于 1990 年的 ARM 就是一家这样的公司。在目前的手机芯片市场中，高通、苹果和华为占据了大部分的市场份额。多数国内外厂商的产品使用的是高通的处理器，比如小米、OPPO、vivo 等，华为有自己的麒麟处理器，而苹果则有 A 系列处理器。而这些公司研发的处理器有一个共同点，它们采用的都是 ARM 架构，为什么这些公司不自己研发架构而采用 ARM 的架构呢？ARM 虽然本身不生产芯片，不过它在设计芯片架构方面的造诣高超。它将设计好的架构授权给其他手机芯片制造商，如高通、苹果、华为等，向这些制造商收取授权费，以此来赚取利润。这种独特的经营模式，让 ARM 有更多的时间和精力来研发处理器的架构，而长时间的钻研和深入的研究又让 ARM 在架构方面的技艺愈发精纯，达到了业界的顶尖级别。

对于这类公司，我们要关注专利、特许经营权的期限，以及到期之后公司的发展战略。

渠道通路型公司：通过收“过路费”赚钱

渠道通路型公司通过收取过路费来赚钱的模式，就像过高速公路要交费一样，比如电商平台的淘宝、京东、拼多多等，外卖平台的美团等，以及网约车平台的滴滴等。互联网平台公司搭建了基础设施，为买卖双方提供交易平台，拥有明显的双边网络效应。我们前面提过，一旦互联网公司建立起双边网络平台效应，这种护城河是极其深厚的。很多商家在平台之所以能够成交，是由于平台派单或导流，而平台为了获取和留存用户也是花费了一定的成本的，所以平台会对每一笔交易收取一定的佣金。互联网平台公司的盈利来源主要就是广告收入和佣金。

我们以电商平台为例，国内的主要代表企业有阿里巴巴、京东、拼多多等，海外的主要有亚马逊、易贝（eBay）等。电商平台主要的货币化途径是广告收入和佣金收入，其中货币化率就是平台的使用价格，所以平台收入主要是由成交总额和货币化率构成。而成交总额又与活跃用户数和人均消费额紧密相关，所以这些都是我们跟踪电商平台公司收入的关键变量。说到这里，我们就会明白电商平台的盈利模式可以拆分为“GMV（成交总额）×货币化率”，其中GMV可以进一步拆分为“活跃用户数量×人均消费额”，GMV是量，货币化率是价。也就是说电商平台本身并不参与交易，只是提供交易平台，促成买卖双方的交易，而电商平台从中抽取一定的佣金。

收“过路费”型公司的护城河很深，因为双边网络效应一旦形成，商家很难摆脱对其的依赖。所以，这些年我们看到阿里巴巴的货币化率不断提高，这么大体量的公司，利润还能实现高增长，着实不容易。当然，这类公司最怕的是突然有人开辟了新路。就像以前的苏宁、国美，它们也是收“过路费”型的公司，曾经非常赚钱，但电商崛起后，大家都选择了“高速公路”，“普通公路”的生意就一落千丈了。

对于这类公司，我们要关注是否有竞争对手在旁边修建其他的“通路”，例如拼多多的崛起就在一定程度上影响了阿里巴巴的生意。

流量型公司：占据用户时间和注意力

人们在工作时间之外，花费了大量的时间在各种媒介上。互联网普及之前，人们花费时间最多的应该是电视，在电视之前则是电台和报纸。人们的时间和注意力花在哪里，哪里就能产生交易、产生机遇；人们的时间和注意力花在哪里，厂商的广告就做到哪里。

在互联网时代到来之前，所有流量都是线下的，商家主要通过电视等渠道投放广告，那个时候很多商家会去争夺电视台的标王，本质上争夺的其实就是流量——用户的时间和注意力。而在互联网时代，流量的分配方式被重构，许多流量型公司比如微信、今日头条、快手等纷纷出现，占据了用户大量的时间和注意力。它们通过制造对用户有价值的信息来吸引用户，提高用户对产品的依赖性，从而产生了大量的流量。流量型公司的盈利模式非常简单，就是想方设法占据更多的用户时间和注意力，然后把由此产生的流量卖给广告主。

腾讯是中国最大的流量公司之一，因为腾讯拥有微信、QQ 这两个超级 App（手机应用程序），还有 QQ 音乐、腾讯视频等，我们工作之外的很多消遣时间都被腾讯系的 App 占据，所以广告成为腾讯非常重要的收入和利润来源。

流量型公司最大的挑战就是用户时间和注意力的迁移。例如腾讯这些年遇到的最大挑战，就是今日头条系的 App，如抖音等，占据了越来越多的用户时间。微信的活跃用户数虽然没有下降，但平均使用时间在下降。而今日头条系的广告收入就像火箭一样上升，甚至对腾讯构成了挑战。

对于这类公司，我们要关注用户休闲娱乐习惯的改变，要关注用户使用时长等关键指标。

了解上述赚钱模式的目的，是使我们在研究一家公司的时候，能够真正理解公司的盈利模式，理解公司利润和价值的关键驱动力，以及理解公司未来的风险因素。这些是我们在投资当中非常重要的常识。

公司持续超额利润的来源——护城河

我们理解了绝大多数公司利润的来源和赚钱模式，但对投资来说，这还不够。投资看的是未来，一家公司现在能获得超额利润很重要，但未来能否持续稳定地获得超额利润更重要，核心在于要寻找拥有护城河的公司。

护城河概述

护城河的说法来自巴菲特的某次演讲，它指的是企业在相当长的一段时间内无法被模仿、被替代的竞争优势。护城河是把竞争对手挡在外面的东西。

一个公司如果没有强大的护城河，那么它的超额利润（超越正常水平的 ROE 和 ROIC）一定会因为竞争而逐步消失。

当你看到一家公司盈利能力很强的时候，一定要问两个问题："它凭什么能做得这么好？未来它是否能持续做好？"这两个问题都是关于公司护城河的。

品牌、专利、成本优势、渠道优势、高客户转换成本都是很强大的护城河，网络效应（双边平台效应）则是最强大的护城河，而单一的技术领先不是很深的护城河。

消费品公司的重要护城河：品牌和渠道

因为消费品行业的特性，所以消费品行业经常出现牛股，巴菲特就很喜欢投资消费品公司。那么消费品公司的护城河是什么呢？又有什么特征呢？

最基本的当然是产品品质，产品品质决定了消费者体验的满意度以及所愿意付出的代价。消费者的每一次消费行为构成一次合约，一次好的合约履行就形成了一种社会信用。好产品在经过消费者反复消费之后形成好的口碑，就会形成良好的社会信用，也就是产品的品牌力。而品牌反过来则会帮助公司以更高的效率将产品推向消费者。我们也可以将品牌理解为产品经过反复验证之后的质量承诺。

对于消费品公司来说，品牌营销是它们的核心工作，它们通过大量的广告投放等提高品牌知名度，占据消费者心智。一旦品牌成长为某一产品品类的代表，与品类画上等号，就像可口可乐是可乐的代表、王老吉是凉茶的代表一样，那么消费者的心智将很难被改变，竞争对手也很难撼动品牌的地位。这也就是我们前面说消费品公司的赚钱模式是通过占据消费者心智赚钱的重要原因。因此，我们可以说品牌是消费品公司很深的护城河。

除了品牌力，渠道力也是公司非常重要的护城河，因为渠道是公司品牌实现收入和利润的重要助手。当你的品牌知名度已经很高、营销很成功的时候，还需要借助渠道的力量将产品送到消费者的手中，也就是说渠道决定了消费者购买商品是否便捷。当消费者想要购买某一品类的产品时，首先想到的是某个品牌，而能够让消费者买到产品的就是渠道。所以，在产品的供应链中，渠道的话语权很重，如果产品的品牌知名度不够大，那么渠道方的利润分成比例往往会要求比较高。尤其是对于大众消费品来说，渠道建设显得更为重要。拥有更多的渠道，意味着公司能抢占到更多与消费接触的机会，从而占据更大的市场份额。

在乳制品行业，伊利股份就是重视渠道建设的代表。从 2006

年开始，伊利实施“五年三步走”战略，稳健织网，深耕渠道，2011年伊利的营收和蒙牛持平，2012年伊利实现反超，之后一直领先于蒙牛。由于渠道的优势，伊利虽在高端白奶和常温酸奶的推出时间上晚于蒙牛，但销售额实现了反超。同样，在调味品领域，海天通过建立起深度的渠道销售网络而成就其龙头地位；在空调领域，格力电器自建渠道销售网络，渠道力一直是格力电器的核心竞争优势之一。当消费品公司通过建立强大的销售渠道网络形成自己的竞争优势时，竞争对手想要复制类似渠道会变得困难重重，渠道优势就成为公司很深的护城河。

因此，我们说品牌和渠道是消费品公司非常重要的护城河，而这种护城河的形成均需要很长时间的沉淀。

制造业公司的重要护城河：规模效应带来的成本优势

品牌在消费者选择产品时非常重要，而对很多工业品来说，买家更多考虑的是性价比，所以成本控制能力决定了制造业公司能否形成自己的护城河。规模效应带来的成本优势是制造业公司的重要护城河，这意味着和竞争对手相比，公司需要实现更大的生产规模或销售规模。

要理解规模效应，我们先要了解企业的固定成本和可变成本。固定成本主要包括固定资产折旧、厂房租金等，可变成本主要包括原材料、水电费、制造费用等。当制造业公司的生产规模越接近企业100%的产能时，分摊到每个产品上的固定成本越低，企业的盈利性就越强。对于固定成本较高的制造业公司来说，公司往往具有重资产属性，规模越大，产品单位成本越低，就越能将竞争对手阻挡在外。因为对于中小厂商或者新进入者来说，前期投入较大，成本较高，通常要忍受长时间的亏损才能将投资收回。公司的生产成本越低，行业的进入壁垒将会越高，所以规模效应所带来的成本优势是制造业公司非常重要的护城河。

福耀玻璃是汽车玻璃制造的龙头公司，凭借较强的先发优势、完善的产业链布局和极大的专注程度，在汽车玻璃市场占据很大的市场份额，目前福耀玻璃在全球的市占率为25%，在国内的市占率为65%，是全球重要的汽车玻璃供应商，具有明显的规模效应。福耀玻璃的固定资产占营业收入的比例达67%，是典型的重资产公司。因此，在福耀玻璃的绝对规模优势之下，能够将固定成本摊销到更多的产品上，降低单位成本。尽管福耀玻璃的产品售价低于竞争对手——主要是海外汽车玻璃厂商如旭硝子、板硝子和圣戈班，但是盈利能力却远远比它们强，旭硝子、板硝子和圣戈班的汽车玻璃业务的营业利润率均低于10%，而福耀玻璃的营业利润率在20%以上。这就是福耀玻璃将规模优势转化为成本优势的最好印证，正是基于这一点，福耀玻璃拥有宽阔的护城河。

互联网公司的核心护城河：双边网络效应

我一直强调双边网络效应是互联网公司的核心护城河，也是最强大的护城河。因为双边网络效应一旦形成，供需两端的迁移成本都是巨大的，并且不怕类似商业模式、类似竞争对手的挑战。双边网络效应正是互联网巨无霸的可怕之处，所以它们的股票很容易成为长牛股。

科技和医药公司的核心护城河：专利

拥有专利的公司能够提供竞争对手无法模仿的产品或服务，相当于一个微型垄断企业，从而获取该产品的超额利润。专利权形式的护城河在科技和医药公司当中较为常见。

但是由专利权所带来的竞争优势往往没有想象中的那么持久。首先，专利权是有期限的，一旦到期，竞争的加剧将很快使企业的超额利润消失；其次，如果企业依靠某一个专利权获取很大的超额利润，那么就会有很多竞争者想要进入这个行业，从而对企业的专利权发起攻击；最后，在知识产权意识比较薄弱的国家，专利权很容易受到侵犯。所以，在股票投资中，我们需要警惕依靠单一或少数专利权赚钱的企业，只有拥有多种多样的专利权和能够进行持续创新能力的企业，才会有宽阔的护城河。

技术领先是护城河吗?

关于技术护城河，我有以下两点感悟。

第一，单纯的技术公司的护城河不深。“一招鲜”的领先技术，本身并不是很宽的护城河，因为技术本身会被模仿甚至迭代，一般说来，两三年以上的技术，基本上已经没有优势了。有的竞争对手专门学习、模仿你的技术，甚至直接开高薪挖走你的核心技术人员，这些都是很难防范的。

第二，技术研发能力如果能落地为产品能力、营销能力和品牌力，从而给公司创造可观的利润，并利用自己的盈利能力建立起强大的、持续的技术研发能力，那么这就是很深的护城河。例如海康威视就是典型的例子。在 A 股市场中，有些公司头顶高科技公司的光环，如人工智能、生物技术等，但一看销售和利润，却少得可怜。对这样的公司，大家一定要小心。

因此，我认为单纯的领先技术不是很深的护城河。我在《长期的力量》一书中举过科大讯飞的例子，提出单纯的技术领先并不能保证科大讯飞获得护城河。

首先，我们来看科大讯飞引以为傲的语音识别技术。它的语音识别技术在多项比赛中蝉联第一，目前在国际上处于领先地位。但是各大公司的语音识别率差距并不大，许多公司的语音识别率都已经达到95%以上，微弱的领先优势不足以使科大讯飞形成强大的护城河。

其次，百度、阿里巴巴、腾讯等巨头公司开始在人工智能领域发力，在技术上快速追赶甚至反超，使科大讯飞的技术领先优势迅速缩小甚至消失，但百度、阿里巴巴和腾讯的流量、应用场景、资金实力等优势，是科大讯飞远不能比的。巨头已经开始发力，原有的领先者面临巨大的挑战，这在CDN（内容分发网络）领域已经发生，网宿科技就是前车之鉴。

最后，科大讯飞的财务报表没有体现出高科技公司应有的特点。从营收占比来看，科大讯飞的三大业务依次为教育产品及服务（27%）、信息工程（25%）和电信增值产品运营（12%），这表明它目前仍是一家主营软件产品、服务和系统的企业，盈利主要来自传统业务，完全不能支撑上百倍市盈率和近千亿元的市值。

2018年，市场也开始注意到潜在的风险，科大讯飞的股价被腰斩。而那些曾经顶着高科技光环的公司，如生物技术公司、区块链公司等，很多都以亏损收场。

我们再来看另外一个案例——寒武纪，以便能够更加深刻地认识为什么单纯的技术领先不是很深的护城河。

寒武纪是一家芯片设计公司，2020年7月20日于科创板上市，这是一家在人工智能芯片领域具有极高知名度的独角兽公司。但是，这家公司的业绩并不理想，2020 年的年报称，公司 2020 年营业收入 4.59 亿元，与去年基本持平，同比增长 3.4%；盈利方面，公司归母净利润为亏损 4.35 亿元，亏损幅度比去年收窄，但扣非之后亏损额达到 6.6 亿元，而上一年为 3.76 亿元，亏损幅度上升。

头顶人工智能独角兽光环的寒武纪业绩为什么这么差呢?

我们先来看这家公司所处的行业竞争格局。公司的下游客户极为集中，主要依靠华为海思，在 2017、2018 这两年中，华为海思对公司的收入贡献占比达 97%。一般来说，如果一家公司过于依赖下游客户，意味着这家公司对下游的议价能力很弱，并且一旦公司失去关键客户，经营所受到的冲击也将会很大。不幸的是，寒武纪恰好丢失了华为海思这个关键客户，因为它通过自己研发的芯片替代了寒武纪的芯片。

我们再来看这家公司的核心竞争力。寒武纪作为一家芯片设计公司，技术优势似乎是公司最明显的护城河，但这道护城河可能并不太宽。技术优势若想成为护城河，离不开两点：一是技术具有稀缺性，二是技术不可复制性较强。寒武纪的人工智能芯片，在稀缺性上并不算好。人工智能芯片曾经一度是市场中的热点，市场对于芯片的需求量非常大，但是能够提供人工智能芯片设计的企业并不少，这是因为芯片设计并没有想象得那么难。在不可复制性上，其实大多数技术都是可以被复制的，只是时间长短的问题。寒武纪公司规模不大，研发团队、资金实力等相对于大型企业来说都比较弱，这种情况下大型科技公司通过挖人、砸钱等手段，复制其技术并不太难。同时该技术对于下游客户来说重要性较高，也更有动力去复制。华为海思自研的芯片从功能上对寒武纪的芯片实现了替代，这就说明寒武纪的技术被复制了。

通过以上的分析我们可以看到寒武纪的竞争格局、护城河都不太宽广，而且这些风险很快就暴露出来了，从而造成了寒武纪当前的窘境（见图3－2和图3－3）。

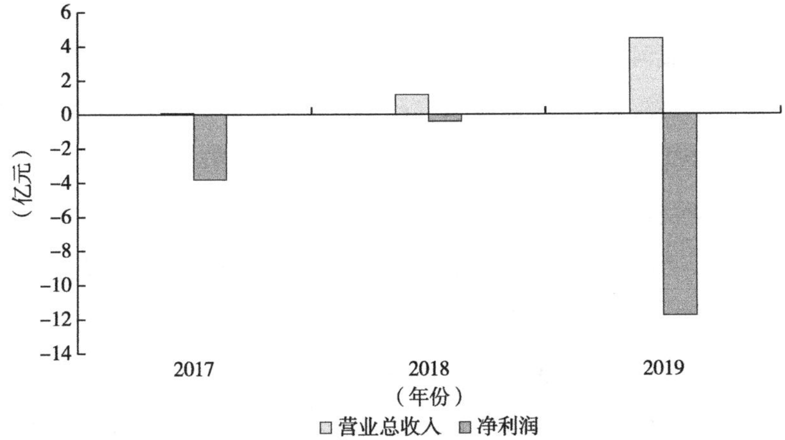

图3－2　寒武纪的营业收入和净利润

资料来源：市场公开信息。

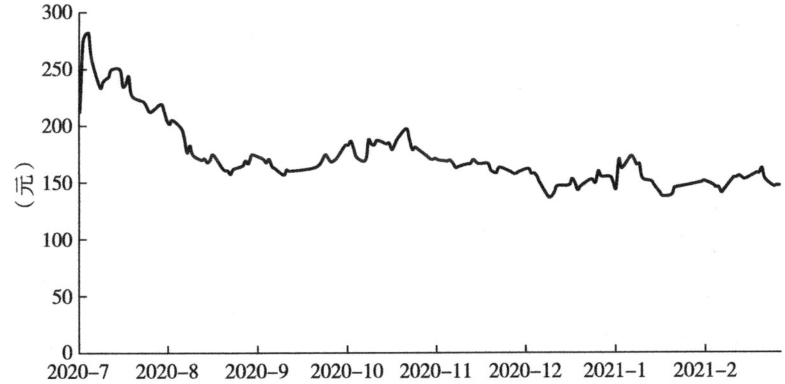

图3－3　寒武纪股价走势

资料来源：市场公开信息。

静态护城河 + 疯狂的企业家精神 = 动态护城河

前面说的是静态的护城河，如果一个企业不能不断拓宽自己的护城河，迟早有一天它的护城河也会被侵蚀。如果一个企业不仅有静态的护城河，更有强大的企业家精神，就能不断创新、不断拓宽护城河。高瓴资本的张磊在其《价值》一书中，提出动态护城河的概念，他认为："在创新层出不穷的时代，人们需要重新审视传统的护城河是否还能发挥作用。我所理解的护城河，实际上是动态、变化的，不能仅局限于所谓的专利、商标、品牌、特许经营资质，也不能仅仅依靠成本优势、转换成本或者网络效应。我们清楚地意识到，传统的护城河是有生命周期的。所有的品牌、渠道、技术规模、知识产权等，都不足以成为真正的护城河。世界上只有一条护城河，就是企业家们不断创新，不断疯狂地创造长期价值。"

对这个观点，我深表赞同。这是一个新技术、新商业模式不断出现的时代，如果企业因为具备某些静态护城河而丧失了创新能力，丧失了企业家精神，其曾经拥有的护城河迟早会被侵蚀。

管理思想大师查尔斯·汉迪在阐述他的"第二曲线理论"时说过："当你知道你该走向何处时，你往往已经没有机会走了。"汉迪是在一次旅行途中悟出这个道理的。他向一个当地人问路，当地人告诉他，一直往前走，就会看到一个叫 Davy 的酒吧，在离酒吧还有半里路的地方，往右转，就能到达他要去的地方。在指路人离开之后他才明白过来，指路人说的话一点用都没有。因为当他知道该从哪儿拐的时候，他已经错过那个地方了。

如果把公司业务比喻成一条增长曲线，那么任何一条增长曲线都会滑过抛物线的顶点（增长的极限），公司持续增长的秘密是在

第一条曲线到达顶峰之前开始一条新的S曲线——第二曲线，在这时，公司有充分的资源和高昂的士气使新曲线度过它的探索挣扎期。然而，这时公司正处于最辉煌的时候，很少有公司管理者极富远见和勇气，在公司高歌猛进时偏离已有的成功路径，投入充分的资源来培育短期内没有收益的业务。通常的情况是，直到现有的成长曲线明显下滑时，公司的管理者才想到另辟新的成长曲线，但此时，公司能够调动的资源在明显减少，新老竞争对手很可能趁机穷追猛打，公司开始陷入泥潭（见图3－4）。

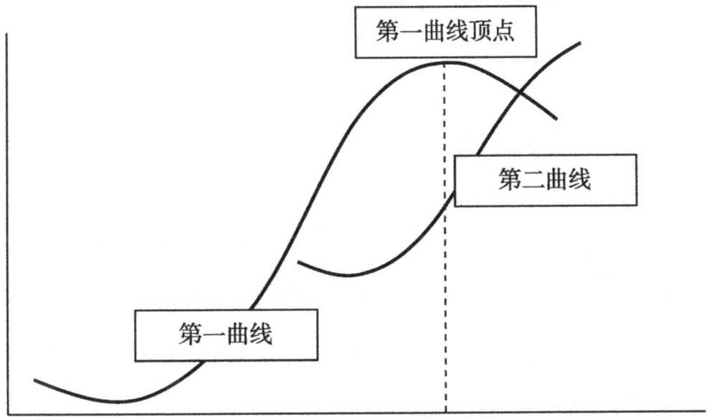

图3－4　企业需要在第一曲线到达顶点之前启动第二曲线

这就是成功的悖论和曲线逻辑：让你达到现在位置的东西不会使你永远保持现在的位置，如果你过度相信和依恋导致你成功的逻辑，那么成功的逻辑必然会把你带向失败或平庸。持续地按一种路径“追求卓越”的曲线，恰恰是一条“追求平庸”的曲线。

所以，在竞争越来越激烈、创新和颠覆层出不穷的今天，躺在静态护城河上睡大觉的企业是非常危险的。只有那些有远见、不断创新、不断超越自己的公司，才真正具有持久的护城河。

中国有很多这样不断创新、不断超越自己的公司，阿里巴巴就是其中之一。从1998年成立开始，阿里巴巴就坚信互联网能改变世界，坚定的以“让天下没有难做的生意”为公司使命。从成立之初的B2B（商对商）的中国交易市场（现更名为1688），到推出淘宝拓展C2C（客对客）市场、推出支付宝解决买卖双方的交易信任问题、推出天猫拓展B2C（商对客）业务、推出速卖通让全球消费者购买中国商品、推出云计算成为中国最大全球第三的云计算公司，再到成立蚂蚁集团解决普惠金融问题，阿里巴巴的每一步都是伟大的创新，每一步都是其企业愿景和使命的体现，每一步都体现了其不断创新突破的卓越企业家精神。

现金创造能力的极度重要性

任何一个商业模式要成立，必须能够以合理的成本、规模化地为客户创造价值。企业要为客户创造价值，有一个重要前提，那就是企业要有自己的造血能力，也就是企业必须要盈利，特别是要能够创造净现金流入。

这个常识，在互联网时代遭遇了“挑战”：很多人会说，互联网思维强调的是获客、用户黏性，盈利是次要的。真的是这样吗？

现金流是企业生存的基础，也是价值创造的核心

我们在第一章中提到，在给企业估值的时候，最基本、最本质的方法是DCF，也就是现金流折现法，即将未来的销售收入预测转化成自由现金流，再逐年折现到现有时点并加总，得出公司的内在价值。所以，对于企业来说，现金创造能力是极度重要的，因为现金流是企业生存的基础，也是价值创造的核心。

现金流是企业赖以生存的基础，企业的现金流一旦断裂，即使利润为正，企业也可能会陷入财务困难甚至面临破产倒闭的风险。有的时候我们会发现，一些企业有利润却无资金，账面状况不错，但资金匮乏，最终陷入财务困境。

盈利能力决定企业是否优秀，而现金流才是决定企业能否生存下去的关键，是价值创造的核心。对价值投资者来说，利润经常只是数字，现金往往才是真相。正因为如此，我们在投资中，不仅要关注利润表，还要重视现金流量表。

接下来我们来看一个典型案例——亚马逊。亚马逊是美国互联网巨头之一，它的营业收入早在2015年便已经突破千亿美元大关，2018年突破2 000亿美元，收入增长势如破竹。而其净利润直到2018年才突破百亿美元，并且在2012年和2014年营业收入取得较快增长的同时，净利润却为零，甚至是负数（见表3－1）。我们再来看一下亚马逊的股价（见图3－5），从上市至2019年年底，亚马逊的股价涨了近943倍，近10年来的股价也涨了将近13倍。那么在盈利较不稳定的情况下，是什么支撑了亚马逊股价的上涨呢？

亚马逊的创始人贝索斯曾经反复在年报中提及：当要在盈利和自由现金流最大化当中选一个时，我们将永远选现金流最大化。他认为提升每股现金流更符合股东利益，所以，亚马逊在现金流把控方面一直做得不错。从亚马逊的财报中我们可以看到，在2011—2015年，亚马逊的净利润几乎为零，非常不稳定，但是它的经营现金流净额增长却非常稳定，远远超过其净利润。正是由于亚马逊对于现金流的把控，使其在20世纪末互联网泡沫破灭，众多互联网公司倒闭时仍然能屹立不倒，并成长为全球的互联网巨头。

表3-1　亚马逊2009—2019年的各项财务数据　　（亿美元）

年份	2009	2010	2011	2012	2013	2014	2015	2016	2017	2018	2019
营业收入	245	342	481	611	745	890	1 070	1 360	1 779	2 329	2 805
净利润	9	12	6	0	3	-2	6	24	30	101	116
经营现金流净额	33	35	39	42	55	68	119	164	184	307	385
自由现金流	29	25	21	4	21	19	73	97	64	173	216

资料来源：市场公开信息。

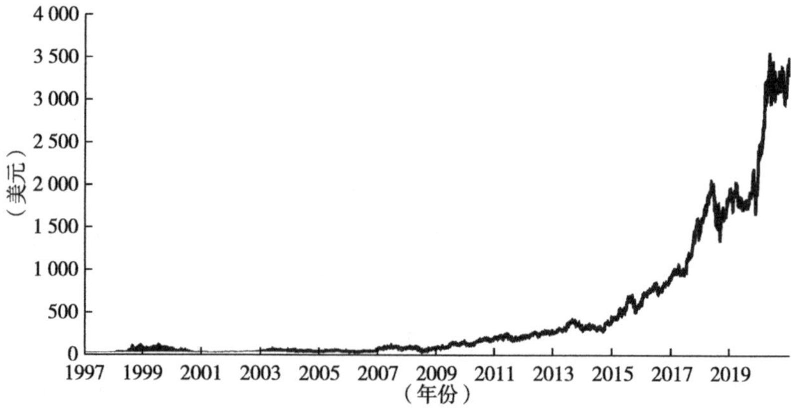

图3-5　亚马逊股价走势

资料来源：市场公开信息。

当然，我们对企业现金流的重视，不代表企业的盈利能力是不重要的，那么，我们应该如何判断企业的盈利能力呢？

评估公司的盈利能力有很多指标，我们主要介绍其中的三个指标：毛利率、营业利润率以及净资产收益率。

在A股市场上，一般制造型企业的毛利率大多为15%～30%，营业利润率大多为5%～15%，净资产收益率大多为5%～10%。当然，不同行业之间毛利率和营业利润率的差异是非常大的，比如贵州茅台的毛利率能达到90%以上，营业利润率能达到60%以上。

辩证看待“互联网思维”

“互联网思维”是近几年很热的词，大概意思是指“通过免费策略或者用户补贴，拉来海量用户，养成使用习惯，以后基于海量用户慢慢变现”。淘宝、滴滴、美团等互联网巨头，都是“互联网思维”的产物。

但“互联网思维”是有前提的，那就是靠补贴“烧钱”获客，一定要形成强大的“网络效应”或者“双边平台效应”，才能在没有补贴的时候保持用户黏性，让用户离不开你。淘宝、支付宝、微信、滴滴、美团等，都符合这个特征。

并不是所有的行业都适合“互联网思维”，对于不符合“互联网思维”这个特征的行业，是很难通过巨资投入获客成为超级公司的。比如一些互联网金融公司，通过高额（补贴）收益率来吸引客户，但投资客是没有黏性的，一旦补贴停止，就会转到收益率更高的平台去“薅羊毛”。

那什么样的模式适合高成本获客呢？

高成本获客模式的前提：高频 + 用户黏性 + 网络效应

我们说淘宝、微信、滴滴、美团等互联网巨头均具有强大的“网络效应”或者“双边平台效应”，那除此之外，它们还具有哪些共同的特征呢？

如今，越来越多的人离不开网购，而网购中我们最常使用的App就是淘宝，所以淘宝是一个使用频次很高的App，并且只要网购，我们首先想到的往往是淘宝，这就是所谓的用户习惯。微信具有很强的社交属性，所以它的使用频次更高，我们每天都离不开微信。当你出门要打车的时候，首先会想到滴滴；当你要点外卖的时候，首先会想到美团，这些都是使用频率很高，并且用户已经养成使用习惯的产品和服务。

通过对上述几家互联网巨头的总结，我们会发现，它们都拥有高频次使用和用户养成使用习惯这两个特征。高频次使用，顾名思义就是用户使用频繁；使用习惯则是我们下意识的行为，是完全不用经过大脑思考完成的事情。高频次使用和用户养成使用习惯是相辅相成的。

不可持续的高成本获客模式

前面讲到适合高成本获客的模式需要满足产品高频次使用、用户养成使用习惯以及能够形成双边网络效应三点特征。反过来，不可持续的高成本获客模式往往无法同时满足上述三点特征。接下来，我们将用两个案例来说明。

案例

二手车中介

2014 年以来，二手车电商行业逐渐发展壮大，成为资本市场的新宠，各大平台在资本的助推下开启高成本获客模式，投放大量广告以期打响品牌知名度、占据更多市场份额。二手车电商平台的广告一夜之间充斥着我们的视野，优信二手车、人人车和瓜子二手车等电商平台更是纷纷请来众多明星助阵。据公开资料显示，2015 年二手车电商平台获得投资项目超过 20 起，但此后陆续有超过 15 家二手车电商平台宣布倒闭。“烧钱”的背后，是整个行业难以实现盈利的命运。

以优信二手车为例，公司于 2018 年赴美国上市，2016—2019 年的毛利率分别为35%、62%、66%、57%，但是它每一年的利润都是亏损的，其中2017年亏损得最厉害，归母净利润亏损27.23亿元。也就是说，优信在高毛利率的背景下，却无法实现盈利，这背后反映出的是高成本获客模式下营销费用的巨大支出，2017年营销费用占营业收入的比例甚至超过100%。优信在2016—2019年的营销费用分别为7.94亿元、22.03亿元、26.87亿元、11.85亿元，占营业收入的比例分别为96%、113%、81%、75%。另外，通过优信的财务分析我们发现，营销费用的加速支出确实会带来营业收入的大幅增长，可一旦营销费用支出减少，营业收入增速会马上下滑。2019年遭遇资本寒冬，在融资金额下滑的背景下，优信的营业收入出现负增长。二手车电商平台通过烧钱获取客户，但无法获得用户长期留存，从而导致连年亏损，无法实现现金流的良性循环。这也导致资金链脆弱的二手车电商平台对资本的依赖度很高，需要源源不断的资金支持，一旦失去资金来源，公司生存都很可能成问题。

为何二手车电商平台高成本获客的模式是不可持续的呢？我们分别从高频次使用、用户养成使用习惯和双边网络效应方面来进行分析。

首先，二手车交易是大额、低频的交易。二手车电商平台获取客户的渠道较为单一，都是通过大量投放广告来提升知名度。但是通过这种高成本获取客户之后，基本上也只是一次性的交易，因为一旦用户在一家平台达成交易，未来好多年都很难再有二手车买卖的需求。

其次，正是由于二手车属于非常低频的交易，所以很难效仿打车、团购等领域的补贴模式，在获得海量的用户规模后，无法让用户养成使用习惯，也无法培养用户黏性。

最后，二手车电商平台的网络效应和规模效应不够明显，因为二手车市场并不是只有龙头公司才能生存，除非平台能够通过高成本获客模式将行业内的所有竞争对手赶出去，但这显然是很难完成的。

因此，二手车交易最本质的特征在于低频交易，很难培养用户习惯和维持用户黏性，这样的行业特征使得它高成本获客的模式从逻辑上来看就是错误的。

案例

房产中介

2014 年的“互联网 +”浪潮在影响二手车交易市场的同时，也对房地产交易市场产生了深刻的影响。在此背景下，被称为二手房行业颠覆者与革命者的爱屋吉屋，于 2014 年成立于上海。爱屋吉屋最初的设想是，打破传统中介铺设线下门店的重资产模式，用互联网模式搭建中介平台，降低成本，以 1% 的低佣金率和更高效的服务，快速促成交易。其宣称找到了行业的“痛点”：收费高、服务差、信息不透明。这样的模式在当时的资本市场中得到响应，从 A 轮融资到 E 轮融资，爱屋吉屋只花了一年三个月，累计融资 3.5 亿美元。

但爱屋吉屋败落的速度和它融资的速度一样迅速。它的高成本模式带来巨额亏损，从 2015 年 12 月起，不得不将二手房交易中介费从 1% 提升到 1.5%。从 2016 年开始，爱屋吉屋再未获得资本注入，被迫减少广告投放，这导致房源和客源的进一步下滑。失去资本的支援，这家昔日的独角兽很快走向彻底“死亡”。

和二手车电商平台一样，房地产交易属于重资产、低频业务，靠补贴获得的用户，很长时间才会进行第二次交易。同时，房地产交易金额大，又涉及很多环节，线上不能完全替代线下的信任和服务，这就使得平台很难在获取用户之后培养用户的使用习惯。也就是说，房地产交易市场不满足高频交易、培养用户习惯这两个特点，所以，这样的行业运用互联网思维，靠高成本获得用户，在逻辑上也是错误的。

跨界并购很难创造价值

在 A 股市场，投资者的风险偏好较高，很多投资者喜欢并购交易，愿意对企业的并购重组支付溢价，尤其是当公司表示想要跨界转型打造第二主业的时候，资本市场往往愿意给予公司更高的估值。因为很多人相信：随着并购的完成，公司业绩增速加快，迎来戴维斯双击，公司市值可能迎来几倍甚至十几倍的增长，对于投资者而言将会获得很高的收益。所以很多上市公司为了迎合资本市场的喜好，不断进行并购，特别是那些主业碰到发展瓶颈的公司，给资本市场讲一个动人的跨界并购故事，股价往往能一飞冲天。

我们发现，这其实是违反常识的。并购尤其是跨界并购，成功率往往非常低。企业的合理成长路径，应该是先做透规模经济，再做范围经济，而且必须是相关多元化的。

跨界并购的成功率很低

国外一些知名的研究机构、咨询公司对企业并购的成功率进行了研究，结果表明，60% 以上的并购都是失败的。麦肯锡于 1998

年对企业并购案例的抽样调查表明，成功率仅达39%。

为什么在企业并购成功率很低的情况下，还有这么多企业热衷于并购呢？首先，成功的并购能够产生协同效应，企业希望通过并购实现公司价值的1+1>2。其次，很多公司发展到一定阶段之后会面临一些发展问题，尤其是传统公司，原有产业经常面临天花板问题、主业无增长甚至下滑、产业被替代风险等，此时公司更倾向于通过并购寻求产业的转型升级，获得新的增长点。最后，来自资本市场的认可和支持，给予并购企业高溢价、高估值，而这反过来又会促进更多的企业持续进行并购重组。

我国最近的一次并购浪潮始于2013—2015年。A股市场上跨界并购的案例很多，但成功并购并不容易，失败案例比比皆是。上市公司关注并购的标的主要分布于游戏、营销、传媒、互联网金融、VR（虚拟现实）、医疗、教育等行业，这些行业均属于新兴产业，具有想象空间大、未来前景较好的共同特点。如果一个处于传统夕阳行业的公司，收购了一家高科技公司，市场可能理解为这家公司想要转型，从而给它较高的估值，大幅提升股价。但是跨界并购存在很多问题，公开数据表明，跨行业并购的失败率是行业内并购的失败率的2.5倍，可见跨界并购成功是非常难的。2013—2015年这波并购高潮导致的一个结果就是，2018年一大批公司纷纷宣布巨额商誉减值，当年出现了巨额亏损（见表3-3）。

表3-3　2018年跨界并购相关企业的业绩情况

证券名称	业绩情况	亏损原因
富临精工	亏损23.24亿元	计提商誉减值准备约15.51亿元

续表

证券名称	业绩情况	亏损原因
天舟文化	亏损 10.86 亿元	计提商誉和长期股权投资减值准备 12.88 亿元
盾安环境	亏损 21.67 亿元	计提商誉减值准备约 14.97 亿元
科陆电子	亏损 12.20 亿元	计提商誉减值准备约 2.86 亿元
南宁糖业	亏损 13.63 亿元	主要是减值和商誉减值，计提商誉减值准备 1.49 亿元
银河电子	亏损 11.67 亿元	此前预计净利为 1.69 亿 ~ 2.25 亿元，计提商誉减值准备约 10.83 亿元
人福医药	亏损 23.58 亿元	计提商誉和无形资产减值损失约 30 亿元
中南文化	亏损 21.01 亿元	计提商誉减值准备约 15.29 亿元
奥马电器	亏损 19.03 亿元	此前预计盈利 3.05 亿 ~ 3.43 亿元，计提商誉减值准备约 5.48 亿元
骅威文化	亏损 12.77 亿元	此前预计盈利 1.83 亿 ~ 2.56 亿元，计提商誉减值准备约 12.97 亿元
华录百纳	亏损 34.17 亿元	计提商誉减值准备约 4.42 亿元
飞马国际	亏损 22.08 亿元	此前预计盈利 1 529.89 万 ~ 1.38 亿元，计提资产减值损失 20.88 亿元
达华智能	亏损 17.42 亿元	计提商誉减值准备 5.99 亿元
神州长城	亏损 17.05 亿元	计提资产减值损失 5.07 亿元，计提商誉减值准备约 1 794.90 万元
大洋电机	亏损 23.76 亿元	此前预计盈利 2.30 亿 ~ 4.39 亿元，计提商誉减值准备约 24.19 亿元

资料来源：市场公开信息。

跨界并购为什么难以成功

跨界并购究竟存在什么问题致使其难以成功呢？关于并购失败

率居高不下的理论包括自负假说理论、整合理论、资金链理论、并购风险理论等。其中，自负假说理论是经济学家罗尔于1986年提出的，该理论认为并购企业决策者过多地关注目标企业的未来价值，认为自己能够发现被市场低估的企业，而往往忽视或有意回避两家企业可能产生的负向协同作用，最终往往会导致并购的失败。

一般情况下，由于对标的公司所处行业不够了解，跨界并购经常出现买错的现象。例如，惠普于2012年出价110亿美元收购英国的软件公司Autonomy，一年后却宣布当初的收购是个错误的决定，Autonomy实际只值20多亿美元，导致惠普不得不减值90多亿美元。当然，即使你规避了标的资产买错的风险，但如果付出的价格太高，最终也可能导致并购失败。在A股市场上，很多传统企业转型跨界收购轻资产公司，往往会产生大量的商誉，也就是收购价格减去标的公司净资产的溢价。一旦标的公司未来经营不达预期，商誉就会存在减值风险，从而直接减少上市公司的当期损益。

此外，并购整合也是跨界并购的一个非常大的问题。对于跨界并购来说，产业整合非常重要，但是很多公司往往不具备这方面的能力，甚至很多公司在并购时没有系统思维，在并购后没有完善的整合策略，一味采取业绩对赌的方式来控制风险。对赌协议的存在是为了降低并购的信息不对称风险，因为收购方对标的公司所处行业缺少了解，也不具备相关的人才储备，而对赌协议在某种程度上可以帮助标的公司规避买错和买贵的风险。但对赌协议不能替代业务整合，而且对赌协议本身也是存在风险的：在对赌期间，标的公司为了完成对赌业绩，会想尽一切办法兑现业绩承诺，而在对赌期结束后，标的公司由于没有业绩压力，存在业绩大幅下滑的风险。

一旦业绩大幅下滑，收购方很可能需要确认一笔比之前任何一年所承诺的业绩都要高的商誉减值，从而对公司经营和估值造成较大冲击。这样的案例，在A股市场非常普遍。

例如利欧股份，它原来主要从事水泵的生产，是一家传统制造公司。2014年利欧股份开始寻求“外延式”发展，布局数字营销业务。2014—2016年，利欧股份先后收购了上海漫酷、上海氩氪、琥珀传播、万圣伟业、微创时代和智趣广告共6家数字营销公司。2013年年底，利欧股份的商誉不到1亿元，收购了这6家公司之后，到2016年年底，利欧股份的商誉增加至39亿元。但是频繁的跨界并购并没有带动利欧股份的业绩增长，反而由于并购标的业绩不达预期，而导致公司计提大幅商誉减值，净利润大幅下滑。利欧股份分别于2017年和2018年计提商誉减值1.1亿元和18.1亿元，导致净利润分别下滑25%和525%（见图3-6）。我们再来看它的股价，2016年之后开始一路下跌，从2016年年底的将近6元下跌至2019年年初的最低不足1.3元（见图3-7）。

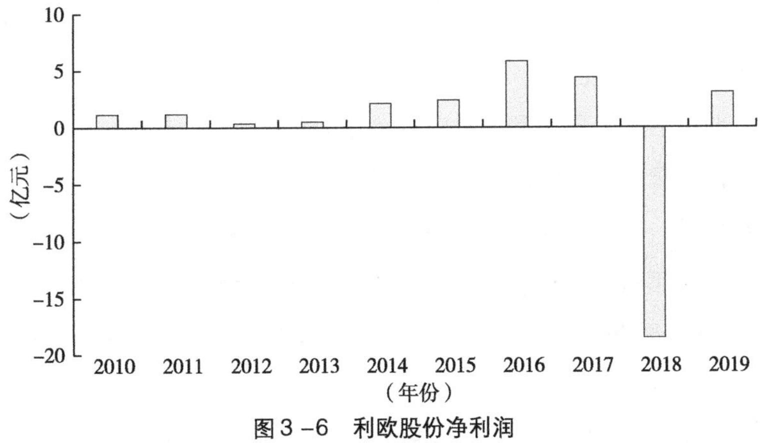

图3-6　利欧股份净利润

资料来源：市场公开信息。

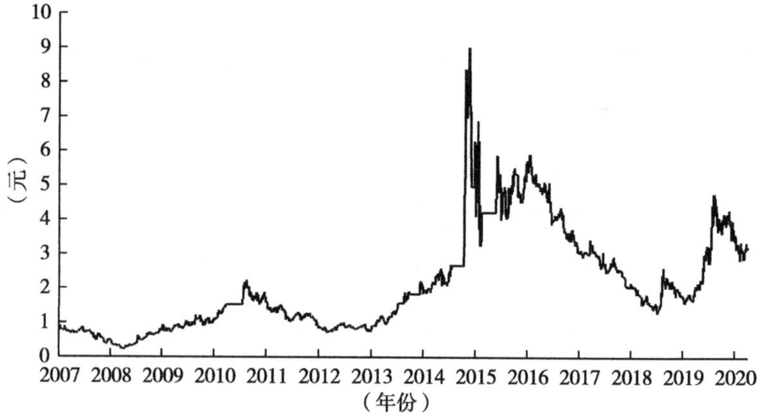

图3－7　利欧股份股价走势

资料来源：市场公开信息。

再来看另一个跨界并购的例子。联创股份原来主要从事化工业务，从2015年开始，联创股份开始跨界并购互联网广告领域的相关公司，2015—2017年，公司先后收购了上海新合、上海激创、上海麟动、上海鏊投共4家公司，交易金额达37亿元，之后又于2018年12月作价6.84亿元收购上海鏊投的剩余股权。在这一过程中，公司资产负债表产生了大量的商誉，从2014年的400万元激增至2017年的32.7亿元。

收购后，公司净利润确实迎来了爆发式增长，2015—2017年，公司的归母净利润增速分别为383%、554%、84%。但在业绩承诺期结束后，2018年公司并购标的业绩开始大幅下滑，联创股份开始计提大额商誉减值，2018年计提的资产减值损失高达21亿元。2018公司业绩开始出现大幅亏损，2018年和2019年分别亏损了19.5亿元和14.7亿元。

2020年2～8月，联创股份开始不断出售互联网广告相关业务，先后低价出售了北京联创达美（上海新合子公司）、上海激创、上海麟动三家公司，交易金额仅2.96亿元。之后，联创股份子公司上海鏊投将其4家全资子公司股权全部转让出去，交易金额仅为1元。2021年3月，联创股份继续贱卖资产，作价1元将所持有的上海新合99.92%的股权转让出去。联创股份这一系列资产出售行为的背后，反映出联创股份跨界互联网广告业务的失败（见图3-8）。

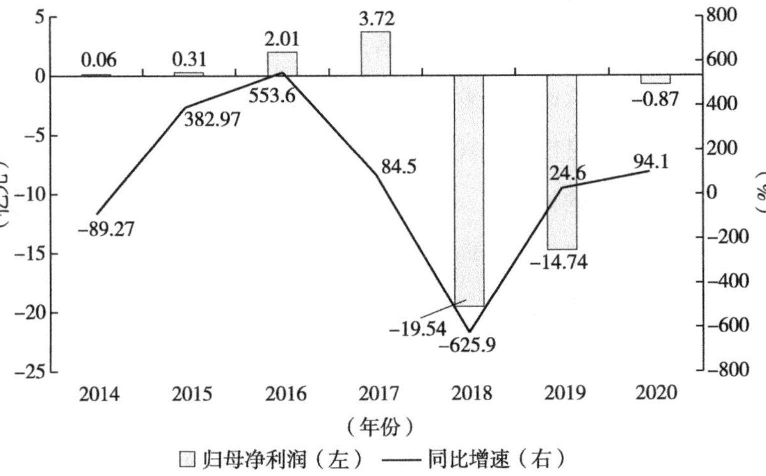

图3-8 2014—2020年联创股份归母净利润

资料来源：市场公开信息。

回顾A股市场以往的跨界并购热潮，再对比这些公司并购后的业绩表现，不难发现利欧和联创并不是个例，A股市场中的此类案例数不胜数。跨界并购层出不穷，但大部分收购标的最终成为沉重的包袱，那些飞上天的业绩承诺最终也成为一纸空文，狂欢过后往往只留下一地鸡毛。

企业的正确成长路径：先做透规模经济，再做范围经济

跨界并购很难成功，并且存在诸多问题，那么，企业正确的成长路径是什么呢？我认为企业应该先做透规模经济，再做范围经济，而且必须是相关多元化的。

从经济学上来说，规模经济是指公司生产或销售单一产品，由于规模扩大而导致成本下降，取得竞争优势。而范围经济是指公司利用原有的生产或销售过程，来生产或销售多种产品而获得的竞争优势，也就是说当同时生产或销售多种产品，比单独生产或销售某种产品的成本更低时，企业就实现了范围经济。

企业要优先考虑实现规模经济，聚焦主业，形成竞争优势，并且不断巩固自身的护城河，将竞争对手阻挡在外。只有先实现规模经济，才能将战略重点转向实现范围经济，否则根基不牢就多方出击，很可能会一败涂地。

如果公司主业有天花板，或者主业已经进入低增长，应该向相关领域寻求多元化发展，致力于实现范围经济。但是转型产业的关联度很重要，要做和主业相关性高的业务拓展，这样才能提高并购的成功率。在2013年兴起的并购浪潮中，很多传统企业跨界收购新型产业，进入跟主业完全不沾边的虚拟产业，像互联网金融、游戏、VR等，这些产业虽然看上去很前沿，但上市公司完全不具备进入这些行业的能力，也很难将其做好，最终往往是以失败告终。一家上市公司主业尚待完善，还要跨界去做新兴产业，资本市场还给予高度认可，这本身就不符合常识。

巴菲特曾经对并购乱象有过这么一段形象的论述。

让我感到困惑的是，为何有些交易中的买主会相信卖方提供的财务预测数据。查理和我恐怕连看都懒得看它们一眼，反之，我们总是牢记着一个关于某人拥有一匹病马的故事。一天，他牵着这匹正在生病的马去看兽医："可以帮帮我吗？不知为什么，这匹马走起路来有时很正常，有时却一瘸一拐的。"兽医的回答倒是正中要害："没问题，在它表现正常的时候把它卖掉就行了。"在并购的世界中，这样的跛脚马常常被一些人装扮成千里马到处行骗。

流量变现，真的容易吗？

在"流量为王"的时代，流量成为许多互联网公司共同争夺的目标，互联网巨头之间的激烈竞争主要体现在流量方面，它们花了大量的资金和精力，布局各种流量入口——社交、娱乐、本地生活等，这些都是为了抢夺流量（也就是我们前面说的用户时间和注意力）。

流量为王确实没错，但如果认为只要有流量就能变现，那可就大错特错了。经常听公司说我们现阶段就是要不惜代价获客，"流量在手，变现不愁"，只要积累了一定的用户基础，总会有合适的变现路径，例如，我们可以售卖相关商品、售卖理财产品、做供应链金融等。

这种想法最主要的问题在哪里呢？在于忽略了流量是有属性的，也就是说用户有什么需求，就会到能够满足他们这种需求的平台上去，比如，微信的流量是社交属性、百度的流量是搜索属性、淘宝的流量是购物属性、支付宝的流量是金融属性、滴滴的流量是出行属性等。

举个例子，用户在买香水之前，可能会去百度上去搜索关键词“香水”，想要寻找和香水相关的资讯、图片等；而在淘宝上，用户可能会寻找卖这个香水的商家，这就是不同流量属性之间最明显的区别。所以，顺丰的“嘿客便利店”项目之所以很难成功，是因为顺丰的流量是快递属性，而嘿客便利店提供的是购物需求。同样，阿里巴巴曾经一度想在支付宝上发展用户的社交需求，但最终还是失败了，因为支付宝的流量是金融属性，大家只有在处理和金融相关的项目时才会使用支付宝，很少会在支付宝上搞社交。

就像前面说的，跨界并购很难成功，跨界流量变现也很难成功。

案例

美图的曲折变现之路

美图公司成立于2008年，并于2016年12月在港交所上市。它围绕着“美”创造了美图秀秀、美颜相机、潮自拍、美妆相机、美拍等一系列美颜软件。根据公开数据显示，截至2016年6月30日，美图应用月活跃用户总数约为4.46亿。

正因为美图坐拥4亿多活跃用户，所以当年资本市场给了它很高的期望和估值。以下是2016年年底的一篇分析文章的节选：

> 美图的MAU（月活跃用户人数）有4.3亿，这个数字放在全球互联网界都是排得上号的，而对这么多用户的变现工作目前开发的非常少，比如对比新浪微博，微博的月活用户约为2.8亿，但是上半年微博的广告收入高达14.38亿元，而美图的广告收入仅仅只有

2 590万元。再逛逛美图旗下主要的几款 App，几乎没有广告，可见美图并没有在广告业务上花很多心思，更多的是在完善产品体验。凭借美图的用户量级，怎么卖都不至于卖出这么点广告。所以美图只要在广告业务上花点力气，就能赚很多钱，要知道广告的价值和有多少人看是直接相关的，也就是月活数，更别说未来社交生态的构建、美妆电商的推出等趋势了。

因此，在美图公司上市初期，很被市场看好，市场根据美图公司的用户流量进行了估值。但这实际上忽略了美图公司用户流量的变现路径，大家使用美图软件只是利用美颜相机拍照片而已，这些流量该如何变现呢？美图公司曾经尝试了各种变现路径，最终仍然无法找到能持续盈利的商业模式。

美图公司虽然一直标榜自己的核心产品是美图秀秀等美颜软件，但在 2018 年之前，美图公司 80% 以上的收入来自美图手机，而在手机市场，美图手机又显然很难竞争过华为和小米等规模更大的公司，所以美图公司于 2018 年 11 月和小米达成战略合作，将美图手机品牌独家授权给小米，而美图仅提供影像技术和美颜算法支持。除了美图手机，美图公司曾试图在美拍直播平台上开发虚拟商品和游戏来提高收益，结果也不尽如人意。

美图公司剥离手机业务之后，声称要进军医美行业和电商直播领域。在医美领域，美图和新氧、更美等平台相比仍是新人，能否在医美领域分一杯羹尚未可知。在电商直播领域，美图又面临淘宝、抖音、快手这样的巨无霸竞争对手，更无取得成功的希望。事实上，不管是医美还是电商直播，和美图公司本身的主营业务关联性均不大，美图公司最终能否通过这两项业务实现流量变现，我们认为前景不容乐观。

美图公司的财报数据显示，2013—2019 年，公司的净利润全为负数，

2016 年净利润甚至亏损 62.61 亿元，而当年的营收只有 15.79 亿元。所以美图在上市后虽然市值曾经达到千亿元，但之后的股价几经腰斩，现在跌得只剩下零头了（见图 3-9）。

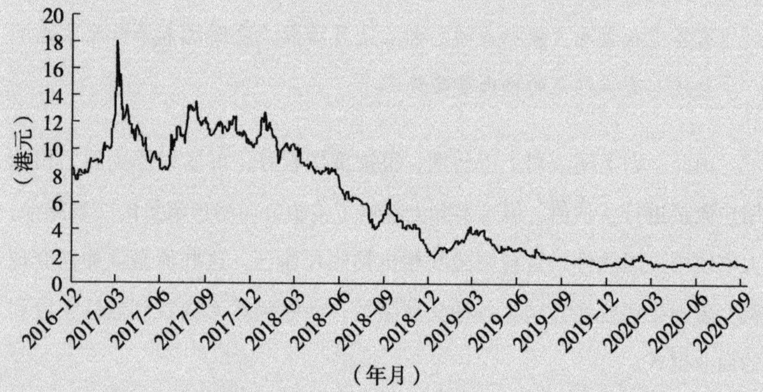

图 3-9　美图公司自 2016 年 12 月上市以来的股价走势

资料来源：市场公开信息。

从这个案例中我们可以得出这样的结论：当我们在考虑某种商业模式的时候，不能“唯流量论”，流量虽是核心，但流量如何变现才是根本。

平台型公司为什么能不断“跨界”变现？

由于流量属性的客观存在，流量“跨界”变现非常难。但我们看到很多互联网巨头能不断跨界变现，比如阿里巴巴的业务大本营是电商业务（淘宝），同时它所涉及的领域包括支付金融（支付宝）、云计算、娱乐（优酷）、外卖（饿了么）、新零售（盒马鲜生）等；腾讯的业务大本营是社交（QQ、微信），同时它所涉及的领域包括云计算、娱乐（腾讯视频、游戏、音乐等）等；还有美团，最初是以团购起家，而后其所涉及的领域包括外卖、酒店住宿、在线旅游、新零售、打车、单车等业务，构建出美团生态。

为什么互联网巨头能不断跨界变现呢？我认为最主要的原因有以下三点：

第一，平台型公司强大的黏性。

这些年，互联网公司有个特点，就是“风口”特别多，但与此同时，“风口”去得也特别快。如这几年的“风口”行业有团购、直播、语音问答、小视频、共享出行、共享厨房、二手车交易等，“风”来的时候，猪也会飞，但很快这些猪都摔死了，为什么？原因在于消费者需求变化很快。很多应用程序在刚刚开始兴起时，消费者觉得很新奇，因而能通过病毒式传播或者巨额补贴来快速获得海量用户，但消费者的新鲜感很快就会消失，或者被更有趣、更新鲜的应用程序所代替。

即便是黏性最强的社交需求，也在快速迭代，不断被颠覆。一位互联网创业“老兵”曾感慨：做社交，产品迭代太快了，要跟上变化节奏太难了！从人人网、开心网、博客、微博，到现在的微信，就是不断被迭代，不断被颠覆。微信之所以现在能独霸天下而且“长盛不衰”，关键在于其形成了强大的“双边平台效应”。反观那些靠巨资补贴用户吸引流量的“风口”模式，在资本花光之后，用户会转向另一个补贴平台，无法真正留驻。共享单车最后只剩下少数几家在继续经营，曾经的“百团大战”只剩下了美团，O2O 上门服务也早就偃旗息鼓。

为什么淘宝、腾讯、美团、滴滴这样的互联网超级巨头能长久？我们认为主要是因为这些公司均属于平台型公司，拥有强大的用户黏性，能够形成强大的“双边平台效应”护城河。

第二，平台型公司虽然跨界，但还是相关多元化的。

阿里巴巴、腾讯、美团等平台型公司虽然跨界，但其实它们都是在自己的核心能力上做业务拓展，也就是在主业成熟后使相关业务多元化。

美团以团购起家，在曾经的“百团大战”中成为最后的胜出者，线下商家就是它最宝贵的资源。而后美团进行横向拓展，所进入的领域包括外卖、酒店住宿、在线旅游、新零售等，其实都是在主业基础上所做的边界拓展。美团进入外卖领域，是对线下商家资源的二次开发，除了提供到店团购服务外，还能提供外卖配送服务。所以即使美团进入外卖领域时间较晚，依然能在外卖领域占据最大的市场份额——2017 年美团外卖市场份额便超过了饿了么，2018 年占据整个外卖领域 50% 以上的市场份额。

此外，美团切入新零售领域，其实是将自己外卖领域的“同城即时配送”核心能力延长，除了送外卖还可以送其他商品。美团切入打车领域，也是因为其已经拥有了大量 O2O 用户流量，除了提供团购、外卖服务，还能打车，打通了线下场景闭环。所以，美团所做的跨界，并非传统意义上的跨行业，而是基于本身主业所形成的核心能力，通过满足同一类用户的不同需求，来实现业务多元化。

因此，平台型公司虽然跨界，但是最终要实现流量变现，还是要基于相关多元化的基础。

第三，平台型公司拥有强大的经济实力。

即便是强大如阿里巴巴、腾讯、美团，要想实现跨界拓展，仍然需要依靠大量的投入补贴，通过补贴来养成用户习惯。阿里巴巴在电商领域“一骑绝尘”，但这些年投入了很大成本来拓展本地生活业务；腾讯为了抢占支付份额，也是不惜血本来做推广。这样的投入，绝非中小体量的公司所能承担。

关于公司竞争力的常识

1. 任何一个商业模式要成立，必须能够以合理的成本、规模化地为客户创造价值。

2. 企业为客户创造价值的三种形式为：以更好的产品满足客户需求、以更低成本满足客户需求，或者以新产品满足客户需求。

3. 虽然很多公司的产品和业务看上去互不相同，有的公司顶着“高科技”“新模式”的光环，但如果我们透过现象看本质，就会发现，其实它们赚钱的本质是差不多的。

4. 当你看到一家公司盈利能力很强的时候，一定要问两个问题：“它凭什么能做得这么好？未来它是否能持续做好？”这两个问题都是关于公司护城河的。

5. 在竞争越来越激烈、创新和颠覆层出不穷的今天，躺在静态护城河上睡大觉的企业是非常危险的。只有那些有远见、不断创新、不断超越自己的公司，才真正具有持久的护城河。

6. 企业要为客户创造价值有一个重要前提，那就是企业要有自己的造血能力，也就是企业必须要盈利，特别是要能够创造净现金流入。

7. “互联网思维”是有前提的，那就是高成本获客之后，一定要形成强大的“网络效应”或者“双边平台效应”，一定要培养起用户习惯，才能在没有补贴的时候保持用户黏性，让用户离不开你。低频业务不适合“互联网思维”。

8. 并购，尤其是跨界并购，成功率非常低。而企业的合理成长路径，应该是先做透规模经济，再做范围经济，而且必须是相关多元化的。

9. 虽然我们身处“流量为王”的时代，但犹如跨界并购很难成功一样，跨界流量变现也很难成功。

第四章

如何评估“好价格”

——关于公司估值的常识

前面我们讨论了好赛道、好公司的标准，这一章我们讨论“好价格”。什么是好价格，好价格就是估值要便宜或者合理。公司再好，如果估值很贵，也不是好的投资标的。

估值既是一件简单的事情，也是一件复杂的事情；既带有一定的科学成分，也带有很多主观判断。对于同一家公司来说，“一千个人心中有一千个哈姆雷特”，由于大家的方法论、前提假设不一致，得出的估值结论可能完全不一样。

在这里我们不教大家估值的具体方法，而是把估值的常识做一个梳理，避免大家犯常识性的错误。

DCF 是最本质的估值方法

公司估值有各种不同的维度和视角，但 DCF 即现金流折现法是最接近经济学和金融学原理，以及公司本质的估值方法，它是一切估值的基础。所谓现金流折现法，就是把某只股票未来能产生并分配给投资者的现金流贴现到今天的价值。为什么说现金流折现法是最本质的估值方法，因为企业的存在目的以及回报投资者的方式，就是创造现金并把将其分配给股东。如果能把企业未来的现金创造预测出来，并贴现到今天，这个结果就是企业的内在价值。

DCF 也被称为“绝对估值法”。虽然 DCF 涉及很多估值假设，而估值结果对参数设置又非常敏感，这些使得 DCF 的难度很大，但它依旧是逻辑上最严谨的估值方法，也是其他估值方法的基础。

绝对估值——DCF 估值

绝对估值法就是 DCF，我们说它是一切估值的基础。理论上，绝对估值法是最严谨的估值方法，不受市场情绪、市场波动的影响，而且很多其他估值方法都是在绝对估值法的基础上发展起来的。绝对估值法大致分为以下四个步骤。

第一步，通过财务建模，预测公司未来的自由现金流。这一步是 DCF 估值的核心，也是最难的部分。这涉及公司未来的营业收入预测、公司未来的毛利率预测、公司未来的区间费用率预测，以及公司未来的资本支出预测等。

通常的预测做法是：

（1）预测公司未来的营业收入增长率，这是所有预测的起点。预测收入增长率有很多方法，比如从渗透率和市占率角度预测、从公司产能扩张角度去预测。

（2）预测公司的毛利率。同样，预测毛利率也有很多方法，比如线性外推法、回归行业均值法等方法。

（3）预测公司的期间费用率。这里涉及对管理费用、营销费用、研发费用、财务费用的预测，一般也采用线性外推法、回归行业均值法等方法。

（4）预测公司的资本支出。公司收入要增长，相应的固定资产、运营资本等也会增加，必然需要增加投入，所以需要预测对固定资产、运营资本等的增量投入。

（5）有了上述预测，公司未来每年的自由现金流有多少就可以预测出来了。所谓自由现金，就是企业经营产生的富余的、可以返还给投资人的现金。自由现金的简单计算公式如下：

自由现金＝公司经营性现金流入－公司经营性现金流出－公司必要的资本支出

在上述预测过程中，需要进行大量的假设，而且估值结果对这些假设很敏感，往往稍微调整一下假设值，估值结果差异就会很大。

第二步，设置一个合理的贴现率，一般说来大家会根据 CAPM（资本资产定价模型）来确定一家公司的贴现率。公司估值结果对贴现率也非常敏感，贴现率稍微变化一点儿，估值结果差异也会非常大。

利率水平会影响绝对估值的结果。利率上升时，持有股票的机会成本（买国债、做理财的收益率）上升，意味着贴现率上升；贴现率上升，未来同样的现金流放到今天就相对更不值钱，估值就会下降。反过来，利率下降，股票估值就会上升。

合理的贴现率到底应该是多少呢？我个人的经验数据是：10年期国债收益率＋(4%～5%)。这里的“4%～5%”就是“风险溢价”。风险溢价的存在，是因为投资股票有风险，所以投资者必须取得比国债收益率更高的收益率，才愿意冒风险投资股票。

风险溢价估算一直是个难题。根据经验，美国股市的风险溢价一般用“标普500的收益率－10年期国债收益率”来计算。美股在过去70多年的历史平均风险溢价为5%～7%，但近20年来，隐含的风险溢价为4.5%～5.5%。2000年互联网泡沫时期的著名预测“道指30 000点”，其核心内容就是风险溢价将显著降低。

由于国内A股市场高波动性的存在，使得A股的风险溢价很难估算。在估值水平最低的2005年，中国隐含的风险溢价超过7%。但随着2006—2007年股市上涨，风险溢价大幅度下降。一般情况下，A股隐含的风险溢价合理水平为4%～5%，但在极端情况下，市场隐含的风险溢价可能会远远偏离。当市场极度疯狂的时候，市场隐含的风险溢价可能会降低至1%～2%，此时贴现率下降，估值抬升；当市场极度悲观的时候，市场隐含的风险溢价可能会上升至7%～8%，此时贴现率上升，估值下降。所以，风险溢价本身具有均值回归动能，尤其当风险溢价处于极值时，其均值回归动能更加强烈。

第三步，把未来能够分配给投资者的现金流，用确定好的贴现率贴现到今天加总，就得出了公司的估值（如果计算权益价值，还要减去债务价值）。这个过程很容易。

第四步，要对计算出来的结果进行交叉验证，看看根据这样的假设，是否符合行业竞争格局、公司护城河的现状和发展趋势。我认为这一步是绝对估值最重要又最容易被忽略的地方。

绝对估值的挑战在于其假设和预测，当投资者过于乐观或过于悲观时，所得出的估值结果可能会相差甚多。那我们要如何判断未来的预测是否合理呢？在做完盈利预测之后，我们要对估值过程及结果进行交叉验证，主要包括以下三个方面。

首先，基本平衡关系检查。要看模型是否反映了基本的平衡关系，即资产负债表保持平衡吗？现金流量表保持平衡吗？

其次，检验关键财务指标和公司商业模式是否相一致。比如，如果一家重资产运营的公司，当前的固定资产周转率是2，而根据你的假设最终得出10年之后公司的固定资产周转率是4，那就要思考你假设的合理性。公司营业收入要增长，如果公司的业务模式没有显著变化，那么公司的固定资产也要相应增加，固定资产周转率应该保持基本稳定。但如果根据你的假设，未来10年固定资产周转率显著提高，就意味着你可能低估了未来的资本支出，根据前面的公式也就意味着你可能高估了自由现金流，进而高估了估值结果。

最后，也是最重要的检验，就是估值结果是否符合行业竞争格局和护城河。我们一直强调，良好的竞争格局和强大的护城河，能使企业获得持久的超额利润；反之，即便现在利润很高，最终也一定会因为竞争而回归正常利润。

这里关键的检测性指标是ROIC（投入资本回报率），ROIC在长期来看应该回归合理区间范围内，逐步趋向WACC（加权平均资本成本）。其背后的经济学逻辑是：经过充分竞争之后，最终超额利润会消失，公司只能获得平均利润率，即ROIC等于WACC。如果根据你的假设，在很多年以后计算出来的ROIC仍然显著大于WACC，意味着经过多年竞争之后，公司还能取得超额利润。此时，你就要思考：公司的竞争格局和护城河是否能支持它经过多年竞争之后依然获得超额利润？如果不能的话，那你的假设和估值结果很可能是有问题的。

我们在采用上述三个步骤对估值进行交叉验证之后，如果所有假设都是合理的，显然可以提高未来预测和估值结果的可信度。当然，我们还可以进行乐观、中性、悲观三种不同情境假设下的盈利预测和估值，然后再分别运用上述方法对估值过程进行交叉验证，最后得出绝对估值的合理区间（见图4－1）。

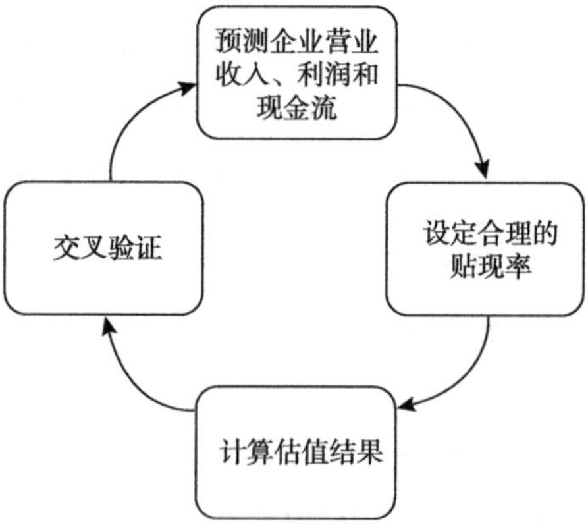

图4－1　绝对估值步骤

相对估值

正因为DCF估值涉及很多假设，而且在现实投研中难度较大，所以大家用很多替代的估值法来对企业进行估值，最常用的就是“相对估值法”。

相对估值法是以类似资产在市场上的定价为基础，进行比较估值。例如，我们评估一个房子值多少钱，就是用相对估值法——我们会用同一区域甚至同一小区最近一段时间的平均成交价，作为这套房子估价的依据。

在进行股票估值时，我们以可比公司的平均估值作为参照物。

具体来说，可以分为三个步骤：一是选取可比公司，二是选取并计算比较指标，三是根据公司质地调整估值。

第一步：选取可比公司。选取可比公司有两个标准：第一，要有可比性；第二，要有足够的代表性。什么叫可比性？我们要对茅台进行估值，茅台在上市公司大行业分类里属于食品饮料行业，这被称为一级行业，二级行业是酒类，酒类又分为白酒、红酒、啤酒等，这被称为三级行业。跟茅台最具可比性的，当然是同属于三级行业的白酒公司。所以我们要对茅台进行估值，就要选择白酒公司，而不能选择整个食品饮料的股票作为参照系；用酒类的所有股票来对茅台进行对标估值也不合理，因为白酒、红酒、啤酒的竞争格局、发展前景完全不一样，没有太多的可比性。最合理的方法是把所有白酒公司（甚至是高端白酒公司）的平均估值算出来，然后对茅台进行比较估值。可比公司要有足够的代表性，就是样本稍微要多一些，不能只有一两个样本。

第二步：选取并计算比较指标。我们买房子时，一般用的指标是单位面积的均价，而在对股票进行相对估值时，可以选取的指标有哪些呢？

市盈率（市值/净利润）是最常见的指标。我们来算一算白酒公司的平均市盈率，假设是 25 倍，再假设茅台今年的每股盈利是 30 元，那茅台的股票应该值多少钱就能很简单地算出来了：30 元 ×25 = 750 元。

市销率（市值/营业收入）也是很常用的估值指标。电商平台，像淘宝、京东等，在高速发展期往往都还没有盈利，这时候没法用平均市盈率的方法来对它们进行估值，于是对这些电商平台经常用的一个估值指标就是市销率。把可比的电商平台都列出来，假设算出来的电商平台平均市销率是3倍，某电商去年卖了100亿元的货，那么这家电商的估值应该是300亿元。很多公司在特殊的阶段，特别是在快速发展阶段，可能没有利润，这时候就可以用市销率来估值。

市净率（市值/净资产）在对银行股和地产股估值时经常会用到。地产股有一个特点，如果项目不结算就没有利润，所以地产股也不能只看利润。如果地产商手里存了很多优质土地，但是他看好市场，就是不结算，土地和房子只囤在手里不卖，这时候利润就很少了，但是如果算它的净资产，尤其是算它调整后的净资产（RNAV）会很高。在这种情况下，用市盈率去估值是不合理的，所以像地产这类公司，比较适合用市净率估值法。具体做法类似，把有可比性的地产公司列出来，算一算它们的平均市净率（用RNAV口径算出来的市净率更加合理），假设平均市净率是0.8，某家地产公司的净资产（如果可比公司的平均市净率用RNAV口径，那么这家公司的净资产也要用RNAV口径）是100亿元，那么这家公司的估值就是100亿元×0.8＝80亿元。

第三步：根据公司质地调整差异。行业内各公司的竞争力、发展前景、盈利稳定性的差异是很大的，这时候要根据公司的竞争力、发展前景、盈利稳定性等情况，对已经计算出的估值进行适当调整。所以，估值的第三步就是要根据一家公司的成长性和盈利稳定性来调整估值，这也非常重要。

举个例子，我们现在假设X公司未来3年的复合增长率是30%，行业里现在有6家可比公司，行业的平均复合增长率是11%（见表4－1）。

表 4－1 可比公司情况

可比公司	净利润（亿元）	市值（亿元）	流动市盈率	未来 3 年复合增长率（%）
A	3.2	38	12	15
B	4.6	69	15	10
C	15	120	8	3
D	2.0	36	18	20
E	29	203	7	5
F	13	143	11	15

我们分别来算一算可比公司的平均市盈率是多少。按照算术平均计算是 11.8 倍，按照整体法计算是 9.1 倍，按照中位数计算是 11.5 倍。看了这几个数字，我们大概就有结论了，这个行业的平均估值为 9～12 倍。

行业的平均复合增长率是 11%，可比公司里最高的是 20%，而 X 公司未来 3 年的复合增长率是 30%，所以它可以享受比 12 倍更高的估值，可以是 20 倍，甚至 30 倍。那么，到底是 20 倍合理还是 30 倍合理呢？这个相对估值没法解决，更多依赖投资者自己的判断。

相对估值法的优点是简单易学，在实践中广为应用，大部分机构投资者也都是用相对估值法。但相对估值法的最大缺点是，其假设“市场总体估值永远是合理的”。相对估值容易受市场情绪影响，因为市场情绪高涨的时候，所有可比公司估值都很高，平均估值也就很高；市场情绪低迷的时候，所有可比公司估值都很低，平均估值也就很低。所以，相对估值法最大的问题是，一旦市场整体被严重高估或者被严重低估时，某家公司的估值结果也就会跟着被高估或者被低估。

相对估值法的另一个缺点是，无法对公司的成长能力等进行准确估值。比如，X公司的成长能力很好，行业平均市盈率是12倍，X公司可以有更高的市盈率，但高到什么程度合理，20倍还是30倍，相对估值法无法判断。

总结以上的分析，绝对估值和相对估值的区别可见表4-2。

表4-2 绝对估值和相对估值的区别

区别	绝对估值	相对估值
估值逻辑	未来的现金流收益	类似资产的市场价格
隐含假设	不需要考虑整体市场的估值合理性	有一个重要隐含假设：市场整体的估值水平是合理的

在价值投资中，绝对估值和相对估值哪一个更重要？这是一个见仁见智的问题。

从理论上来说，真正的价值投资当然要看绝对估值，确实有些投资机构非常强调绝对估值，但它们面临的问题是：（1）绝对估值本身非常依赖假设和预测，特别是对一些高速发展但又充满变数的公司来说，绝对估值的可靠性很低；（2）更大的挑战是，市场经常处于高估的状态，如果完全按照绝对估值，你可能很难找到可以买入的公司股票。所以在现实中，也有些机构会用替代的方法来做估值，或者根本不做绝对估值，有些人甚至把绝对估值看作学院派才做的事情。

我自己是这么看这个问题的：任何你希望长期持有的投资标的，必须做绝对估值，无论做这个公司的绝对估值有多么困难或者多么“不可靠”，通过做绝对估值，你至少可以倒推回来，当前的股价对应了市场多么“乐观”或者多么“悲观”的假设。举个例子，当前某家公司估值可能高达 1 000 亿元，静态市盈率高达 100 倍（当前利润 10 亿元左右），如果仅仅从相对估值角度来看，其可比公司的平均估值也在 100 倍以上，并不显得高估；但从绝对估值角度来看，当前 100 倍的估值，对应的是这家公司在未来 5 年每年高达 40% 以上的利润增长（或者未来 5 年利润增长超过 400%，5 年后利润超过 50 亿元），且 5 年后的每年利润增长还要在相当长一段时间保持在 15% 以上，才能支撑当前 1 000 亿元的市值。如果你觉得这个预测完全合理，那么当前的 100 倍估值也是合理的；如果你觉得这个预测不可靠，那么说明即使按照相对估值是合理的，按照绝对估值也是高估了。

券商研报估值的局限性

对于普通投资者来说，经常会依靠券商研报来了解机构对公司基本面的判断。券商研报是非常有用的投研工具，但结合自己在研究所的多年管理经验以及投研经历，我总结了一些使用券商研究报告的基本方法，并将其归纳为“三看两不看”。

“三看”，就是通过券商研报，一看公司基本情况分析，二看公司推荐逻辑，三看公司财务预测。

具体说来，我们看券商研究报告时，第一要看的是研究员对行业、公司基本情况的分析介绍。在做基本面投资前，有很多行业和公司的基本情况需要了解，比如行业上下游关系、行业空间、行业竞争格局，再比如公司的发展战略、市场份额、竞争力等。这些如果全部由我们自己去研究，会花费大量的时间和精力，而券商研究报告一般都会有这样的内容，所以，阅读券商研究报告能帮助我们节省大量的时间和精力。

第二要看的是券商研究报告的推荐逻辑。推动股价上涨和下跌的因素有很多，但每个阶段的主要股价驱动因素是不一样的。比如，这个阶段决定股价的主要因素是新产品上市后的销售情况，而过一段时间，决定股价的主要因素可能变成了主要原材料的价格变动情况。这些因素，散户自己是很难去识别和判断的，要看券商研究报告的推荐逻辑。

第三要看的是券商研究报告对上市公司的未来财务预测。财务预测很重要，因为股票投资看的是未来。有了财务预测，我们才能判断公司未来的成长性如何，以及公司估值是否合理。但要做财务预测，会涉及很多重要判断和复杂的财务建模知识，普通散户很难完成，但券商研究报告能够提供比较专业的财务预测。

“两不看”，就是不看券商研究报告的目标价和评级。很多人抱怨说券商研究报告永远都是“买入”评级，结论不够客观。这确实是券商研究报告的一个问题。我国的券商研究报告的确存在一些目标价和评级不够客观的情况。

券商研究报告估值主要是以不太严谨的相对估值为主。一起来看看下面几家券商研究报告所给出的目标公司投资建议。

> 我们预计 2020/2021/2022 年公司归母净利润分别为 24.34/31.56/36.09 亿元，对应 EPS（每股收益）1.25/1.63/1.86 元，PE 为 27/20/18 倍。根据可比公司 2020 年 P/E 调整后均值 34 倍，给予公司目标价：42.50 元，首次覆盖，给予“买入”评级。
>
> 我们略上调 2020—2022 年 EPS 预测至 1.17/1.36/1.59 元（前次 1.16/1.32/1.43 元），给予 2021 年 37 倍 PE，目标价

50 元。

业绩超预期，维持 2020—2022 年 EPS 预测为 1.95/2.28/2.66 元，参考可比公司给予公司 2021 年 98 倍 PE，目标价上调至 223.4 元（前次 109.48 元），维持“增持”评级。

看过以上所举的几个案例，我们会发现这几份券商研究报告的估值方法是不够严谨的。第一，可比公司估值是合理的吗？可比公司的整体估值容易受到市场情绪波动的影响，估值可能会偏离合理水平。此时如果采用可比公司估值法，有可能会导致目标公司的估值被高估或低估。第二，根据可比公司所得出的估值倍数就是对的吗？第三个例子中说公司业绩超预期，那为何根据可比公司估值得出来的估值倍数是 98，而不是 108 或 88 呢？总之，我认为券商研究报告的估值方法普遍不够严谨。

对于安全边际的正确理解

前面讲了估值的基本方法，大家现在应该对估值有了一定的理解。接下来我想和大家聊一聊应当如何理解安全边际，而安全边际和估值是高度相关的。

什么是安全边际?

格雷厄姆、巴菲特等投资大师都非常强调安全边际，那什么是安全边际呢？我们经常说：“价值投资就是买入被低估的股票，等待价值回归。”这体现的就是安全边际的思想，当股票价格小于其内在价值的时候，我们可以将其视为有安全边际。安全边际的存在，可以在很大程度上对冲由于我们对公司未来预测不准确所导致的风险，虽然我们不一定可以完全避免损失。

巴菲特曾说："当你修建一座大桥时，你坚信它的承重量为3万磅，但你只会让重1万磅的卡车通过这座桥。这一原则也适用于投资。"这体现的就是安全边际的思想。通俗地说，安全边际就是用4角钱的价格去购买价值1元钱的股票。

巴菲特等投资大师对安全边际的理解

巴菲特在他的早期投资中，继承了老师格雷厄姆的投资思想。格雷厄姆是一个深度价值投资者，他坚持一定要买估值非常便宜的股票。在格雷厄姆时代，估值非常便宜的股票往往是净资产打对折，甚至打三四折的股票，这种股票属于"掉在地上都没人要"。按巴菲特的说法，买入这种股票相当于"捡烟蒂"，你可以在地上找到别人丢掉的烟蒂，捡起来点上后还可以免费吸一口。

格雷厄姆衡量股票安全边际的计算方法，最早来源于债券投资。在他眼里，如果公司连续几年的税前利润能超过应付利息费用的5倍以上，便构成了安全边际——即使公司未来预期的盈利能力下降，依然能够还本付息，在一定程度上可以保障投资者的本金安全。安全边际越大，投资者遭遇风险的概率越小，也就不必对公司未来的盈利能力做出准确的预测。格雷厄姆将债券投资的安全边际思想运用至股票投资当中，他认为，要选择"股票的市值大幅度低于净资产价值"的股票。

格雷厄姆的投资时代主要是20世纪30~50年代，当时美国还笼罩在1929年大萧条的背景下，人们对股市和投资充满了恐惧，市场上存在很多股价低于净资产的股票，也就是说"捡烟蒂"的机会非常多。而随着美国经济和资本市场的发展，投资者对股市的参与度越来越高，市场上这种“捡烟蒂”的机会越来越少，尤其是对于好公司来说，很难寻找到净资产折价的股票。即使在市场上能找到这种股票，也很有可能是价值陷阱，即基本面一般很差。因此，格雷厄姆投资理念的局限性在于，认为未来更多的是风险，而不是机会，所以特别注重静态的安全边际——价格低于净资产。这一投资理念很容易错过经济发展所带来的投资机会，特别是会错过能长期成长的伟大公司。

巴菲特说他在哥伦比亚大学学投资时，学到的最重要的知识就是安全边际，这正是受到其老师格雷厄姆的影响。所以巴菲特早期投资股票的时候，也喜欢寻找股价大幅度低于净资产的股票。

当股票投资越来越普遍，投资群体也越来越成熟时，这种捡到价值被严重低估的股票的机会也就越来越少了。这时候巴菲特遇到了芒格，芒格对巴菲特最大的影响是：他说服巴菲特“宁愿以合理价格买入伟大公司，也不要以低廉价格买入平庸公司”。芒格认为，价值投资者应该关注公司的经营管理水平、品牌持久性、竞争格局等基本面情况，这对巴菲特产生了巨大的影响。当然，巴菲特投资理念的转变并非一蹴而就，一个典型的例子就是巴菲特对迪士尼的投资。1966 年，迪士尼税前利润约 2 100 万美元，公司市值不到 9 000万美元，巴菲特当时觉得迪士尼的股票非常便宜，便斥资 400 多万美元买入，并于一年后卖出，一年的投资收益率超 50%。但如果巴菲特一直持股到现在，投资收益率估计有几百倍，这就是因为他忽略了公司未来的成长。所以巴菲特在中后期买的股票都是基本面非常好的伟大公司，而不是估值非常便宜的平庸公司。长期来看，这样的优秀公司，经历时间的洗礼，穿越股市的牛熊，给他带来了丰厚的回报。

因此，巴菲特后来的投资理念是：只要盈利能力强、成长性好且能持续，公司股价即使在短期内不便宜，比如股价远高于净资产，甚至市盈率看上去也不低了，这样的公司股票依旧可以买。

评估公司的安全边际应该着眼于未来

我们在评估公司的安全边际时，应该更着眼于未来，以绝对估值为锚。

安全边际的核心内容其实就是寻找股价低于内在价值的公司。价值投资就是买入被低估的股票，而股票究竟是被低估还是高估，有绝对估值法和相对估值法。正如我们在前面所说的，买股票买的是公司的未来成长，买的是公司的未来现金流，从这个角度出发，我们更应该以绝对估值为锚来评估股票的安全边际。

为什么安全边际不是简单看 PE 或 PB（市净率）等指标是否足够低呢？

没有无缘无故的低估值，低估值的背后往往是有复杂原因的。宝钢一直以来的估值都很低，2011 年总市值只有 1 000 亿元左右。宝钢是中国钢铁行业的龙头公司，技术效率能比肩全球一流的钢铁企业，而且它仅在上海的工厂、土地的价值就不止 1 000 亿元。但宝钢的股价长期低迷，最低的时候总市值跌到六七百亿元，如果你在 2011 年低点买入，那最近这 10 年的投资回报会很一般。

宝钢的估值为什么这么低呢？这和它的行业空间、发展前景有关。在过去的很长一段时间里，整个钢铁行业产能过剩，所以即使宝钢的估值已经很低了，其股价也很难上涨，这种情况就是价值陷阱。所以究竟是“陷阱”还是“馅饼”，我们不能简单地看市盈率和市净率等估值。再比如，我们看到银行股的市盈率和市净率都很低，就高兴地以为“天上掉馅饼了”，但这可能是因为银行潜在的坏账率很高，大家很难算清楚坏账有多少，所以这个“馅饼”很可能是一个“陷阱”。

正因为市盈率、市净率等指标的局限性，公司的内在价值应以绝对估值来衡量，因为绝对估值能告诉我们股票是否真的被低估了，从而帮助我们避开价值陷阱。

因此，我们在评估公司的安全边际时，关键在于对公司内在价值的判断，这个判断不能仅仅基于公司现在的情况，还要基于对公司未来的预测，应以绝对估值为锚。

良好的竞争格局和宽阔的护城河才能支撑高估值

在现实投资中，我们经常遇到高估值的股票。对于大多数投资者来说，都知道高估值必须要有高成长性来匹配和支撑，所以我们会特别注重这些公司的未来成长空间——它是不是处于高成长性的行业。很多投资者觉得只要公司处于高增长行业，那么高估值就理所当然，但很少有投资者会进一步去思考，高成长性的行业往往意味着竞争激烈，而激烈的竞争会导致行业虽然高增长但公司利润未必高增长。那么，面对高估值公司，我们除了要看公司是否处于高成长性行业，还需要注重什么吗？

前面说过，竞争格局对企业盈利至关重要。如果公司所处行业的竞争格局良好，可以帮助公司在长时间内获得超额利润；相反，如果公司所处行业的竞争格局不稳定，那么行业内竞争的加剧势必会使得超额利润最终消失。相比于成长性，行业竞争格局可能更为重要，这也是我为什么会说在股票投资当中，要优先选择竞争格局良好且稳定的行业。行业竞争格局良好的公司能够保持持续稳定的盈利能力，股价表现会更优异。

护城河可以帮助企业把竞争对手挡在外面，是企业能够保持强盈利能力的关键因素。虽然有些公司当前的盈利能力很强，当前的增长速度也很快，但我们还要看未来公司的高盈利能力和高成长性是否能持续，这就要看公司是否有宽阔的护城河。例如，CDN（内容分发网络）领域的龙头公司网宿科技，其强大的盈利能力和连年的业绩增长吸引了竞争对手阿里巴巴、腾讯等，并被迫与阿里云、腾讯云打价格战，最终导致股价大幅下跌。而很多拥有宽阔护城河的公司，能够长期持续稳定地获得超额利润，其股价表现往往能够穿越牛熊。

在这里，我们来看看光伏行业的例子——这是一个典型的高增长但竞争格局高度不确定的行业。2000 年以来，以德国、西班牙为代表的欧洲国家，为促进可再生能源的发展，纷纷制定了扶持政策，以补贴电力、保证消纳的方式进行产业扶持。其中德国于 2000 年出台了首部《可再生能源法案》，西班牙于 2004 年通过了实施“皇家太阳能计划”的 436/2004 号法令。在这一阶段，全球掀起第一轮光伏发电装机热潮。

海外巨大的市场需求催生了中国光伏产业链的萌芽和快速成长。以 2001 年无锡尚德在国内建立第一条 10 兆瓦太阳能电池生产线为标志，中国光伏行业开启了大规模商业化之路。2002 年 9 月，无锡尚德开始成功投产，其所投产能相当于此前国内光伏电池 4 年的产量总和，将中国光伏产业链与国外的差距缩短了 15 年；2004

年，无锡尚德的产值翻了10倍；2008年，无锡尚德成为全球光伏行业领导企业之一。无锡尚德的成功引发了中国光伏产业的井喷式发展。2007年，我国太阳能电池产量首次达到1 088兆瓦，成为世界上太阳能电池的第一大生产国。同时，我国的光伏组件产量也达到了世界第一。公开数据显示，2007年国内从事太阳能电池的生产企业有50余家，硅锭/硅片生产厂家超过70家，光伏组件生产企业共计200多家。

光伏产业的迅猛发展也得到了资本市场的青睐。从2005年起，在不到两年的时间里，相继有10家中国企业远赴海外上市。除了无锡尚德外，还有浙江昱辉、苏州CTS、江苏林洋、常州天合光能、保定英利、江苏浚鑫等。2005年11月14日，无锡尚德在纽交所挂牌，当日开盘价冲到20.35美元。2006年4月，无锡尚德在纽交所的股价便冲破了40美元。短短5个月，无锡尚德的市值从30亿美元左右快速上升至60亿美元左右。2008年年初，无锡尚德的股价最高冲至88美元，总市值约115亿美元。

尽管光伏产业呈现高增长的态势，但是从供给端来看，光伏企业数量众多，产能快速扩张。当时国内光伏需求尚处于起步阶段，产品主要出口到欧美国家，单单我们国家的产能就足以覆盖全球市场的需求。而在2012年之后，全球光伏市场需求下滑，叠加欧美国家政策变动，供需出现严重失衡，光伏产业链价格持续下降，相关企业出现大面积亏损。这时候，国内光伏企业开始了一场行业大洗牌，龙头企业无锡尚德、江西赛德财务风险暴露，先后于2013年、2015年进行了破产重组。由此可知，光伏行业尽管增长性高，但在特定阶段，行业竞争格局高度不稳定，即便是其中的龙头公司也难逃破产重组的命运（见图4－2和图4－3）。

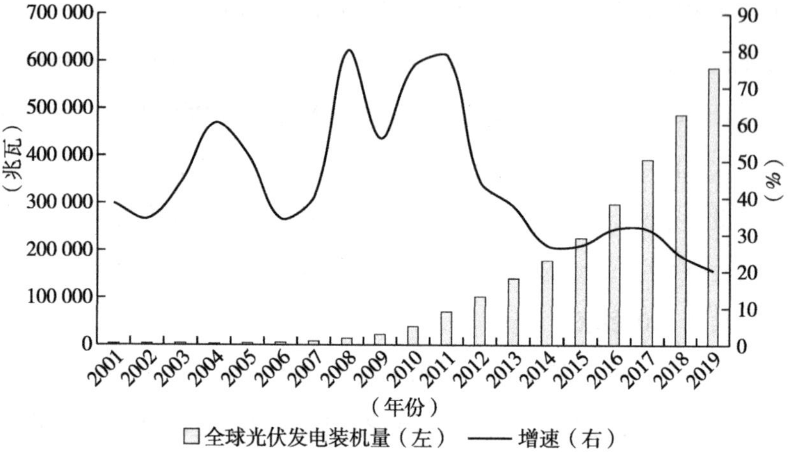

图 4 -2　全球光伏装机量

资料来源：市场公开信息。

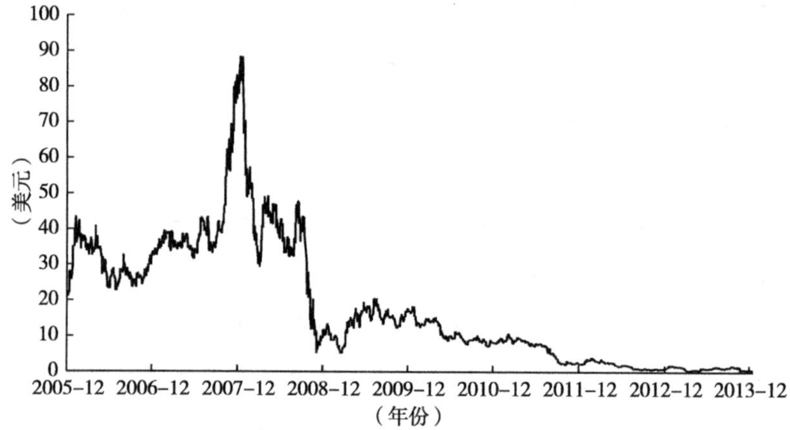

图 4 -3　无锡尚德股价走势

资料来源：市场公开信息。

因此，我们认为，支撑高估值的，不仅仅是公司处于高成长性行业，更要看公司是否面临良好的竞争格局，以及是否有足够宽阔的护城河。

高估值对投资意味着什么?

我们在前面说过，安全边际越大，投资者潜在的投资回报率越高。相反，当股票的估值很高，甚至超过其合理估值的时候，安全边际会很小甚至为负数，此时买入股票将会降低未来的投资回报率。

高估值降低投资回报率

为什么高估值会降低投资回报率呢?

投资回报率 = 企业未来自由现金流的贴现值/买入价格 - 1

显然，在“企业未来自由现金流的贴现值”不变的前提下，“买入价格”越低，投资回报率越高，这是一个再浅显不过的道理。但为什么在现实投资中，同样一家公司，在股价低迷、估值很便宜的时候无人问津，而在股价涨起来、估值变得很贵后，却让市场趋之若鹜呢?

这是因为，在现实投资中，很多人头脑中的投资回报率公式并不是前面的那个，而是下面这个：

投资回报率 = 转手卖出的价格/买入的价格 - 1

对这些投资者来说，一旦股价涨起来之后，他们会觉得股价会继续上涨，而他们的目的就是要通过做差价实现投资收益。在他们的决策模型中，根本没有“企业未来的现金流”这样的概念。这样的投资者，很容易陷入追涨杀跌的怪圈，最后难逃亏损的命运。

历史上，即便是 A 股市场中最优秀的公司代表之一——中国平安，也难逃高估值低投资回报的命运。如果你在 2007 年市盈率 60 倍左右的时候买入中国平安的投票，虽然短期内股价仍有所上涨，但是 2007 年 10 月之后股价和估值同时下跌，2010 年之后中国平安的市盈率一直处于 10 ~ 20 倍，你要一直持有这笔投资到 2017 年才能扭亏为盈。因此，即便是最优秀的公司，如果买入时价值被高估，也会降低投资回报率。

高估值降低决策的容错能力：一旦判断错误，将遭遇戴维斯双杀

高估值还会降低我们决策的容错能力，一旦判断失误，股价将会遭遇戴维斯双杀。

在现实投资中，我们经常面临的一个困局是：高成长性公司的估值都不便宜。如果我们放弃买入这样的股票，可能会错过像阿里巴巴、腾讯、恒瑞医药这样的伟大公司，因为它们的估值从来就没有便宜过。但判断企业是否能在未来保持高增长性，往往基于我们的主观判断意见，而这个意见是极有可能出现失误的。即使是一家优秀的公司，我们对其未来的成长性也很难做出准确判断。

前面说到，安全边际的存在，使得我们不必对公司未来的盈利能力和成长性做出准确预测，并且安全边际越大，决策的容错度越高。如果买入股票的估值低，说明市场对公司未来的成长性给予了很低的预期，即便公司的基本面真不怎么样，股价也跌不到哪里去；如果买入股票的估值高，说明市场对公司未来的成长性给予很高的预期，一旦未来公司没有达到预期的高增长，意味着将会面临戴维斯双杀。举个例子，一家被大家看好的高成长性公司，估值为 70 倍，而支撑这个估值倍数的，是市场预期未来 5 年公司盈利每年增长 20% 以上，一旦公司无法达到投资者的预期，股价将会迎来戴

维斯双杀。在现实的投资中，经常会有这样的案例。

长盈精密成立于 2001 年 7 月，是国内金属外观件龙头企业，主要为手机厂商供应金属后盖和金属中框，于 2010 年 9 月成功登陆 A 股创业板。在 2017 年之前，长盈精密受益于手机金属后盖渗透率提升，营业收入和净利润均快速增长。自上市以来，长盈精密一直保持着较高的增长速度。2011—2016 年，公司营业收入从 7.8 亿元增长至 61.2 亿元，年均复合增速为 51%；公司归母净利润从 1.6 亿元增长至 6.84 亿元，年均复合增速为 34%。2017 年，市场对长盈精密寄予厚望，对其 2017 年的业绩给了很高的预期。上半年，市场对长盈精密在 2017 年的净利润一致预期超 10 亿元，增速约 46%，可见市场对长盈精密的业绩是多么乐观。在这种背景下，资本市场也给了长盈精密很高的估值，静态市盈率一度达到约 50 倍。

但 2017 年是对于手机产业变革来说非常重要的一年，手机外壳行业发生了翻天覆地的变化。由于金属外壳具有屏蔽信号等缺陷，金属材料逐渐被玻璃、塑料等非金属材料所替代。随着市场出现变局，长盈精密也在 2017 年迎来了业绩拐点。在长盈精密的收入构成中，手机金属后盖和金属中框是主要的部分，2015 年在公司的总收入占比中便已经超过了 50%，2017 年达到 69%。此外，长盈精密长期为 OPPO、vivo、华为等主要大客户供应金属后盖和金属中框，公司 2017 年度报告显示，公司前五名客户的销售总额为 65.5 亿元，占公司年度销售总额的比例达 77.7%。所以，当 OPPO、vivo、华为等手机厂商不再使用金属后盖的时候，长盈精密的经营势必会受到巨大冲击。

公司 2017 年三季报低于市场预期，股价下跌，市场开始调低对于公司的业绩预期，但是对于公司 2017 年全年的净利润预期仍超8亿元。2018年3月，公司发布2017年年报，公告公司2017年净利润仅为5.9亿元，同比下滑16%，显著低于市场预期。长盈精密的股价于是一路下跌，最高跌幅一度超过70%（见图4－4和图4－5）。

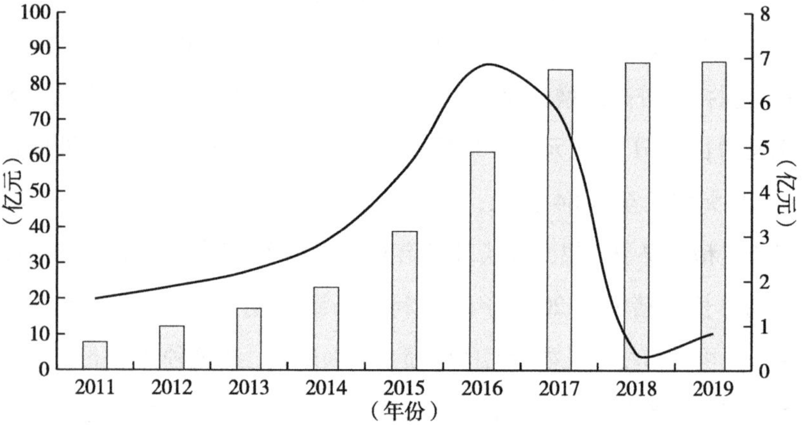

图4－4　长盈精密营业收入和净利润

资料来源：市场公开信息。

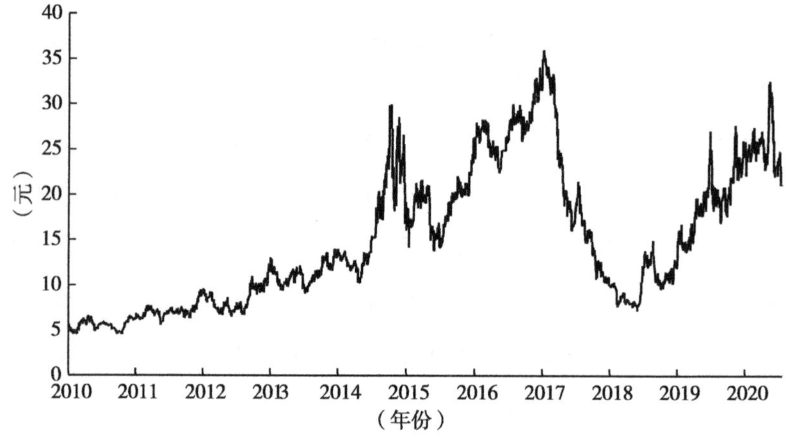

图4－5　长盈精密股价走势

资料来源：市场公开信息。

作为一只成长股，市场对长盈精密的业绩有很高预期，也给了很高估值，而当业绩不及市场预期时，股价则遭遇戴维斯双杀。

来自“漂亮50”的启示

“漂亮50”产生于20世纪60年代末至70年代初，指当时纽约证券交易所最受投资者青睐的50只大盘蓝筹股，包括IBM、施乐、柯达、麦当劳、宝丽来、迪士尼等。这50只股票多为龙头公司，大部分在20世纪70年代初便已经确定了在行业内的龙头地位。当时，华尔街专业人士立誓回归“理性的投资原则”，“漂亮50”公司受到投资者的青睐。他们认为大盘蓝筹股不会像60年代受青睐的投机性公司一样轰然倒台。

20世纪70年代，在经济增长不确定性的背景下，“漂亮50”公司由于盈利的确定性而享受到更高的估值溢价，估值得到大幅提升。当时很多投资人士认为，即使买入“漂亮50”公司的价格过高，高价也迟早会被证明是合理的。在蓝筹股的投机浪潮中，很多“漂亮50”公司的估值被推升至80多倍，甚至90多倍，而在70年代后期估值泡沫破灭后，很多公司的市盈率下降至9～18倍。在《漫步华尔街》一书中，记录了美国“漂亮50”在1972年的市盈率水平，以及估值泡沫破灭之后1980年的市盈率水平，如表4－3所示。

《漫步华尔街》的作者马尔基尔分析道：“机构投资者经理全然漠视了一个事实：任何规模可观的公司都不可能保持足够的增长速度来支撑80倍或90倍的市盈率。”也就是说，当公司估值很高时，即使是好公司，也很难保持较高的盈利增速来支撑高市盈率，一旦公司业绩不及预期，股价将会迎来戴维斯双杀。因此，我们可

表 4-3　1972 年和 1980 年美国"漂亮 50"公司的市盈率水平

股票名称	1972 年市盈率	1980 年市盈率
索尼	92	17
宝丽来	90	16
麦当劳	83	9
国际香料	81	12
迪士尼	76	11
惠普	65	18

资料来源：伯顿·G. 马尔基尔. 漫步华尔街（第 11 版）[M]. 张伟，译. 北京：机械工业出版社，2017.

以看到，虽然"漂亮 50"里有很多优秀的公司，但是在 20 世纪 70 年代后期，"漂亮 50"公司在很长一段时间内是跑输指数的，在高位买入"漂亮 50"股票的投资者，在很长的时间里没有赚钱。

在 A 股市场，这样的故事也在重演。2020 年年底以来，以茅台等为代表的基金抱团重仓的"核心资产"，估值也高达六七十倍以上，它们是不是会重蹈"漂亮 50"的覆辙，我们拭目以待。

利用定价错误取得超额收益

进入股票市场，我们都希望战胜指数，获得超额收益，然而在股票投资中，我们该如何获得超额收益呢？它的来源是什么？

超额收益来源于定价错误

有效市场理论认为，所有股票的相关信息均反映在股价当中，市场是有效的，股价能够反映公司的价值，所以投资者无法获得超过市场平均水平的超额收益。但是这个理论的前提条件是，信息是充分的，投资者是完全理性的，能够根据市场信息迅速做出正确决策。

可是行为金融学告诉我们，人往往是非理性或者有限理性的。格雷厄姆除了提出安全边际的重要投资思想之外，还提出“市场先生”的概念。在多数情况下，市场先生会表现过度热情或担心，从而导致市场时而高估、时而低估，价格只有在少数时候才准确反映股票的内在价值。资本市场的情绪波动类似于钟摆理论，钟摆在弧线中点的位置停留的时间一般很短暂，所以市场经常处于定价过高或定价过低之间。在现实生活中，人们往往在股价上涨的时候越来越乐观，而在股价下跌的时候越来越悲观。在个股的定价上，资本市场也经常是无效的，很多人不买估值低的好公司，反而一窝蜂地追逐估值高得离谱的差公司，这些都是“定价错误”的表现。

所以，巴菲特对有效市场假说嗤之以鼻，他曾说过：“如果市场总是有效的，那我只能沿街乞讨。”这句话虽然是巴菲特的玩笑话，却反映了这么一个事实：股票市场不是完全有效。

股票市场的“定价错误”最常见的有两种：一种是“好公司被低估”，另一种是“差公司被高估”。

好公司被低估，是价值投资者梦寐以求的机会。在内在价值既定的前提下，买入价格决定了你的投资回报率。如果你是以合理价格买入某一优秀公司的股票并长期持有，那么你享受的是企业未来成长所带来的投资回报，赚的是公司内在价值不断提升的钱；如果因为定价错误，你能够以大幅度低于内在价值的价格买入优秀公司的股票，那么你赚的不仅仅是企业成长的钱，还能赚到错误定价被修复的钱。如果投资者能够抓住这种定价错误的机会，尤其是有良好竞争格局和宽阔护城河公司的定价错误机会，等待价值回归，投资者就可以获取可观的超额利润。因此，错误定价被修复是超额利润的重要来源。巴菲特之所以能成为“股神”，就是不断找到这样被低估的优秀公司，买入并长期持有，因而获得了巨大的超额收益。

差公司被高估是做空机构的“肉”，浑水、香橼这样的“嗜血机构”最喜欢通过做空被高估的股票来赚大钱。当然，过度做空有可能被逼空，也有可能遭受巨大损失。发生在2021年年初的游戏驿站（GameStop）事件，就是散户联手逼空做空机构的经典案例，让很多做空机构巨亏，给了它们巨大的教训。

市场是不断“消除老定价错误、产生新定价错误”的动态过程

回到A股市场，2017年之前的定价错误，主要是“好公司被低估”与一堆基本面极差的“差公司被严重高估”并存。那时的一批好公司，像茅台、平安、美的等，估值都非常便宜。与此同时，一些小公司的股票，虽没有业绩支撑，估值却高得吓人。所以从2016年年底开始，我就不断表示“市场要变化”，因为定价错误实在太明显了——虽然我们不能通过做空差公司赚钱，但通过买入并持有好公司赚钱的机会遍地都是。

2017—2020年这4年，虽然经历了一些突发事件的冲击，但A股市场总体上是在往逐步消除定价错误的方向发展。这4年里，少数好公司的股价涨幅惊人，一些差公司的股价跌幅也同样惊人。总体上来说，A股市场正朝着越来越成熟的方向快速迭代进化。

但事情还在不断发生变化，2020年四季度以来，市场资金越来越集中于极少数“抱团股”，这些“抱团股”的估值水平达到前所未有的水平。以2020年公募基金重仓股为例（见表4-4），持

股市值最大的50只A股股票，截至2021年2月10日的估值中位数是72倍市盈率，对比历史数据，很多股票的估值处于非常高的历史分位数上。

表4-4　截至2021年2月10日，基金抱团股名单及估值水平

名称	所属行业	2021年2月10日PE	近10年估值历史分位数(%)
贵州茅台	食品饮料	73	100
五粮液	食品饮料	69	100
中国平安	非银金融	10	9
美的集团	家用电器	30	100
宁德时代	电气设备	216	100
中国中免	休闲服务	124	96
泸州老窖	食品饮料	81	100
隆基股份	电气设备	56	77
迈瑞医疗	医药生物	94	100
立讯精密	电子	57	78
招商银行	银行	14	100
恒瑞医药	医药生物	99	99
海康威视	电子	48	100
药明康德	医药生物	184	100
伊利股份	食品饮料	39	95
山西汾酒	食品饮料	144	100
三一重工	机械设备	28	74
顺丰控股	交通运输	75	78
长春高新	医药生物	72	91
亿纬锂能	电气设备	160	99
洋河股份	食品饮料	46	98
东方财富	非银金融	86	67

续表

名称	所属行业	2021 年 2 月 10 日 PE	近 10 年估值历史分位数（%）
爱尔眼科	医药生物	222	100
分众传媒	传媒	66	65
万科 A	房地产	8	23
汇川技术	电气设备	109	100
赣锋锂业	有色金属	501	97
兴业银行	银行	8	98
紫金矿业	有色金属	53	92
中信证券	非银金融	24	69
宁波银行	银行	18	100
京东方 A	电子	85	86
通威股份	电气设备	65	96
海尔智家	家用电器	46	100
万华化学	化工	58	100
韦尔股份	电子	128	57
智飞生物	医药生物	110	59
紫光国微	电子	97	80
格力电器	家用电器	22	98
通策医疗	医药生物	271	100
兆易创新	电子	104	65
泰格医药	医药生物	102	94
三安光电	电子	117	98
芒果超媒	传媒	79	33
古井贡酒	食品饮料	67	98
金山办公	计算机	246	39
平安银行	银行	16	99
海大集团	农林牧渔	57	100

续表

名称	所属行业	2021 年 2 月 10 日 PE	近 10 年估值历史分位数（%）
华友钴业	有色金属	167	89
保利地产	房地产	6	8

资料来源：市场公开信息。

这些公司的股票价格继续上涨，带动着大盘指数上涨，但如果剔除这些极少数的股票，其实绝大部分公司的股票是下跌的。比如 2021 年年初，大盘指数略有上涨，但超过 50% 的股票下跌幅度多于 10%。

我个人判断，这时候的市场正从老的“定价错误”演变成新的“定价错误”。新的定价错误，就是一方面过度高估了那些极少数“抱团公司”的长期成长能力，给予了过高的估值；另一方面又忽视了很多中小市值公司的成长性，给予了过低的估值。这种定价错误，和 A 股之前最常见的两种定价错误（“好公司被低估”以及“差公司被高估”）完全不一样，是“好公司被高估”。之前的两种定价错误很容易识别，但“好公司被高估”这件事情带来的困惑和挑战却是巨大的。这些公司确实是非常优秀的公司，这是共识，但它们是不是被高估了，却是有不同的声音。

当然，市场上有很多人去解释“抱团股”不断上涨的原因，这些原因包括公募基金发行越来越快，而且向头部基金公司和基金经理集中。其虽能解释“抱团股”为什么越涨越高，却不是支撑过高估值的理由和逻辑。能支撑高估值的，一定是长期可持续的高成长性，从这个角度来衡量，很多抱团股的估值显然已经不理性了。我认为，这些抱团股大概率会重复前述美国“漂亮 50”的结果。

回到股票市场的本质，市场永远在“不断消除老的定价错误、不断产生新的定价错误”的过程中动态发展。每次定价错误，都蕴含着新的投资机会。

好公司定价错误的原因：大众忽略、大众误解、大众恐慌

好公司为什么会发生定价错误（被低估）呢？基本上可以总结为以下几个原因。

首先是大众忽略。近年来，新 IPO 的公司越来越多，甚至很多是细分行业里的龙头公司，却经常会被市场所忽略，没有受到市场的充分研究论证。在 A 股市场上，我们将很多小而美的细分行业的龙头公司称为“隐形冠军”，这些公司竞争格局良好，竞争力突出，估值合理，但还不被大众所了解。如果你能寻找到这样的隐形冠军公司，那么是极有可能获得长期的超额回报的。

那我们应该在何处寻找隐形冠军呢？有两种方式：（1）市场很大，但里面的公司市占率都还很小；（2）市场不大，但龙头公司占据绝对主导地位。

当市场规模很大，而里面的公司市占率都很小的时候，未来随着行业集中度的提升，公司的增长空间将会很大，其中的隐形冠军的股价非常有可能迎来戴维斯双击。当市场规模不是很大，但龙头公司能占据绝对主导地位的时候，说明这个行业的竞争格局非常好，隐形冠军能凭借其龙头地位获得长期的超额利润，长期来看，投资这种类型的公司也能获得超额收益。

举个例子，安井食品是速冻食品的龙头企业，2017 年年末业绩预告时其净利润是行业第二、第三、第四名的总和，估值只有 20 倍左右，其盈利能力、估值水平都具有明显优势。但当时市场对其

关注度很低，这就是大众忽略的典型案例。这种忽略总有被修正的时候，2019 年以来，安井食品不断被主流资金认可，迎来了“戴维斯双击”，净利润接近 4 亿元，估值从 20 多倍提升到 80 倍以上，市值从不到 100 亿元提高到 500 多亿元。回头看，市值几十亿元、估值只有 20 多倍的安井食品，是多么好的投资标的啊（见图 4－6 和图 4－7）。

其次是大众误解。有些好公司，会长时间被投资大众所误解——低估了其成长空间，或者放大了某些负面因素的影响。例如，海螺水泥就是属于被大众误解的好公司。水泥行业被大部分人认为是夕阳行业，但我们在前面通过对其分析已发现，水泥行业的竞争格局非常好，行业集中度不断提升。作为龙头公司的海螺水泥，盈利稳定增长，从长期来看，其股价也一直表现非常优秀，给投资者创造了非常高的回报。A 股市场上还存在着很多类似于海螺水泥这种被大众误解的公司。

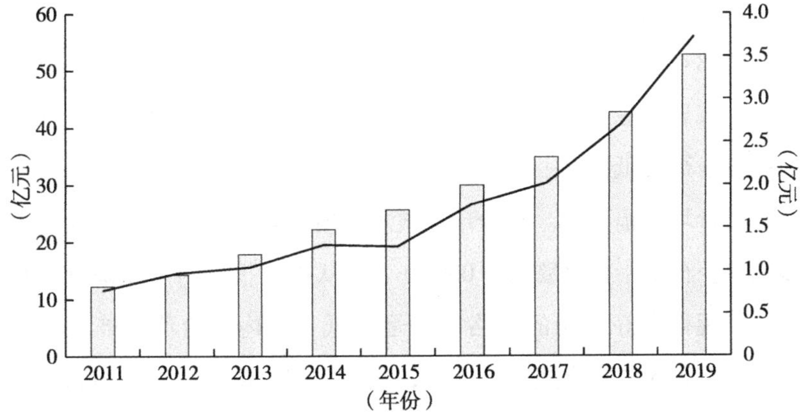

图 4－6　安井食品营业收入和净利润

资料来源：市场公开信息。

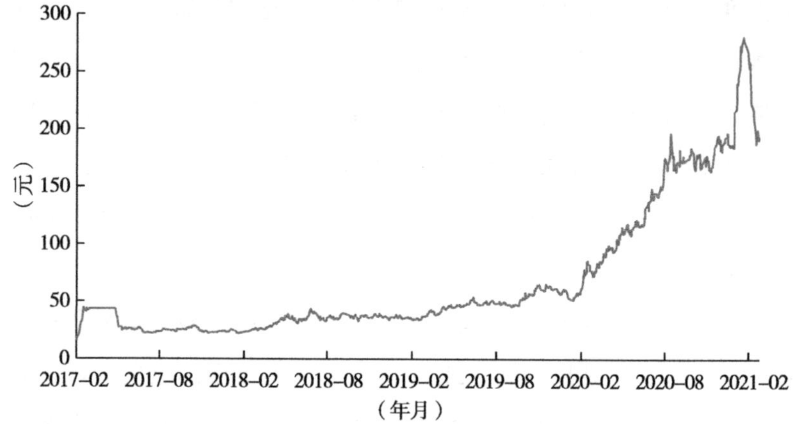

图 4－7　安井食品股价走势

资料来源：市场公开信息。

最后是大众恐慌（狂热）。大众恐慌和大众狂热是市场情绪的对立面，是人性的恐惧和贪婪的表现。当市场先生情绪非常沮丧时，表现出来的就是大众恐慌；当市场先生情绪非常高昂时，表现出来的就是大众狂热。

大众恐慌通常伴随着市场系统性风险的发生，以 A 股市场为例，2008 年的金融危机、2015 年的股市大跌、2018 年的中美贸易摩擦，都导致股市出现了恐慌。2018 年由于中美贸易摩擦的影响，A 股市场行情低迷，指数一路下跌，这时候不管好公司还是差公司，股价均大幅下跌。整个市场被恐惧所笼罩，悲观到了极点，很多人甚至预测指数将跌破 2 000 点。但从价值投资的角度来看，我们会发现很多好公司的价格已经远远低于其内在价值，被严重低估，具有很大的安全边际，此时，我们应该忽视市场先生的悲观情绪，买入低估值的好公司。

大众忽略、大众误解和大众恐慌，都会导致好公司被错误定价。我们如果能把握这些定价错误的机会，买入并长期持有这些被低估的好公司，可以获得可观的超额收益。

如何区分“价值馅饼”和“价值陷阱”？

价值投资者最喜欢的是寻找好公司出现定价错误的机会，但在现实生活中，这往往又是很难的，尤其是区分“价值馅饼”和“价值陷阱”。在资本市场上，有时候好公司因为风格原因或标签原因被错杀，估值非常便宜，我们将这种股票称为“价值馅饼”。与之相对应的是“价值陷阱”，指的是公司虽然看上去估值很便宜，但其未来创造现金和利润的能力是不断下降的。如果你仅仅贪图便宜，买了看上去很便宜的公司，很有可能会落入“价值陷阱”。

该如何区分价值馅饼和价值陷阱呢？我们可将其分为重要的事和不重要的事（见图4－8）。

重要的事	不重要的事
1. 行业竞争格局好不好？	1. 公司是不是传统业务？
2. 公司壁垒深不深？	2. 公司标签是否紧追热点？
3. 公司抗风险能力强不强？	3. 资本市场喜欢不喜欢？
4. 公司是不是在为股东创造回报？	
5. 公司业务是否会被替代颠覆？	

图4－8　重要的事和不重要的事

重要的事主要有以下几个方面。

1. 行业竞争格局好不好？我们在第二章行业竞争格局分析时举了海螺水泥和宝钢股份的例子，这两家公司估值都很便宜，貌似都属于夕阳行业，但基于波特五力模型的分析，海螺水泥的行业竞争格局明显优于宝钢股份的行业竞争格局，两家公司的盈利趋势和股价走势也差异较大。

2. 公司壁垒深不深？这就是公司竞争力分析，识别公司是否拥有护城河。如果公司壁垒很深的话，那么公司持续获得超额利润的能力便能得到保障。

3. 公司抗风险能力强不强？在衡量公司抗风险能力时，我们通常需要仔细分析公司的财务报表数据，如果公司经营现金流非常充裕，负债率低，那公司的抗风险能力就比较强。但因为财务数据的披露具有滞后性，所以我们还要结合其他方面进行分析。

4. 公司是不是在为股东创造回报？公司能否为股东创造价值的关键衡量指标是 ROE、分红率等。能持续保持高 ROE 且高分红的公司，能给股东创造丰厚的回报。

5. 公司业务是否会被替代颠覆？如果一家公司的商业模式很难受到技术变革或商业模式变革的影响，那么公司很有可能获取长期的超额利润。历史上被技术变革颠覆的公司非常多，比如数码相机的出现消灭了胶卷行业，而智能手机的普及又基本上消灭了数码相机行业。

不重要的事主要有以下几个方面。

1. 公司是不是传统业务？就像前面说过的海螺水泥，显然其业务属于传统业务，但由于海螺水泥具有良好的竞争格局，充分享受行业集中度提升所带来的收益，所以其股价也走出了长牛的趋势。因此，公司是不是传统业务这个问题，对于区分公司是价值馅饼还是价值陷阱显然并不是那么重要。

2. 公司标签是否紧追热点？我们经常看到资本市场有这样的现象，当某个概念兴起的时候，只要贴上相关标签的公司股价短期内都可能迎来上涨。但事实上这纯属投机炒作，当炒作风潮退去，最终还是要回归价值。

3. 资本市场喜欢不喜欢？同样的道理，资本市场喜不喜欢不重要，价值投资最终还是要回归到基本面投资当中。

综上所述，我们不要戴着有色眼镜去评判一家公司，而是应该认真分析公司的行业竞争格局、护城河、未来盈利能力等基本面因素，从而评判这个机会到底是“价值馅饼”还是“价值陷阱”。

A 股常见的估值谬误

A 股常见的估值谬误包括标签溢价、垃圾股溢价、小盘股溢价、新股溢价等，导致相关公司的估值水平经常严重偏离内在价值。但 2017 年以后，很多事情开始发生变化：我国资本市场改革稳步推进，海外机构对 A 股配置比例不断增加，推动着整个市场发生深刻变革，优质龙头公司的估值水平逐渐提升，绩差股估值不断下降，估值谬误正处于被纠正的过程中。

标签溢价

A 股市场一直以来存在着这样的现象，只要某只股票被贴上某个标签，或者属于某个概念，当该概念被炒作时，被贴上该标签的股票短期内均能获得较高的估值溢价，这就是所谓的标签溢价。

长期以来，A 股市场存在多种题材的概念炒作，比如互联网 +、人工智能、区块链、疫苗等，这些相关概念的公司在经过短期资金炒作之后，估值大幅偏离基本面，标签溢价非常高。买入这种股票，风险非常大。

标签溢价一般发生在互联网行业、科技行业、新能源行业、生物医药行业等。这些公司往往没有业绩支撑，短期内它们的股价表现可能会很强势，甚至超过业绩持续增长的白马股，可一旦业绩被证伪，炒作过后将会留下“一地鸡毛”。很多投资者买入这些股票的目的也不是为了长期持有、获取长期的投资回报，更多的是短期投机行为，但最终获利的只是那些初期投机的投资者，而后期高位接盘的投资者基本上都会面临被“割韭菜”的命运。

垃圾股溢价

长期以来，A 股市场中有很多垃圾股的估值反而高过优秀公司，究其原因，是因为总有一些投资者喜欢炒作垃圾股。当然，不仅是新兴资本市场，成熟的资本市场有时候也会炒作垃圾股，美国在 20 世纪 80 年代就曾出现过垃圾股炒作的投机浪潮。最近一次的案例，就是美国散户在游戏驿站这家公司的股价上大战做空机构，以及对类似游戏驿站这样的垃圾股的疯狂炒作。

垃圾股炒作为何会长盛不衰？这是因为很多人认为垃圾股虽然业绩差，但也并非一文不值，至少还具有“壳价值”。也就是说，投资者在进行垃圾股炒作的时候，往往看重的是垃圾股有没有被资产重组的可能。垃圾股一旦被贴上资产重组的标签，就能获得资金关照，股价往往一飞冲天。

这些年，随着 IPO 越来越顺畅，特别是注册制获得推广，垃圾股价格不断下跌，垃圾股溢价现象得到大幅度改善。

小盘股溢价

A 股市场有这样一个现象：小盘股的估值往往高于大盘股。

为什么小盘股能够获得高溢价？有两方面原因：

第一，很多小公司由于业务体量小，所以成长相对更容易，成长性相对更好，这个原因有一定合理性。第二，属于定价错误，小盘股更容易被炒作。但小盘股的炒作纯属投机行为，很多小盘股的基本面具有更高的不确定性和风险。在牛市期间，很多小盘股的股价经常会被炒到很高的位置，估值严重偏离基本面，但如果业绩无法稳步提升，对高估值形成支撑，在牛市结束后，小盘股的股价往往会持续暴跌。

新股溢价

长期以来，A 股市场一直有“打新”的传统，打新被认为是稳赚不赔的生意，市场由此涌现出众多“打新族”。新股溢价指的是市场给予刚上市的新股远高于同行业内“老股票”的估值水平。而绝大多数新股公司，并不能通过盈利的持续高增长来支撑高估值，所以经过一段时间之后，新股溢价会逐渐消失，走上漫长的价值回归之路。

2017 年以后发生的变化及逻辑

2017 年以后，市场开始发生变化。在 2017 年以前，小盘股、垃圾股等股票的估值很贵，而很多好公司的估值反而很便宜。但在 2017 年以后，市场开始偏好大白马，好公司的估值得到快速提升，同时垃圾股、小盘股的估值逐步下降。究其原因，我认为有以下两个：

第一，以注册制为代表的资本市场制度变革。注册制改革一直以来受到各界人士的高度关注，经过科创板、创业板两个板块的试点，A 股即将全面推行注册制。与核准制相比，它对上市企业的

“硬条件”更为放松，同时搭配更加严格的信息披露制度。注册制其实就是把价格发现机制让渡给市场，使得市场更加有效，同时消灭“壳公司”的价值。在注册制下，市场将会有更多的新股供给，资金将逐渐向优质龙头企业集中，这就使得以往的炒作方式以后越来越难获利。

第二，外资持续涌入 A 股市场。2017 年以来，外资通过陆港通、沪伦通和债券通逐步进入中国资本市场，加快了中国资本市场与国际资本市场的接轨。随着外资占比的不断提升，中国资本市场的国际化特征越来越明显，外资对 A 股市场的影响也越来越大。而外资偏好拥有核心竞争力的龙头公司，外资持股均集中于龙头企业，从而助推核心资产从估值折价走向估值溢价。

我国的资本市场改革与金融对外开放相辅相成，市场制度越发规范，越有利于海外机构配置 A 股。正是基于以上两个原因，我们看到从 2017 年以来，A 股的估值谬误不断得到修正。

≫ 关于公司估值的常识

1. 现金流折现法（DCF）是最本质的估值方法，因为企业的存在目的以及回报投资者的方式，就是创造现金并将其分配给股东。

2. 相对估值法的最大缺点是，假设“市场总体估值永远是合理的”。如果市场整体被严重高估或者被严重低估，公司的估值结果就会跟着被高估或者被低估。

3. 支撑高估值的，不仅仅是公司处于高成长性行业，而且要看公司是否面临良好的竞争格局，以及是否有足够宽阔的护城河。

4. 投资回报率 = 企业未来自由现金流的贴现值/买入价格 – 1。

显然，在“企业未来自由现金流的贴现值”不变的前提下，“买入价格”越低，投资回报率越高。这是一个再浅显不过的道理，但为什么在现实投资中，同样一家公司，在股价低迷、估值很便宜的时候无人问津，但在股价涨起来、估值变得很贵后，却被市场趋之若鹜呢？这是因为，在现实投资中，很多人脑中的投资回报率公式为：投资回报率＝转手卖出的价格/买入的价格－1。

5. 高估值还会降低我们决策的容错能力，一旦判断失误，股价将会迎来戴维斯双杀。

6. 股票市场的“定价错误”最常见的是两种，一种是“好公司被低估”，另一种是“差公司被高估”。好公司被低估，是价值投资者梦寐以求的机会，差公司被高估是做空机构的“肉”。

7. 回到股票市场的本质，市场永远在“不断消除老的定价错误、不断产生新的定价错误”的过程中动态发展。每次定价错误，都蕴含着新的投资机会。

8. 好公司定价错误（被低估）的原因：大众忽略、大众误解、大众恐慌。

9. 如何区分“价值馅饼”和“价值陷阱”呢？重要的事有：行业竞争格局好不好？公司壁垒深不深？公司抗风险能力强不强？公司是不是在为股东创造回报？公司业务是否会被替代颠覆？不重要的事有：公司是不是传统业务？公司标签是否紧追热点？资本市场喜欢不喜欢？

10. A股常见的估值谬误包括标签溢价、垃圾股溢价、小盘股溢价、新股溢价等，从而导致相关公司的估值水平经常严重偏离内在价值。

第五章

如何正确决策

——关于投资策略的常识

前面讲了关于竞争格局、护城河、估值的常识，这一章我们来聊聊和投资策略相关的一些常识。

有效投资策略的基本条件

在股票投资中，有非常多的流派——技术分析、基本面投资、量化交易等，各个流派都有很多细分的策略（方法论）。就拿基本面投资来说，有价值投资的方法、有行业轮动的方法、有主题投资的方法，虽然都是基本面投资，但这些方法之间的差异很大。技术分析、量化交易的细分策略更多，更是让人眼花缭乱。我们该如何认识这些投资策略，以及如何选择适合自己的投资策略呢？

投资的本质：寻找大概率正确、可复制的决策方式

投资是一个概率游戏，不存在稳赚不赔的投资策略，投资的本质是寻找大概率正确、可复制的决策方式。掌握了大概率正确、可复制的决策方式的投资者，可以和时间做朋友，大数定律会帮助其

获得很好的投资回报。

举个例子，假设你拥有一套大概率正确，并且可复制的投资策略，这套策略每次正确（挣 1 元钱）的概率能达到 70%。如果只投资一次，你赔钱（赔 1 元钱）的概率还有 30%；如果投资 5 次，赔钱的概率只有 16% 了；如果投资 10 次，赔钱的概率只有 5% 了；如果投资 20 次，赔钱的概率只有 2% 了（见表 5 - 1）。如果投资 100 次，那你几乎是百分之百能挣钱了。

表 5 - 1　单次博弈和重复博弈　（%）

概率	单次博弈	5 次博弈	10 次博弈	20 次博弈	100 次博弈
挣钱的概率	70	84	85	95	99.998
平的概率	-	-	10	3	-
赔钱的概率	30	16	5	2	-

反过来，如果某一策略每次决策正确的概率只有 30% ~40%，那么决策 10 次、20 次，甚至 100 次之后，你大概率会赔钱。所以投资的本质，是寻找大概率正确、可复制的决策方式。

举个例子，2017 年资本市场曾经发生过一件很有趣的事情，也引发了大家一定的关注度，那就是申万停止发布“申万活跃股指数”。该指数基期起始于 1999 年 12 月 31 日，起始点位 1 000 点。自 2017 年 1 月 20 日收盘后，该指数不再更新。活跃股指数编制的意义，就是假设投资者一直投资 A 股市场最活跃的股票，最终看看能取得怎样的回报。其基本编制规则，是选取周换手率最高的前 100 家公司，计算其涨跌幅，然后每周轮换股票。也就是说，假设投资者一直买入交易最活跃的 100 只股票，并按周更新。结果，这个指数在发布 18 年之后的 2017 年 1 月 20 日，报收于 10.11 点。是的，你没看错，从1 000点跌到了10.11点，下跌幅度达99%。而且，这中间还没考虑调仓中可能产生的冲击成本和交易费用。所以，如果有这样一个投资者，在18年间孜孜不倦地持续买入A股交易最活跃的股票，那么他可能亏得一分钱不剩。这就是"大数法则"的威力（见图5-1）。

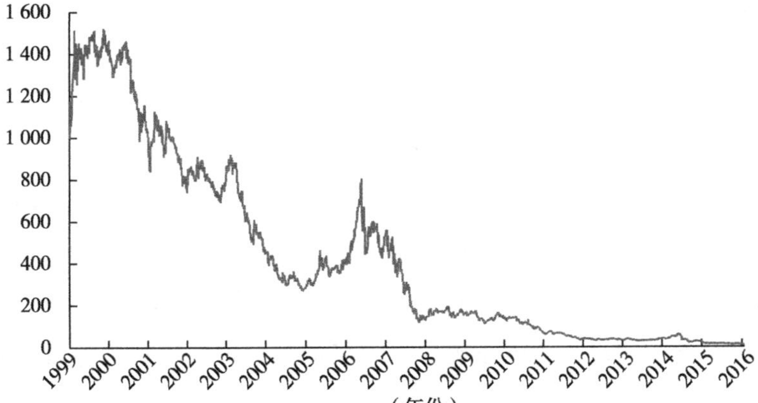

图5-1　申万活跃股指数

资料来源：市场公开信息。

有效策略的标准：逻辑自洽，回测合格，符合未来趋势

我常说，有效投资策略的基本条件是逻辑自洽、回测合格、符合未来趋势。下面我来详细解释一下这句话。

首先，逻辑自洽是基本前提。比如，价值投资的决策逻辑是股价和内在价值之间的关系，也就是说，当某只股票的价格低于内在价值时，你做出买入该股票的决策，那么只有当这只股票的价格高于内在价值时，你才会做出卖出这只股票的决策。而在现实生活中，我们会发现很多投资者最容易犯的错误就是买卖逻辑不自洽。

比如因为看好某家公司的基本面而买入该股票，却因为股价跌了10%而急于止损。这种用基本面选股，却用技术指标进行买卖的方法，就是典型的买卖逻辑不自洽的例子。试想一下，如果你在基本面分析之后认为某只股票的价格低于内在价值，所以买入该股票，那么当公司股价下跌，而基本面却没有发生变化的情况下，你的安全边际将会更大，此时你应该做的是加仓而不是卖出股票止损，因为你的潜在投资回报率更高了。

市场先生的情绪变化莫测，波动性很大，在这样的背景下，投资者形成逻辑自洽显得尤为重要。我们需要在理性、客观、系统分析的基础之上，从最初的研究、买入并持有某只股票，到最后的卖出决策这当中的每一个决策环节的思考过程，都形成严格的逻辑自洽，否则很容易进行矛盾的操作。如果你的投资逻辑能够形成一个严格自洽的闭环，就能正确应对市场波动，理性应对各种黑天鹅事件。

其次，大样本回测合格是又一个重要标准。很多投资者会错把“运气”当作“能力”，把小概率事件当作有效策略。投资者会说，他曾经根据某种投资方法，在某只股票或者特定时间段里赚到过很多钱，进而他认为这种投资策略是有效的，所以盲目相信和坚持这种方法论。但事实上，如果我们把这种投资方法运用到大样本中进行回测检验，可能不但不赚钱，还会亏钱。很多投资者自以为不错的投资策略，其实往往没有经过严格的检验，殊不知这种成功可能只是个案，个案的成功并不能说明投资策略是有效的，因为它背后的因素是多种多样的，也许恰好整体市场环境很好，也许纯粹是运气好罢了。更有甚者，只看到或者记住这个策略的成功案例，而选择性地忽视失败案例。因此，有效投资策略的第二个核心标准是大样本检验回测合格。

最后，大样本检验合格只能说明这个策略在过去是有效的，在未来是不是继续有效，得用逻辑推导——看看它是不是适应市场发展趋势。在2017年以前，小盘股溢价、垃圾股溢价等在A股市场上普遍存在，很多投资者通过炒小盘股、垃圾股等获取投资收益，但随着中国资本市场的发展，一些在过去看似有效的投资策略，在未来可能会被验证是无效的。

举个简单的例子，小市值策略曾经是A股市场当中非常有效的投资策略。我曾经就做过这么一个简单的小市值策略：每年1月1日选择10只市值最小的股票，每只股票配置10%的仓位，每年1月1日调仓一次。就这么一个简单的策略，从2010年开始，直到2016年年底，7年的累计收益率高达12.3倍，超过许多机构投资者的业绩。但这个策略放到2017年以后，会让你亏损累累，到2020年年底，累计会亏损58%（见表5－2）。

表5－2　2010—2020年小市值策略的收益情况

年份	2010	2011	2012	2013	2014	2015	2016	2017	2018	2019	2020
收益率（%）	33	－12	11	69	79	150	35	－28	－34	38	－36

资料来源：根据公开数据测算。

为什么会发生这样的变化：之前非常有效的策略变得如此无效？因为资本市场在发生根本性变化。近些年来，我国资本市场制度不断完善，对内不断深化制度改革，构建多层次资本市场；对外不断扩大开放，吸引外资提升配置A股的比例。2019年7月我国正式创立科创板，2020年8月创业板注册制正式开始实施，2022年注册制将全面实施，上市门槛的降低和新股供给的增多，让上市公司的“壳资源”越来越不值钱，而股票投资则越来越注重公司基本面。同时，随着资本市场扩大开放，外资在A股市场越来越有话语权，而外资更喜欢投资白马股，其对A股配置的提升带动核心资产获得估值溢价。从监管层来看，最近几年大幅度提高违法成本，将使退市越来越常态化，从而推动股市生态的健康发展。在这样的背景下，意味着过去很多的投资策略将会失效，那些不符合资本市场未来发展趋势的投资策略即使在过去被验证是有效的，也很难在未来取得可观的投资收益，甚至有可能会亏损。比如，我们前面提到的垃圾股溢价、小盘股溢价，其存在是因为上市受到约束和退市机制的不完善等，是在资本市场制度不完善的背景下产生的。但这在未来还有效吗？显然，在资本市场制度逐渐完善的背景下，“壳价值”将会逐渐消失，垃圾股溢价、小盘股溢价也将会逐渐消失。

逻辑自洽是有效投资策略的基本前提，投资决策的逻辑要能够形成一个闭环。个例的成功不属于有效的投资策略，只有能通过大样本检验的投资策略才是有效的。但这也仅仅证明其在过去有效，而在未来能否继续有效，还要看这个投资策略是否符合资本市场的发展趋势。

价值投资为什么是有效策略?

价值投资为什么是有效策略？因为从长期来看，价值投资符合有效投资策略的三个基本条件。

首先，价值投资者的买卖逻辑是严格自洽的。价值投资者是如何形成逻辑自洽的呢？价值投资者寻找被低估的股票，这是价值投资者买入股票的原因。那价值投资者卖出股票的原因是什么呢？当公司基本面发生恶化的时候，公司未来的利润或现金流不具有可持续性，内在价值出现下滑，价值投资者会选择卖出股票；当定价错误被修复，价格高于内在价值，估值不再合理的时候，价值投资者也会选择卖出股票；还有一种情况是，如果价值投资者发现其他更具有性价比的股票，安全边际的空间比较大的时候，其也会选择卖出原来持有的股票而买入其他股票。所以，价值投资者是根据公司的基本面变化，以及股票价格和内在价值关系的变化，而做出买卖股票的决策，形成严格的逻辑自洽的闭环。

其次，虽然并没有专门针对价值投资进行量化方面的回测检验，但是我们知道历史上有很多投资大师运用价值投资方法论获得了非常不错的投资回报。格雷厄姆作为价值投资的鼻祖，他对价值投资的主要贡献在于“市场先生”、“内在价值”和“安全边际”三个投资思想，市场先生的存在，使得股票价格长期偏离内在价值，而安全边际的存在，可以帮助投资者获取投资的超额收益，甚至在极端情况下帮助投资者降低投资损失。艾丽斯·施罗德在他的《滚雪球》一书中写道：“在格雷厄姆－纽曼公司20年的经营期里，它的年收益率比股市的业绩表现高出2.5%——在华尔街的历史上，只有少数人能打破这个纪录。”也就是说，格雷厄姆的投资公司每年的超额收益率为2.5%。很多人对每年的超额收益为2.5%可能没什么感觉，但这个2.5%的超额收益在经过20年之后，累积的复利效果是非常显著的。举个例子，假设市场平均年化回报是7%，20年后，市场平均能获得287%的投资回报；如果你每年能取得2.5%的超额回报，那么20年后，你的投资回报是514%。

巴菲特作为格雷厄姆的学生，深受其影响，也是价值投资的践行者。自1957年以来，除了受2001年科网泡沫破灭和2008年美国金融危机的影响，他在这两年的投资收益率为负数，其余年份的收益率均为正。60余年来，巴菲特投资的年化收益率基本维持在20%以上。

在中国，有很多实践价值投资的机构和个人投资者，他们都取得了非常丰厚的回报。因此，通过他们成功投资的案例，我们认为价值投资是符合回测合格这个标准的。

最后，在资本市场深化制度改革和扩大对外开放的过程中，资本市场会越来越理性，向成熟市场靠拢。在成熟的资本市场中，投资者更加注重公司的基本面，而那些不注重业绩，纯粹炒概念炒主题的投资方法逐渐会被边缘化。因此，价值投资毫无疑问是符合未来资本市场的发展趋势的。

总而言之，价值投资符合“逻辑自洽、回测合格、符合未来趋势”这三大标准，也经得起时间的检验和市场的洗礼，是有效的投资策略。

价值投资是长期有效的策略，但能长期坚持价值投资的人为什么少之又少？亚马逊创始人贝佐斯曾经问巴菲特：“你一直公开自己的投资原则，而且听起来也不是很难，那为什么没有几个人能学会并赚到钱呢”？巴菲特回答说：“因为没有人希望自己慢慢变得富有。”

价值投资需要坚守并扩大能力圈

对价值投资来说，买股票就是投资公司的未来，我们需要对公司未来的基本面做出判断（预测），但历史经验表明，预测未来很难，要对未来做出准确预测更难。在这样的情况下，价值投资者需要坚守能力圈，选择自己能力圈范围内的公司。

能力圈的标准——可理解、可预测、可跟踪

可理解：你能弄明白公司的产品和服务，理解公司的商业模式、竞争格局和护城河，弄清楚公司靠什么赚钱。

可预测：你能合理（不一定精准）预测公司未来的成长空间，公司未来大致的盈利能力和盈利量级。

可跟踪：公司未来的发展存在不确定性，你的预测也可能产生重大偏差，你能跟踪住公司基本面的变化，随时做出新的预测。

对于价值投资者来说，如果做不到对某家公司的可理解、可预测、可跟踪，那么这家公司就不是自己的“菜”。比如我很少触碰军工股，就是因为觉得军工股适合主题投资，而不适合价值投资。为什么呢？因为军工企业运作不市场化，信息披露很不透明，很难预测和跟踪。

价值投资：选择能力圈范围内的公司进行投资

价值投资者在买股票之前需要评估公司的内在价值。我们在第四章中提到，DCF 估值是一切估值的基础，它是最接近公司本质的估值方法。

根据 DCF 估值，在评估公司内在价值时，我们需要预测公司未来的现金流，这需要我们对公司所处的行业竞争格局和护城河分析有深入理解。但即便我们对行业竞争格局和护城河有深入理解，有些行业的景气度波动非常大，里面公司的业绩波动也比较大，预测的可靠度也会大幅度降低。此外，有些行业日新月异，迭代很快，很难看清其未来的发展趋势，成长的不确定性使得投资者预测结果的准确性大大降低。

预测未来很难，尤其是对于未来前景高度不确定的行业来说，预测未来更难。霍华德·马克斯在《投资最重要的事》一书中谈及预测的局限性时说道："准确预测很难，预测未来更难。"

正是因为预测未来很难，所以价值投资者通常会根据自己的能力圈，选择预测难度小的投资，而回避预测难度大的投资。一般说来，什么类型的公司预测难度小，什么类型的公司预测难度大呢？

周期性行业的预测难度相对较大，因为它和宏观经济相关性较大，经常随着宏观经济的波动而波动。在经济复苏或繁荣时期，需求扩张，企业扩大生产，业绩迎来增长；而在经济衰退时期，需求收缩，企业业绩下滑。这就使得投资者在对公司未来做预测时，需要对宏观经济走势进行预测，从而判断企业供需及业绩状况。但是我们知道，宏观经济预测是非常难的，而要准确预测宏观经济走势则更难，这就导致我们很难对周期性企业的未来业绩做出准确的预测。

和周期性行业相反，对宏观经济依赖度较低且竞争格局良好的行业，一般来说预测难度较小，比如消费行业。因为无论宏观经济是衰退还是繁荣，消费行业的需求均不会出现大幅变化，人们衣食住行的各种消费需求，与宏观经济走势的相关性较低。投资者对于这种类型的行业的未来前景相对较容易做出准确判断，利于投资者评估公司的内在价值。

技术创新或迭代较快的行业，也较难预测。这些企业的未来发展存在很大不确定性，即便是其中的明星公司，也经常会因为技术创新和技术迭代，在新的竞争中落败。这也是为什么很多价值投资者不太喜欢买科技股的原因，因为对科技股未来前景的预测相对比较难。巴菲特在早期不投资科技型公司，是因为他看不懂科技公司，无法了解科技公司的产品，无法对其未来发展做出较为准确的判断。

公司未来预测难度的大小除了和行业本身的特性相关之外，还和投资者本身的能力禀赋相关。如果投资者对公司所处的行业有清晰的认识，能够识别公司商业模式的本质，了解公司的产品和服务，能够准确地判断行业和公司的未来发展前景，那么投资者本身的专业度是可以帮助其提高预测的准确性，降低预测的难度的。例如，医药行业是一个专业性非常高的行业，但如果研究员本身具备相关的医药专业背景，将更容易理解行业和公司，从而提高预测的准确度。

坚守并扩大自己的能力圈

巴菲特说："对你的能力圈来说，最重要的不是能力圈的范围大小，而是你如何能够确定能力圈的边界所在。如果你知道了能力圈的边界所在，你将比那些能力圈虽然比你大 5 倍却不知道边界所在的人要富有得多。"巴菲特一直坚持投资自己能力圈范围内的公司，对于自己看不懂的行业和公司则坚持不碰。从巴菲特过去的投资组合来看，我们会发现他所投资的公司都是自己非常熟悉的企业，大部分是消费公司，如宝洁、可口可乐等，鲜有科技公司。20 世纪 90 年代末，美国掀起互联网浪潮，很多科技股的投资回报率非常可观，但巴菲特坚决抵制住了诱惑，并没有投资科技股，尽管 1999 年他的投资回报率只有 0.5%，而同期纳斯达克指数涨幅接近 86%。2000 年科网泡沫破灭，股市下跌，纳斯达克指数在 2000 年、2001 年分别下跌约 39% 和 21%，同期巴菲特的投资收益率分别为 6.5% 和 -6.2%。从长期来看，巴菲特 60 多年来的年化投资收益率维持在20%以上，可见，坚守能力圈虽然可能使我们在短期内无法获得超越市场的投资回报，但从长期来看，我们依然能够获得稳定的超额收益。

当然，坚守能力圈并不意味着故步自封，投资者仍然需要不断通过学习提高自己的认知范围，扩大自己的能力圈。尤其是当自己固有的能力圈范围内没有好的投资机会时，投资者更需要扩大能力圈，寻找新的投资机会。巴菲特在早期投资时比较喜欢消费品公司的股票，很少买科技公司的股票，但2016年他大手笔买入苹果公司的股票，苹果一度成为巴菲特的第一重仓股，获得数百亿美元的投资收益。当巴菲特对科技公司不了解，无法判断它未来的经营前景时，他能够抵挡住利益的诱惑，坚守自己的能力圈，但同时巴菲特也在与时俱进，对苹果这样偏消费的科技公司，一旦看清楚了就下重手买入。巴菲特这样的高龄，还在不断学习进化，不断扩大自己的能力圈，真是我们学习的楷模。

以上讲了很多关于投资策略的内容。而关于股票投资策略，我自己的领悟是：

第一，这个世界不存在永远有效的策略，就拿价值投资来说，价值投资长期有效，但在大部分中短周期里，却是“无效”的，巴菲特在20世纪末和21世纪初的互联网泡沫中坚持价值投资，结果业绩非常“糟糕”，曾经一度被质疑“完全过时”了。

第二，有些策略的失效是临时的，比如价值投资，但有些策略的失效却是永久的，比如炒作“壳资源”，因为市场环境发生了根本性的变化。我们要学会区分“阶段性失效”和“永久性失效”。

第三，面对众多投资策略，我们要“弱水三千，只取一瓢”，寻找一种在未来长期有效且适合自己能力圈的策略，坚持下去，而不是今天看见这种方法有效就学这个方法，明天觉得那个方法有效又学那个方法，最终却一事无成。

说到这里，我想起了小说《射雕英雄传》中的郭靖。郭靖天资并不出众，甚至有些“愚钝”，但他坚持修炼降龙十八掌，不贪多，贵在坚持，最终成为一代大侠。所以在价值投资中，“钝”不一定是坏事——对市场各种新机会反应迟钝，对市场波动反应迟钝，反而能让你抵抗住很多诱惑，抵抗住恐惧和贪婪，取得很好的投资收益。反过来，如果一个投资者面对市场中的各种机会和诱惑，时时刻刻试图去抓住它们，那大概率是做不好投资的。当然，市场上也可能有这样的绝顶高手，能够不断敏锐察觉市场新机会，快速调整自己的策略来抓住新机会，但这对投资者的能力要求实在太高，并不适合普通投资者甚至大部分专业投资者。从业 20 多年，我还没有碰到过这样的绝顶高手。

价值投资需要长期思维

我们经常说，价值投资需要长期思维，那我们要如何理解“长期”呢?

价值投资不等于长期持股

价值投资需要长期思维，但不意味着价值投资等于长期持股，长期持股是价值投资的既非充分也非必要条件。

价值投资的本质是获得价值的增长，但价值的增长有可能在短时间内完成，也有可能在长时间内完成。比如，你以 10 元的价格买入一只股票，并预计需要 3 年或 5 年的时间股价可以达到 20 元。

结果恰好赶上牛市，在1年的时间内便兑现了你原本需要等待3年或5年的上市公司业绩增长才能兑现的预期收益率。或者你投资的这家公司恰好赶上市场热点或风口，在很短的时间内（比如3个月）便兑现了你原本需要等待3年或5年才能达到的预期收益率目标。这时候价值投资的使命已经完成了，你就可以获利了结卖出股票。

可能很多人会感到困惑，因为这个过程听起来和“高抛低吸”貌似没有什么差别。事实并非如此，价值投资者锚定的是上市公司本身的盈利能力和内在价值，根据股价和内在价值的关系做出买卖决策，而高抛低吸是基于股价本身做出的决策，锚定的是股价变化。

因此，长期不只是一个简单的时间概念，而是价值实现——股价从低于内在价值到高于内在价值的过程。这个过程所需要的时间可能是3个月，也可能是3年，所以我们不能简单地用时间维度作为衡量“长期”的标准。在股票投资中，我们并不会因为3年比3个月的时间长就认为3年是长期价值投资，而3个月不是长期价值投资。而是只要在这段时间内，我们经历了从价值发现到价值实现的过程，它就是价值投资。

有一个典型案例，是巴菲特投资中石油（港股）的故事。巴菲特持股周期往往长达几十年，例如对可口可乐等公司的投资。但巴菲特对中石油的投资，只有短短3～4年的时间，那么巴菲特对中石油的投资就不是价值投资吗?

2003年4月，巴菲特以每股约1.6港元的价格买入中石油港股的股票，共投资了不到5亿美元。当时，巴菲特认为中石油大约值1 000亿美元，而他买入时中石油的总市值大概为370亿美元，约为其内在价值的37%，存在非常大的安全边际。并且，当时原油价格偏低，随着世界经济的不断繁荣发展，对石油的需求将会不断扩大，原油价格上涨的概率很大，而中石油的净利润非常依赖石油价格的变化，在这样的背景下，未来原油价格的上涨将会带动中石油内在价值的提升，进一步扩大投资的安全边际。此外，巴菲特认为中石油的管理层在建立石油和天然气的储备上均取得了卓越的成效，因此，他做出投资中石油的决策。

2007 年 7 ~ 10 月，巴菲特以平均每股约 13.5 港元的价格全部卖出中石油的股票，卖出总市值约为 40 亿美元。在这段时间内，巴菲特不包括分红的总投资回报率超 7 倍，年均复合收益率超 50%。同时，他这几年收到的税后分红也超过了 2 亿美元。受益于国际原油价格的上涨，中石油的净利润从 2003 年的不到 700 亿元上涨至 2007 年的将近 1 500 亿元，经营现金流净额从 2003 年的不到 1 400 亿元上涨至 2007 年的超 2 000 亿元，同时它的市值也从 2003 年 4 月初的约 370 亿美元涨到 2007 年 7 月初的超 2 700 亿美元。巴菲特在其 2007 年致股东的信中说道："去年下半年，中石油的市值上升至 2 750 亿美元，这是与其他石油巨头相比较合理的价格，于是我们以 40 亿美元将其卖出。"显然，巴菲特的这句话解释了他卖出中石油股票的原因。

他在买入中石油股票时，对中石油的内在价值做过评估，认为存在较大的安全边际，从而做出买入决策；而当他做出卖出决策的时候，也同样评估了中石油的内在价值，认为股价已经充分反映了内在价值。巴菲特的决策过程是符合价值投资方法论的，尽管和他的其他投资相比，对中石油的持股期限显得很"短"。

因此，价值投资的过程其实是从价值发现到价值实现的过程，价值投资所需要的长期思维更多的是一种价值观、一种信仰，而不是简单的长期持股。

优秀企业的内在价值增长往往是长期的

价值投资需要长期思维，因为优秀企业的内在价值增长往往是长期的。

试想一下，如果我们在2007年11月初同时投资中石油和贵州茅台在A股市场的股票各100万元，那么到了2020年年底这个时点，投资中石油的100万元可能只剩下13万元左右，而投资贵州茅台的100万元却变成了2 000万元。这就是长期的力量，优秀的企业经得住时间的考验和洗礼，持续不断地为投资者创造价值。

我们来看一下这两家公司的基本面。中石油的利润严重依赖于原油价格的变化，而原油价格受到国际大宗商品的影响，与宏观经济息息相关，我们很难预测石油价格未来的变化，也就是说它的可预测性很差。与此同时，随着新能源技术的不断进步，光伏开始实现了平价上网，电动车也越来越普及，人类对于化石能源的依赖程度不断下降。在这样的情况下，中石油的基本面长期来看并不乐观。再来看一下贵州茅台，我们在前面提到，贵州茅台所处的白酒行业是一个非常好的赛道，竞争格局非常稳定。贵州茅台在高端白酒领域里占据最大的市场份额，而且茅台的品牌深入人心，拥有绝对的定价权。虽然我们无法确定未来茅台酒的价格具体能涨到多少，但我们可以确定的是，贵州茅台拥有持续提价的能力。因此，与中石油相比，贵州茅台显然拥有稳定的、可持续的成长和盈利能力，而它长期的成长业绩最终也会投射到股价上，它的股价自然就拥有持续上涨的动力。

当然，即使是优秀企业，在短期内也可能会遇到价格下跌的情况，比如茅台在2012年和2013年的股价也曾大幅度下跌，但这些都提供了很好的买入时机。作为优秀企业的代表，茅台的核心竞争力非常强大，其内在价值能在非常长的时间里持续稳定增长，因此，拉长时间周期来看，茅台的投资回报率相当惊人。

股价偏离内在价值很有可能是长期的

价值投资需要长期思维，因为股价偏离内在价值很有可能是长期的。

在有效市场假说下，市场是有效的，股价能准确反映公司的内在价值。但在现实投资中，市场经常是非理性的，经常存在定价错误。

打个比方，市场情绪和估值犹如钟摆，市场情绪的高度波动性使得钟摆经常向两边摆动，且钟摆停留在正中间位置的时间通常很短，也就是说股价偏离内在价值是常态，而且这种偏离的幅度有可能非常大，偏离的时间也可能非常长。但长期来看，股价终会朝价值回归，我们需要耐心等待。

A股市场是一个高波动性的市场，比如2005年最低点只有998点，但短短两年内涨到了2007年的6 124点，涨幅超过5倍；然后又在短短一年内，跌至1 664点。所以A股市场情绪和估值的钟摆效应非常显著。与此同时，A股市场有很多蓝筹股，在长时期内价格低于内在价值，例如在2014年万科股价最低时其市值只有600多亿元，格力电器在2014年市盈率最低的时候只有7～8倍。而且这种偏离往往会持续好几年时间，这就需要投资者有长期思维。

拥有长期思维不是“做鸵鸟”

有人认为：价值投资就是买入被低估的公司，只要耐心等待价值回归，其他什么都可以不用管、不用做。这显然是对于价值投资过于机械化的理解，是一种僵化的长期主义。

价值投资需要长期思维，但长期思维并不是我们偷懒的借口，在投资之后我们还要进行持续的跟踪和复盘，关注公司股价和内在价值关系的变化。如果在跟踪过程中发现，公司所处行业的竞争格局在不断改善，或公司基本面持续向好，内在价值在持续稳定地增长，这说明公司在不断地创造价值，提高了我们投资的安全边际。相反，如果我们发现所投资公司的逻辑发生了变化，或公司基本面在恶化，导致公司内在价值不断下降，这说明我们投资的安全边际在缩小，一旦公司内在价值恶化至低于股价，即使我们的投资收益率尚未达到预设收益率目标，甚至有可能还是亏损的，我们也应该毫不犹豫地做出卖出决策。

比如，你以 15 元的价格买入一只股票，当时你判断公司的内在价值为每股 25 元。在持续跟踪中你发现，这家公司所占的市场份额在不断提升，为公司带来更多的利润增长，于是重新对公司内在价值进行评估后得出，这家公司的内在价值为每股 30 元。此时，你的安全边际从原来的 10 元拓宽至 15 元，当股价超过 25 元的预设目标你也不需要做出卖出操作。相反，如果你在投资之后发现，公司的基本面出现恶化，内在价值由原来的每股 25 元下降到每股 10 元，那么当股价虽然跌到了 12 元但并未出现亏损，你也需要考虑卖出股票。

所以，如果你在投资之后没有对公司进行持续跟踪和复盘，那么你极有可能错失基本面不断超越预期的超级牛股，或者在公司基本面被逆转之后未能及时转身离场。

当今社会竞争非常激烈，新技术层出不穷，商业模式快速迭代，企业原本具备的良好竞争格局和护城河很容易被颠覆。苏宁在刚上市的时候，我们曾感慨其护城河之深和盈利能力之强，但它在错过电商爆发式增长的机会之后，举步维艰，10 年左右就极速下滑；诺基亚曾经称霸全球手机市场，我在中欧商学院读 EMBA（高级管理人员工商管理硕士）时，它被作为伟大企业的案例，但它没有跟上智能手机的浪潮，很快便进入历史的尘埃。在这个“变”是永恒主题的时代，我们更需要拒绝僵化的长期思维，拒绝用“价值投资”给自己找偷懒的理由。

价值投资需要第二层次思维

在价值投资中，我们尤其需要第二层次思维，这是一种非常重要的思维模式。

什么是第二层次思维

霍德华·马克斯在《投资最重要的事》一书中说道：“卓越投资需要第二层次思维——一种不同于常人的更复杂、更具洞察力的思维方式。”这种思维方式更加敏锐，我们在第一章中曾提到，可以将第二层次思维简单描述为：与众不同且正确，或者说“正确的非共识”。

有第二层次思维，必然有第一层次思维。《投资最重要的事》中列举过几个典型场景案例来说明第一层次思维和第二层次思维的区别。

> 第一层次思维说："这是一家好公司，让我们买进股票吧。"第二层次思维说："这是一家好公司，但是人人都认为它是一家好公司，因此它不是一家好公司。股票的估价和定价都过高，让我们卖出股票吧。"
>
> 第一层次思维说："会出现增长低迷、通货膨胀加重的前景。让我们抛掉股票吧。"第二层次思维说："前景糟糕透顶，但是所有人都在恐慌中抛售股票。买进！"
>
> 第一层次思维说："我认为这家公司的利润会下跌，卖出。"第二层次思维说："我认为这家公司的利润下跌得会比人们预期的少，会有意想不到的惊喜而拉升股票。买进。"

表5-3是我自己观察和总结的股票投资者常见的第一层次思维和第二层次思维。

相比于第一层次思维，第二层次思维的思考更为深入。大部分人往往只进行第一层次思维的思考，所以他们是很难赚到钱的。而要赚取可观投资收益，需要具备第二层次思维的能力，能做出正确的非共识性预测。当然，我们不是简单追求"非共识"，而是追求正确的非共识，这就要求你对所投资的行业和公司研究透彻，能够对公司未来发展前景进行准确判断。

价值投资为什么需要第二层次思维？

价值投资者喜欢寻找定价错误的股票，而定价错误往往是由第一层次思维的过度放大而导致的。也就是说，市场上的大部分人只进行第一层次思维的思考，而大家的从众行为很容易导致股价过度

表5-3 第一层次思维和第二层次思维对比

第一层次思维	第二层次思维
A股是一个投机市场，价值投资这套东西没用	A股是一个投机市场，所以经常有严重的定价错误，价值投资有机会创造超额收益
A股上市公司基本面很差，所以指数这么多年都不涨	A股上市公司的基本面一点儿都不差，每年的利润增长率也很好，但指数表现不好是因为很多人买在估值高位，市场的盈利增长被估值下降抵消了
现在（2021）的市场越来越讲究基本面，价值投资应该越来越有效	现在（2021）的市场越来越讲究基本面，市场越来越有效，定价错误大幅度减少，价值投资的难度增加了
现在（2021）的A股越来越港股化，所以应该买“大蓝筹”“大白马”	现在（2021）的A股越来越港股化，但“大蓝筹”“大白马”的估值太贵了，我们应该从中小市值公司中寻找投资机会
这个公司的业务利润率这么高，真是好公司，我们买入吧	这个公司的业务利润率这么高，但我们得看看为什么这么高，会不会吸引新的竞争对手，我们要深入研究一下
这个公司的业务利润率这么低，公司基本面很一般，不值得关注	这个公司的业务利润率这么低，但好像竞争对手都在因亏损而退出这个市场，所以利润率存在提高的可能性，值得关注
这个明星基金经理的业绩这么好，我应该买他管理的基金	这个明星基金经理的业绩这么好，但他的业绩似乎跟这几年的市场风格适合他有关，而且他现在管理的产品规模这么大，将来不一定能继续创造好的投资业绩

的上涨或下跌，会使股价被高估或低估。当好公司的股价被低估时，就是价值投资者寻找定价错误的机会，也是价值投资者超额利润的来源。

比如，媒体发布了某公司的一则负面新闻，第一层次思维的投资者会仅仅因为利空因素而产生恐慌，抛售股票，从而导致股价的过度下跌。而第二层次思维的投资者则会深度研究这则新闻是否对公司基本面产生实质影响，如果公司基本面没有发生变化，那么由于第一层次思维所导致的股价下跌，恰恰是第二层次思维投资者进场的机会。

茅台也曾遇到过危机事件，也曾引起市场的恐慌进而导致股东的抛售，使股价连续大幅度下跌。此时，第二层次思维的人就会深入研究这两则消息对贵州茅台公司基本面的影响，判断公司内在价值的变化情况，做出正确的非共识性预测，在别人恐慌时反而贪婪，抓住市场定价错误的机会，获取超额的投资回报。

第二层次思维和逆向投资

第二层次思维和逆向投资本质上是类似的，但第二层次思维是一种思维方式，是我们思考问题的模式，而逆向投资是一种投资方法论，是第二层次思维在投资领域的具体表现。成功投资的关键在于逆势而行，也就是不从众。但这不是简单的不从众，也不意味着只要股票下跌我们就应该买入，而是我们在投资的时候，不盲从大众行为，还要能够意识到大众的错误在哪里。只有在这样的情况下，我们才能依靠逆向投资获取丰厚的收益。

历史上，很多投资大师也都是逆向投资的践行者，他们通过逆向投资赚取了丰厚的利润。约翰·邓普顿曾说过："最悲观的时候正是买进的最佳时机，最乐观的时候正是卖出的最佳时机。"还有巴菲特说过的"别人贪婪时我恐惧，别人恐惧时我贪婪"。这些投资大师的名言均是逆向投资方法论的浓缩。

当然，我们在进行逆向投资的时候，需要区分所投资的公司到底是"价值陷阱"还是"价值馅饼"。如果某家公司的基本面很好，股价却因为市场风格或标签原因而被错杀，导致公司股价低于内在价值，此时就非常适合逆向投资。如果公司基本面在变弱，未来创造利润或现金流的能力是下降的，此时即使股价持续下跌，看上去很便宜，但未来公司股价还是有可能继续下跌，此时逆向投资就不适用了。我们要避免把低估值作为一种信仰，并非所有的股价下跌都适合采用逆向投资。因此，逆向投资要取得成功是有前提条件的，我们需要对行业和公司的基本面进行深入研究，运用第二层次思维对公司前景进行判断。

我们还可以从风险认知的角度来理解逆向投资。投资风险可以分为两类：一种是基本面的“真实风险”，是客观的；另一种是大家心理上的“感知风险”，是主观的。当这两种风险产生偏差的时候，逆向投资就起作用了。巴菲特说：“风险不是来源于市场的波动，而是本金的永久性损失。”市场波动是市场主体的交易行为所产生的，容易受到情绪的影响，而本金的永久性损失源自基本面的永久性恶化。逆向投资逆的不是真实风险，而是两种风险的偏差。也就是说，不是所有的股票下跌我们都可以采用逆向投资，只有当真实风险和感知风险发生偏差的时候，才可以逆向投资。

如何理解这两种风险的偏差呢？当市场发生了暴涨，而股票的基本面没有发生变化，此时估值中枢上移，真实风险上升，但这个时候市场先生的情绪很乐观，人们所感知到的风险是在下降的，因为股票上涨带动大家的乐观预期，股票越涨市场越乐观。一旦这种反身性被某种外力打破，市场将会重新回归理性，股价会出现暴跌。如果你有逆向思维，谨慎看待市场先生的乐观行为，那么你就可以规避掉这些风险。同样的道理，当市场发生了暴跌，但股票的基本面不变，估值中枢下移，真实风险在下降，此时市场先生的情绪比较悲观，人们所感知到的风险是上升的，大家谈股色变、避之不及。这时候，如果我们运用逆向思维进行布局，就会产生超额收益。

一起来看一下百润股份的例子。百润股份主要生产鸡尾酒，产品定价高，公司的毛利率和净利率都很高，在2015年之前公司毛利率基本维持在70%以上，净利率基本维持在30%以上。显然，这是一门好生意，2015年公司的股价最高上涨至80多元，在吸引投资者关注的同时也吸引了很多业内的竞争对手。2015年，很多大企业开始进入这个细分行业，但很多人在乐观情绪下无视这些信息，没有及时判断预调鸡尾酒的行业竞争格局是否会发生改变，百润股份是否依然能保持高盈利能力。而百润股份的股价也没有受到这些消息的影响，继续上涨。结果百润股份公布的2015年中报不及预期，四季报亏损2亿元，刺破了股价的泡沫。

在百润股份的股价跌下神坛之后的好几年里，市场谈鸡尾酒色变，很多投资者不再跟踪鸡尾酒行业的相关标的，但事实上市场已经悄然发生了积极的变化。预调鸡尾酒是一个利基市场，规模不大，很多大的投资者逐渐退出市场，而百润股份在品牌和渠道方面也做了很大的改变。2017年，预调鸡尾酒销量同比增速上升接近30%，行业竞争格局出现明显改善。但市场在悲观情绪下往往无视正向信息，股价也没有对这些积极信息做出反应，直到2018年年底，百润股份的股价最低下跌至7元多，而后才重新开启上涨之路（见图5－2）。

市场就像钟摆一样，经常过度乐观和过度悲观。逆向投资要求投资者与大众不同，在市场中保持“众人皆醉我独醒”的思维模式，运用第二层次思维，寻找正确的非共识，在市场极度悲观时买入，在市场极度乐观时卖出。

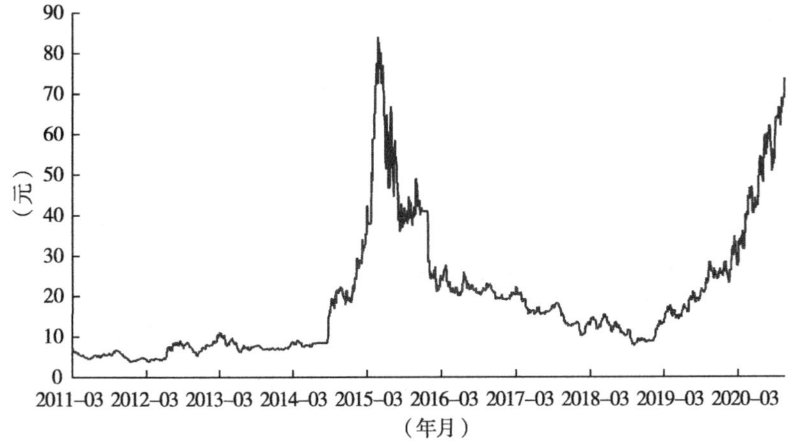

图5－2　百润股份股价走势

资料来源：市场公开信息。

有个成语叫“守正出奇”。守正，就是说要能耐得住寂寞，坚持价值投资的基本理念，如买股票就是买公司，买股票要关注安全边际，买股票要坚守能力圈；出奇，就是要敢于和大众流行思维不一致，保持独立思考，寻找正确的非共识。

价值投资的核心决策清单

接下来我们对前面几章的内容做个总结。

价值投资的逻辑是选择“好赛道＋好公司＋好估值”的股票，所以，价值投资的核心决策清单主要是从三个角度进行判断：（1）这是不是一门好生意？（2）这是不是一家好公司？（3）这个价格是否便宜合理？

这是不是一门好生意?

首先，我们需要评判公司所处行业的未来空间大不大。如果公司所处行业的未来空间很大，那么公司将会受益于行业未来的高速发展，尤其是行业里的龙头公司，非常有可能迎来高速成长。如果你能找到这样的公司，未来的投资回报率也将会是非常可观的。相反，如果公司所处行业的空间很小，甚至即将触及天花板，这意味着公司依靠原来的主营业务在未来很难获得高成长，市场也就不愿给予其较高的估值。

其次，运用波特五力模型等工具分析行业的竞争格局。行业的成长性固然重要，但竞争法则告诉我们，如果一个行业存在超额利润，资本势必会争相涌入这个行业，直至超额利润最终消失。这时候行业竞争格局就起到了非常重要的作用，如果企业处于良好的行业竞争格局，在市场上占据较大的市场份额，可以帮助企业长期获得稳定的超额利润。并且，即使企业处于成长性一般的行业，但如果行业竞争格局良好，尤其是如果行业集中度在不断提升，企业同样可以长期获得超额利润。

最后，还要分析公司的行业属性。消费品公司、医药公司以及烟草及酒类公司均是长期牛股集中营，这主要和行业属性有关。比如消费品公司周期属性相对较弱，居民的消费需求相对稳定。很多消费品公司一旦建立起品牌或渠道优势，获得行业垄断地位之后，这种品牌或渠道护城河能持续很久，也就决定了很多消费品公司能够长期获得稳定的超额利润，股价自然就容易走出长牛行情。再来看科技公司，技术更新迭代速度很快，行业很难形成稳定的竞争格局。只有那些深耕 C（个人）端用户，产品不容易被替代或颠覆的科技公司，才容易成为长牛股，但显然这样的公司并不多。另外，周期性公司由于很容易受到宏观经济波动的影响，投资者很难对周期性公司的业绩进行预测，特别是在逆周期阶段，周期性公司更是很难赚到钱，这就使得周期性公司往往只有阶段性的投资机会，而很难创造长期的投资回报。所以，我们在进行周期性公司投资选股时，要寻找周期性逐渐减弱、行业竞争格局不断改善的公司。

这是不是一家好公司?

评判一家公司是不是好公司的关键在于，判断这家公司的核心竞争力是什么，护城河是不是足够深。

公司利润的来源是以合理的成本、规模化地为客户创造价值，只有这样的商业模式才是可持续的。所以，我们需要识别公司商业模式的本质，搞清楚公司是靠什么赚钱，理解公司利润和价值的关键驱动因素，以及公司未来的风险因素，这些将帮助我们在投资中寻找到优质的公司。

我们在对公司基本面进行研究时，要判断公司是否具有护城河，如果有的话，是属于哪种护城河。常见的护城河有无形资产、转换成本、网络经济、成本优势等。如果一家公司没有护城河，即使短期内能够获取超额利润，但竞争法则的存在会使公司长期内只能获得平均利润水平；如果这家公司拥有护城河，且护城河足够宽，那么护城河就可以帮助公司将竞争对手阻挡在外面，在长时间内帮助公司获取超额利润。护城河和行业竞争格局的作用相类似，所以我们说：良好的竞争格局和宽阔的护城河，能长时间保护优秀企业获得超额利润。

这个价格是否便宜合理?

如果这是一门好生意，公司也是一家好公司，这时候我们可以直接买入股票吗？第二层次思维告诉我们，不可以。因为我们还要考虑公司的性价比，也就是评估这家公司的股价是否便宜合理。

安全边际是取得成功投资的基本原则之一，只有买得便宜，我们才会安心，对于未来盈利预测准确度的要求才不会那么高。安全边际的存在，可以帮助我们降低未来可能的投资损失。如果买入高估值的股票，不但会降低你未来的投资回报率，而且意味着高风险，因为高估值往往对应着高业绩增长预期，一旦公司业绩增长不及预期，投资者将会面临戴维斯双杀。

投资的2.5分法则

我们不断强调价值投资的逻辑，是选择“好赛道＋好公司＋好估值”的股票，如果给这三个维度打分，每满足一个维度就打1分，那么能够得3分的股票就是完美的股票。但以我个人20年的从业经验来看，要完全满足这3个标准的股票几乎不存在。

比如在2014年，贵州茅台、格力电器的估值都很低，前者当时的市盈率十倍多，后者当时的市盈率是七八倍。为什么这么便宜？因为投资者觉得白酒行业、空调行业都面临增长的天花板，所以尽管公司有竞争力，但市场不愿意给高估值。当然，事后来看，这种判断是错误的。现在金融、地产、化工、建材板块的很多股票，估值非常低，也是因为投资者觉得行业不好。反过来，很多行业好、竞争力强的公司，投资者又觉得其股价太高，比如恒瑞医药，估值永远很贵。特别看重估值的投资者，总觉得估值高，就不会买入。像腾讯、阿里巴巴这样的公司，在其发展历程中，估值没有低的时候，而特别看重静态估值（总觉得“两鸟在林，不如一鸟在手”）的投资者，就很容易错失一个个超级大牛股。

所以我的体会是，不一定非要找到得 3 分的股票才投资，得 2.5 分的股票也可以考虑。得 2.5 分的股票，是满足 3 个条件中的两个，并且最后一个条件不太差、不得零分的股票。偏成长股的投资者，可以看重行业空间和公司竞争力，适当放松对静态估值的要求；深度价值投资者，可以注重静态估值，适度降低对行业前景或者公司竞争力的衡量标准。

表 5 -4 是我对 2.5 分法则的概括。

表 5 -4　投资的 2.5 分法则

维度	状况	得分
赛道	高增长且竞争格局良好	1
	高增长或竞争格局居其一	0.5
	低增长且竞争格局一般	0
公司	在行业内有极强竞争力	1
	在行业内有较强竞争力	0.5
	在行业内竞争力一般	0
估值	静态估值就有吸引力	1
	静态估值虽高但长期来看估值合理	0.5
	即便从长期角度来看估值也太贵	0

当然，最大的投资机会来自市场对某个维度的“误判”。比如在 2014 年的时候，大家觉得贵州茅台、格力电器虽然是龙头公司，竞争力卓越，估值也很便宜，但它们的“赛道”并不好，增长已经遇到瓶颈。事实证明，这样的判断是不对的，贵州茅台、格力电器

的增长远远超出大家的预期。所以，事后来看，贵州茅台、格力电器就成了“完美本垒打”。追求这种完美本垒打，投资者要有超越市场一致预期的前瞻判断能力。即使没有这种判断能力，价值投资者也会买它们，因为公司足够优秀，估值足够便宜。所以，价值投资者的投资方法是：选择得 2.5 分的股票。万一 2.5 分变成 3 分，投资者就能获得巨大的意外惊喜。

价值投资如何看待特定问题?

很多投资者经常根据技术指标构建自己的投资策略，例如择时、波段操作、止损和止盈等，在这里，我想聊一聊价值投资是如何看待这些问题的。

择时

投资中最重要的事情是什么？当然非“择时”莫属。

但择时不是绝大部分人能力圈内的事情。为什么？因为择时涉及的变量太多，全球经济、本国经济、政府政策、市场情绪等，普通投资者很难全面掌控。

我再次强调，投资要做“能力圈内的事情”。有些事情，比如择时，重要但不属于能力圈内，大家就不要花精力在上面了。

基本面选股，技术面操作

很多人希望用基本面选股（保证选出的股票是好股票），然后根据技术面来做买卖操作（提高收益率）。技术分析在信息传播机制上有一定的合理性，一小部分人先了解到某一利好消息，率先开始交易，这些交易会反映在量价等技术指标上，由于股价尚未完全反映好消息，后面的投资者不需要知道好消息具体是什么，看见前面的技术指标，就会跟着操作获利。但我觉得这两者结合的方式不是“基本面选股，技术面操作”。

对于技术分析来说，买卖逻辑应该自洽，投资者按照技术指标买，也要按照技术指标卖。但在现实投资中，如果没有基本面研究加以甄别，单纯依靠技术分析的结论来操作，非常容易掉进垃圾股、题材股的陷阱。所以，用技术指标来发现交易信号，用基本面研究来甄别信号（剔除风险大的垃圾股），可能是很好的一种结合。假设我们通过技术指标发现某只股票持续获得大单资金买入，又通过基本面分析发现公司基本面不是太差甚至不错，那么按照这个技术指标做交易，风险就小得多。所以，和一般投资者认为的“基本面选股，技术面操作”不一样，我更倾向于用“技术指标发现交易信号，基本面分析剔除垃圾股”，因为技术分析本身是偏短线的，在短线交易决策中起主要作用的是技术指标，基本面分析只能起到“剔除高危股票”的辅助作用（见图5-3）。

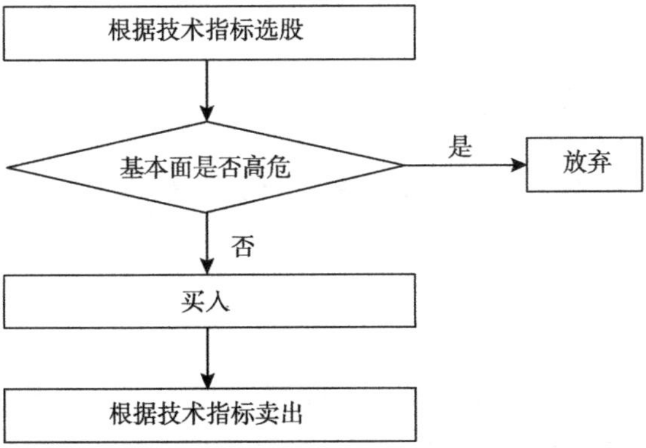

图5-3　短线交易中基本面分析的辅助作用

对于基本面投资来说，买卖逻辑同样应该自洽，投资者按照基本面逻辑买，也要按照基本面逻辑卖。但技术分析可能有提示预期差的作用，因为市场永远存在信息不对称的情况，少数拥有信息优势的投资者的交易行为，可能会反映在技术指标上，这时候，市场很可能存在预期差的情况。比如你从基本面角度看好某公司，并且已经买入该公司的股票，但假设你通过技术指标发现有持续的大单资金卖出，这时候你要分析这家公司的基本面是否发生了你不知道但其他投资者知道的变化（预期差）。所以，对于基本面投资者来说，技术指标发出一些重要的信号，不要马上跟着技术指标做交易，而是要分析市场是否存在预期差，并根据对预期差的分析结果来做决策（见图5－4）。

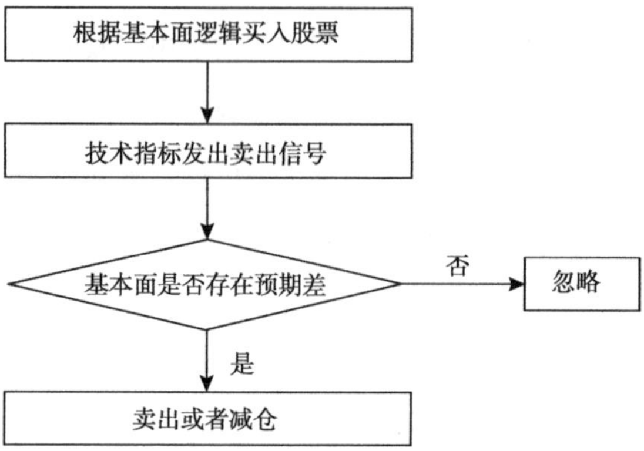

图5－4　基本面投资中技术指标提示预期差

波段操作

我们通常所说的波段操作其实就是高抛低吸，是基于股价本身所做出的决策，本质上是利用股价的波动性赚钱。

从价值投资的角度来看，价值投资者在股价低于内在价值时买入并长期持有股票，直至价格高于内在价值时卖出股票。这看似是波段操作，但其实波段只是表象，价值投资的实质还是基本面研究，内在价值和股价的关系是价值投资者决策的客观标准。比如某家公司的内在价值是 10 元，你买入的价格是 6 元，在乐观的市场情绪的推动下，股价很快涨到了 14 元，股价已经超过合理水平 4 元，被高估了，此时，你就应该卖出股票。这看起来类似波段操作，但它锚定的不是表面的股价，而是公司的内在价值。

很多人会问：我选出了好公司，能不能做些波段（高抛低吸），提高我的收益率？能做出波段、提高收益率当然是好事，但事实上，几乎很少有人能通过高抛低吸来增加收益。更多的情况是这样：你买了一只好股票，如果能持有 10 年，可能会给你带来 10 倍的回报，但往往你在它涨了 50% 的时候，觉得股价高了，应该回调一下，可以做个波段，结果等你卖出想等它回调，它却一路上涨，这时你又不愿意追高再买回来，然后你就和超级牛股擦肩而过。这样的案例数不胜数。

止损和止盈

股票投资，止损很重要，但要对基本面止损，而不是对股价波动止损。可我观察到的大部分投资者，要么频频对股价波动止损，要么完全没有止损机制。

对基本面止损，就是如果你发现你对一个公司的基本面判断错误了，或者一个公司的基本面发生逆转了，这时要坚决止损，哪怕自己已经亏了很多钱。举个例子，你买了某只股票，理由是你预期这家公司即将推出的新产品会大卖，结果新产品的销量远远低于预期，这时候你要坚决止损。

反过来，如果你因为看好某公司的基本面而在10元的价位买入该股票，结果很不幸股价跌到了8元，这时候如果你判断公司的基本面没有变化，那么你就不应该止损，而是应该加仓。为什么？因为既然10元的时候你都愿意买，为什么到了8元反而想卖呢？所以，频繁对股价进行止损，是很多投资者亏损的重要原因。

同样的道理，股票投资的止盈要对基本面止盈。比如你买入某只股票后，股价大涨，超过合理价格水平，这时候你要坚决止盈。

所以止损和止盈原则的背后是“买卖逻辑要自洽”。买卖逻辑自洽，就是你根据基本面和估值买股票，也要根据基本面和估值卖股票；反过来，如果你就是看技术指标买股票，也要看技术指标卖股票。经常有人告诉我自己买了什么股票，问他为什么买，他说的头头是道——看好这个行业、公司竞争力很强，诸如此类的原因。这是根据基本面的逻辑买入股票。两周之后，他告诉我他把那只股票卖了，为什么卖，因为图形走坏了，出现死叉了。这就是买卖逻辑不自洽。

关于投资策略的常识

1. 投资的本质：寻找大概率正确、可复制的决策方式。拥有大概率正确、可复制的决策方式的投资者，可以和时间做朋友，大数定律会帮助他获得很好的投资回报。

2. 有效投资策略的基本条件是逻辑自洽、回测合格、符合未来趋势。

3. 价值投资为什么是有效策略？因为从长期来看，价值投资符合有效投资策略的三个基本条件。

4. 价值投资者需要坚守能力圈，选择自己能力圈范围内的公司。能力圈的标准，就是你对拟投公司做到可理解、可预测、可跟踪。

5. 坚守能力圈并不意味着故步自封，投资者仍然需要不断通过学习提高自己的认知范围，扩大自己的能力圈。

6. 价值投资的过程其实是从价值发现到价值实现的过程，价值投资所需要的长期思维更多的是一种价值观、一种信仰，而不是简单的长期持股。

7. 在这个“变”是永恒主题的时代，我们更要拒绝僵化的长期思维，拒绝用“价值投资”给自己找偷懒的理由。

8. 我们在进行逆向投资的时候，需要区分所投资的公司到底是“价值陷阱”还是“价值馅饼”。

9. 价值投资需要“守正出奇”。守正，就是要能耐得住寂寞，坚持价值投资的基本理念，如买股票就是买公司，买股票要关注安全边际，买股票要坚守能力圈；出奇，就是要敢于和大众流行思维不一致，保持独立思考，寻找正确的非共识。

10. 价值投资的核心决策清单主要是从三个角度进行判断：这是不是一门好生意？这是不是一家好公司？这个价格是否便宜合理？

11. 上一条中“三好”本垒打的机会可遇而不可求，不一定非要找到得 3 分的股票才投资，得 2. 5 分的股票也可以考虑。

第六章

如何克服恐惧和贪婪

——关于人性和市场效率的常识

前面五章介绍了价值投资的基本内容，看起来价值投资并不是很难。价值投资本身所需要的知识体系确实并不是很难，所以巴菲特说“投资不需要160分的高智商”，彼得·林奇更是说“五年级的加减乘除就足以做好投资”。但我们在现实生活中看到，能够做好价值投资的人寥寥无几，这是因为人并不是经济学和金融学中假设的“理性人”，人们经常做出非理性的决策而不自知。价值投资不仅仅需要知识和技能，更需要和各种人性弱点做斗争，这也是价值投资知易行难的根本原因。这一章，我们来探讨人性和市场效率的常识。

关于有效市场假说的争论

传统的经济和金融学理论认为，人是理性的，并在此基础上提出了有效市场假说。在一个完全有效的市场上，投资者是无法获得超额收益的，所以选择指数投资是省心省力的投资方法。但行为金融学对有效市场假说提出了质疑和挑战。

有效市场假说及其争论

20世纪60年代，芝加哥大学教授尤金·法玛提出有效市场假说，他认为，在一个富有效率的股票市场中，股票的所有信息已经充分反映在股价当中，所以任何人无法通过投资股票市场获得超额收益。这时候，投资者应该采取被动投资策略，也就是买指数基金即可，而主动投资策略在有效市场中是无效的。在有效市场的基础之上，许多金融理论应运而生，如现代组合理论、资本资产定价模型、套利定价定理等。

有效市场假说把相关信息划分为历史信息、公开信息和内幕信息，从而分为三种有效程度不同的市场。

第一，弱有效市场。在弱有效市场上，股价已经充分反映了股票的历史信息，此时技术分析法无效，投资者无法利用技术分析法获取超额收益，而应该采用基本面分析法。

第二，半强势有效市场。在半强势有效市场上，股价已经充分反映了股票的所有历史信息和公开信息，此时技术分析法和基本面分析法均无效，投资者无法采用这两种方法获取投资的超额收益。只有拥有内幕信息的投资者，才可能在半强势有效市场获取超额收益。

第三，强势有效市场。在强势有效市场中，历史信息、公开信息和内幕信息均已经全部充分反映在股价中，投资者无法通过采取任何投资策略获取超额收益，只能采取被动投资策略，买指数基金或许是最好的选择。

但是后来很多学者对有效市场假说提出了挑战和质疑，因为他们发现证券市场的很多异常现象无法用有效市场假说来进行解释。

例如，股票溢价之谜、小公司效应、周五现象、年末效应等，这些异常现象的存在均表明股票市场并非是完全有效的。这些质疑导致了行为金融学的产生。

行为金融学兴起于20世纪80年代以后，对有效市场假说的基本前提提出质疑。行为金融学认为，人们的决策行为很容易受到情绪、情感、偏好等心理因素的影响，从而做出非理性决策。并且，人们的行为并不是偶然地、随机地偏离理性决策，而是经常以同样的方式偏离理性决策。行为金融学理论的提出和发展，是对传统金融学的一次革命，它能在很大程度上解释传统金融学所不能解释的股市运行中的各种异常现象。这些年，行为金融学逐步从边缘学科走向主流学科，并且多次获得诺贝尔奖。

价值投资在弱有效市场中最有效

既然市场并非完全有效，那么价值投资在什么样的市场中最有效呢？

我认为，价值投资在弱有效市场中最有效。如果市场是完全无效的，价格就是随机变化的，价格朝价值回归就会遥遥无期，价值投资自然也就起不了作用。反之，如果市场是完全有效的，说明价格总是对的，价格总是正确反映了价值，显然价值投资就无法获取超额收益了。

在弱有效市场，股价只反映了过去的历史信息，这时候技术分析（根据过去的交易信息做决策）无效而基本面分析（根据未来预测做决策）有效，投资者可以利用基本面分析法获取超额收益。价值投资看的是企业的未来，所以价值投资在弱有效市场最有效。

我个人认为，中国的A股市场可以分为以下几个阶段：

- 2000年之前：无效市场阶段。那个时候的A股市场几乎不讲基本面，坐庄现象频出，可以说是资金驱动的投机市场。
- 2000—2017年：弱有效市场阶段。随着公募基金的成立，以及QFII、社保、保险资金等机构投资者不断壮大，基本面越来越受到重视；但与此同时，散户力量还很强大，A股市场的投机氛围还很强烈，经常出现定价错误。这段时间价值投资者最容易取得辉煌业绩。
- 2017年以来：从弱有效市场走向半强势有效市场的阶段。这段时间，基本面成为市场主导力量，定价错误不断被消除。市场进入这个阶段后，定价错误虽然大幅度减少但依然存在，价值投资仍有用武之地。

寻找"低风险－高收益"的机会

我们经常听到这句话：高风险、高收益，低风险、低收益。也就是说投资者想要获取一定的投资收益，势必要承担相应程度的风险。这句话对不对？在股票投资中，该如何定义风险和衡量风险，现代金融学理论和价值投资者对此的观点存在着根本性差异。

现代金融理论对风险的定义——波动率

现代金融学理论的基石，就是以波动率来衡量风险。

20世纪50年代初，马科维茨提出资产组合理论，也就是著名的均值－方差模型，以资产收益率的方差或标准差来代表风险，从而对投资组合的收益和风险进行衡量。威廉·夏普以马科维茨的资产组合理论为基础，提出了资本资产定价模型（CAPM），即在资本市场均衡时，任何证券或证券组合的收益和风险满足线性关系，也就是预期收益率等于无风险利率和风险溢价之和。在上述的理论体系当中，均以股票价格或收益率的波动率来衡量资产风险，而波动率则是以股票价格或收益率的方差或标准差进行估算。

从统计方式的角度来看，波动率其实是代表了股票价格变动幅度的大小，波动率越大，股票价格波动幅度就越大；波动率越小，股票价格波动幅度就越小。波动率在一定程度上可以用来衡量股票价格走势的不确定性，波动率越高，说明股票价格的不确定性越高。当你买入某只波动率很大的股票之后，意味着你将面临这只股票价格的大幅度波动，比如很多小盘股、垃圾股的价格波动就很大，说明投资者所面临的风险很高。在这里，我们假设某只股票价格的波动率中枢为2%，根据正态分布，我们知道这只股票的价格一天的涨跌幅有68%的概率会在 −2% 到 2% 之间波动，有 95% 的概率会在 −4% 到 4% 之间波动。也就是说，从概率论的角度来看，在 20 个交易日里，这只股票会有 1 天的价格下跌幅度大于 4% 或上涨幅度大于 4%，这就是波动率背后所包含的直观含义。

现代金融学理论认为，理性投资者追求在同等风险水平下，投资收益率的最大化；或者在同等收益率水平下，投资风险的最小化。也就是说，在一个没有摩擦的金融市场中，并不存在不需要承担风险但能获取正收益的机会，或者说投资者没有办法通过承担较小的风险获取较高的投资收益。这就是所谓的“天下没有免费的午餐”，在有效的金融市场中，高收益必然对应着高风险。通俗一点儿说：如果一只股票的股价波动性大，会被认为是高风险的，人们需要更高的预期收益率才愿意去购买这只股票；反过来，如果一只股票的股价波动性小，会被认为是低风险的，人们愿意以更低的预期收益率去购买这只股票。

价值投资者对风险的定义——本金的永久损失

而在价值投资者眼里，股价波动并不是风险，真正的风险是公司内在价值下降给投资者所带来的损失。巴菲特说："风险不是来源于市场的波动，而是本金的永久性损失。"也就是说，在价值投资者眼里，波动率不是衡量风险的指标，本金的永久性损失才是风险——本金的永久性损失来自内在价值的永久性下降。事实上，对于价值投资者来说，股票价格的波动不是风险，而是机会。显然，这与现代金融学理论产生了严重的分歧。

如何理解巴菲特的这句话呢？一方面，市场上交易主体的行为容易受到市场先生情绪的影响，做出非理性决策，导致市场价格的短期波动。事实上，在大部分时间里，市场钟摆停留在中间位置的时间很短，表现在股价上就是短期内的不稳定性。价格朝价值回归是基本的客观规律，即使短期内价格偏离了价值，但在长期内价格将会反映价值，尤其是越极端的价格，钟摆往回摆的概率越大。在短期内，价值投资者会忽视市场先生的报价，甚至会在市场先生情绪剧烈波动的时候进行逆向投资，反而可以提高投资回报率。所以，巴菲特不认为股价波动是风险，波动反而是机会，因为波动提供了以低价买入好公司的机会。

另一方面，什么是本金的永久性损失？在评估公司内在价值的时候，价值投资者通常采用的是绝对估值法。一旦公司基本面发生不可逆转的恶化，公司未来的现金创造能力下降，公司的内在价值也就随之下降。当公司的内在价值下降时，最终将会导致投资者安全边际缩小甚至转为负数。所以，价值投资者认为风险的定义是本金的永久损失，它描述的是由于公司基本面发生不可逆转的恶化，公司的内在价值下降给投资者带来的损失。

试想一下，当你以 0.6 元买入价值 1 元的股票时，在你买入之后，股票价格下跌到 0.4 元，这时你应该是减仓还是加仓呢？价值投资者会进行基本面研究，如果公司基本面没有发生变化，内在价值不变，还是 1 元，此时便是加仓的机会，因为你的安全边际从 0.6 元扩大至 0.4 元，潜在的投资回报率上升。因此，对于价值投资者来说，股价的短期波动性并不是风险，更应该关注本金的永久性损失，这就对现代金融学理论提出了质疑和挑战。

我们再来看一下巴菲特投资华盛顿邮报的故事。1973 年，巴菲特开始买入华盛顿邮报的股票，在他买入之后，华盛顿邮报的股价继续下跌，到 1974 年年底巴菲特的本金 1 000 万美元只剩下 800 万美元，很多人认为巴菲特被套牢了。但是，在华盛顿邮报继续下跌的时候，巴菲特仍然不断买入，最终成为华盛顿邮报公司的大股东。到 1985 年年底，巴菲特所持有的华盛顿邮报的股票的市值大幅上升，总收益率超 20 倍，年均复合收益率接近 30%。

所以，只要公司基本面没有发生变化，内在价值不变，股票价格的短期波动性对价值投资者来说是机会而不是风险；当公司基本面恶化，内在价值下降，从而可能给投资者带来本金的永久性损失时，才是真正的投资风险。巴菲特说："投资的第一条准则就是保证本金安全，永远不要亏损；第二条，请参考第一条。"这背后所隐含的意思就是要避免本金的永久性损失，也就是说要回避那些内在价值不断下降的公司，而不是说不能承担股价波动的风险。

寻找“低风险－高收益”的机会

在股票投资中，大部分人认为高风险和高回报相互对应，但在价值投资者眼里，情况恰恰相反。因为定价错误的存在，投资者完全有可能以较低的价格买入股票从而承担较低的投资风险。这时候，安全边际越大，价值投资者所承担的风险越小，同时还能实现较高的投资回报率，也就是说高收益不一定对应着高风险。在价值投资者眼里，天下存在“免费的午餐”，投资者可以在市场上寻找到“低风险－高收益”的投资机会。

“低风险－高收益”的本质：寻找定价错误

如果投资者以较低的价格买入被低估的公司股票，投资者就具有了安全边际。安全边际的存在可以提高投资决策的容错能力，即使未来判断错误，但由于投资者具有安全边际，可以降低损失。天下存在免费的午餐，定价错误可以帮助价值投资者寻找到“低风险－高收益”的机会。换句话说，“低风险－高收益”的本质是寻找错误定价，也就是价格低于价值的好公司，等待价值回归，赚取定价错误被修复的超额收益。

股神巴菲特在 1957—2018 年的年化收益率在 20% 以上，在这 60 多年里，只有 2001 年和 2008 年这两年的投资收益率为负数。我们知道，巴菲特深受其恩师格雷厄姆的影响，是价值投资的践行者，坚持寻找价格低于价值的好公司，在低风险的前提下实现了高收益。

定价错误的原因

我在前面提到，我们可以将定价错误的原因归纳为三种，即大众忽略、大众误解和大众恐慌。

首先，随着市场上股票供给的增多，很多细分行业里的龙头公司很容易被市场所忽略。这些隐形冠军所在的市场可能很大，但行业集中度较低，未来随着行业集中度的提升，公司成长空间较大。也有可能隐形冠军所在的市场较小，但行业竞争格局很好，隐形冠军凭借龙头地位可以持续地获得超额收益。

其次，很多好公司，经常由于市场风格等原因而被市场所误解，比如海螺水泥就被认为是夕阳行业，估值一直很便宜。但如果我们仔细分析，会发现这些公司的行业竞争格局很好，公司本身也具有很强的核心竞争力，盈利能力一点儿都不差。

最后，市场先生经常会极度恐慌，在悲观情绪下人们往往倾向于负向思考，对风险的担忧更高，导致市场整体性低估、遍地都是黄金。

上述三种情况，无论哪一种情况发生，均会导致好公司被错误定价。如果我们能把握住这些定价错误的机会，就可以获得超额收益。

投资决策中的常见认知误区

前面说到有效市场假说的重要假设是人是理性的。但在数千年的历史长河中，人性的弱点一直没有发生过变化——人们在进行决策时，经常会陷入认知误区，从而做出非理性决策。接下来我们来聊聊投资决策过程中最常见的认知误区。

缺乏概率思维

缺乏概率思维是决策中最常见的认知误区。什么是概率呢？概率是某件事情发生的可能性。将概率思维运用到投资上，就是我们应该采用大概率能让我们赚钱的投资方法论，或者投资到大概率能够赚钱的资产上。但不管是生活还是投资中，人们经常会去追求小概率成功的事件。这就是缺乏概率思维。

在日常生活中，我们身边存在着诸多小概率事件，比如出门遭遇交通事故、发生食品中毒事件等。由于概率较小，人们更倾向于忽略它们。比如，虽然交通事故经常发生，但我们不会因为怕出交通事故就不出门，依然照常上下班、购物、旅游、走访亲朋好友，也不会因为怕飞机失事而不坐飞机。也就是说，人们相信那些“厄运奇迹”不会降临在自己身上。

但到了投资领域，人们对于小概率事件的看法往往相反，大家倾向于认为“好运奇迹”会发生在自己身上。彩票业和赌博业就是人们放大小概率事件影响的典型案例。大家心里都知道，中彩票的概率，尤其是中一等奖或特等奖的概率是极低的，但是一等奖或特等奖给出的奖金非常诱人。比如某彩票的价格是 2 元一张，彩票中奖概率是一百万分之一，奖金是 100 万元，也就是说，这是一个以一百万分之一的概率赚取 100 万元的游戏。这个彩票的理论价值多少？实际上就是 100 万元乘以一百万分之一，也就是 1 元。所以以 2 元去购买，看上去很便宜实际很贵。但 100 万元的诱惑实在是太大了，2 元看上去又非常便宜，所以很多人会忽视中奖的概率，而将注意力聚焦于 100 万元的奖金上面，在利益的诱惑之下不断购买彩票，希望能够中奖。

在股票投资中也是一样，很多人经常追求小概率成功事件，如押注高风险的“乌鸦变凤凰”式的资产重组，押注赛道竞争格局高度不确定的公司，这些都是典型的缺乏概率思维的表现。

靠线性外推预测未来

未来具有诸多不确定性，不能简单地线性外推、盲目乐观。但很多人的思维方法是，把眼前的事实线性外推到未来，认为未来也会是这样。人在思考的过程中，大脑会不自觉地偷懒，所以我们非常喜欢用经验、感觉来做判断，尤其喜欢线性外推（简单归纳法）。比如，因过去某公司持续增长 20%，就认为未来它还可以增长 15% ~20%。线性外推会导致我们放大当前的好结果，也会放大当前的不好结果。

我自己做过的最荒唐的预测，莫过于带领策略团队在 2007 年曾预测上证指数将于 2020 年到达 40 000 点。对，你没看错，是 40 000点！当时我们为什么会做出如此荒唐的预测呢？当时的背景是：（1）上证指数 6 000 多点，平均市盈率 70 多倍；（2）中国经济高速增长，实际增长率 10% 以上，名义增长率甚至超过或接近 15%；（3）2005—2007 年这 3 年每年上市公司的利润增长率高达 20% ~30%；（4）经过 2006—2007 年两年的超级大牛市，大家都处于类似“黄金十年”的亢奋之中。

而在这样的背景下，我们是怎样“有逻辑”地推导出“2020 年上证指数将到达 40 000 点”的结论的呢？

我们是这样预测的：（1）假设 2008—2012 年，中国经济保持 10% 以上的增长率，如果算名义增长率就是 12% ~13%，上市公司的利润可以保持 20% 以上的增长率；（2）2013—2020 年，中国经济保持 8% 以上的增长率，如果算名义增长率大约为 10%，上市公司的利润可以保持 15% 以上的增长率。这是两个核心假设，考虑到 2005—2007 年中国经济和上市公司利润的超高速增长，以及当时无比亢奋的市场情绪，这两个假设似乎也没那么荒唐。

于是，根据简单的线性推，40 000 点的预测就出炉了：

$$6\,000 \times (1+20\%)^{5} \times (1+15\%)^{8} \approx 45\,000$$

但在实际运行中，我们看到的结果是这样的：

中国经济的增速在 2008 年之后逐渐放缓，上证上市公司在过去 13 年期间的每年盈利增幅约为 8%，上证指数的市盈率从 70 倍下降到了目前的 15 倍左右。

把这两个参数代入上述公式，我们就不难得出上证指数为什么过去了 13 年，还停留在 4 000 点以下：

$$6\,000 \times (1+8\%)^{13} \times \frac{15}{70} \approx 3\,500$$

我们为什么会做出 40 000 点这样可笑的预测，主要有两个原因：

首先，我们严重高估了国内企业的盈利增速。我们假设：2008—2012 年上市公司的利润保持 20% 以上的增长率，2013—2020 年上市公司的利润保持 15% 以上的增长率，折算下来这 13 年的平均增速在 17% 左右。考虑到那几年 A 股市场动辄 30% 的整体利润增速，这个假设在当时也不是很荒唐，而实际值只有预测值的一半左右。如果仅考虑 8% 的利润增速这个因素，（1 +8%）的 13 次方是 2.72，对应的上证指数应该在 16 000 点左右。但事实上，盈利增长完全被估值下降抵消了。

其次，我们严重高估了 A 股的市盈率。上证指数当时已经严重被高估，市盈率高达 70 多倍，这些年尽管利润还保持了中高速增长（7% ~8% 的利润增长放在全球市场中并不低），但无奈市场估值从 70 多倍降低到了 15 倍，只有原来的 1/5。其实当时预测的时候，我对上证指数能否在 2020 年保持 70 倍的高估值也是心有疑虑的，但在当时的牛市氛围下，觉得中国股市的“黄金十年”已经到来，泡沫化背景下保持高估值也很有可能，所以没有做出必要的修正。

所以，13 年过去了，利润涨到原来的 2.72 倍，还说得过去，但估值跌了将近 4/5，所以指数只有 13 年前的 60%！

对于这件事，我自己有两个经验总结。

第一，不要受市场情绪影响，把当下最乐观的表现线性外推到未来。指数预测如此，对行业、公司的基本面预测也是如此，这种线性外推会出现很大偏差。现在我还是会看到很多研究报告，特别是关于热门产业、热门概念，对产业规模、公司营收和利润的增长，还是基于高增长率基数的线性外推，结果很可能会与现实背道而驰。

第二，买股票一定要在估值低的时候买，估值便宜是王道。就像 A 股市场，尽管这些年利润增长还不错，但如果买在 2007 年的估值高点，这 13 年也是收益微薄，因为利润增长全部被估值下降抵消了。当前，上证指数是 15 倍的市盈率，放在全球大经济体的股市中，是最低的市场之一，我们不指望它的估值能提升，即便估值不变我们也能赚到利润增长的钱。但某些估值奇高的公司，以后即便利润还是保持高增长，却很可能是利润上升、估值下降，利润的增长被估值下降所抵消，投资者并不能赚到钱。相反，一旦利润增长达不到预期，来个戴维斯双杀，就会损失惨重。

归因错误

把“偶然”当成“必然”。很多事情的发生具有随机性，但我们不能把这种随机事件发生的偶然性当成必然性。彩票中奖是一个随机事件，虽然概率很小但总会有人中奖。当某个人中了特等奖或一等奖时，其他人可能会觉得这个人非常厉害，研究彩票的能力很强，经常来向他咨询买彩票的事情，甚至这个人也会觉得自己很厉害，开始总结并传授自己的中奖经验。这种做法，就是把“偶然”当成了“必然”。

在股票投资当中，某人采用了一种投资方法，帮他赚了很多钱，这时候他自己就会认为这个方法很有效。但就像我们在第五章中提到的，有效投资策略的基本条件之一是将投资策略放在大样本中进行检验回测合格。所以，究竟这个方法是不是真的有效，这个投资者的成功究竟是偶然事件还是必然事件，我们还是要将这个投资策略放到大样本中进行回测检验，剔除偶然性因素的影响。

在基金行业，每年都会产生业绩冠军，这本身是必然的，但谁获得冠军，本身很可能是个随机事件。历史经验表明，只盯着每年的业绩冠军去买他的基金，坚持下来收益并不理想。

把“运气”错当作“能力”。巴菲特曾经讲过这样的一个故事。假设全美国 2.25 亿人，每人拿出 1 美元参加一项抛硬币猜正反面的比赛，每天猜一次，只要猜错一次就直接出局，赢的人平分所有的钱，并在第二天早上把赢的钱全部投入作为第二天的赌注。10 天之后，大约有 22 万人连胜 10 场成为赢家，每人大概可以赢得

1 000 美元。再经过 10 天的比赛，将会有 215 人连胜 20 场比赛，每人最终以 1 美元赢得约 100 万美元。经过 20 轮之后，可能会有很多人认为，最后赢得比赛的这 215 人拥有猜硬币的天赋和能力，而媒体也可能争相报道他们的相关事迹，使其成为人们羡慕的对象。但我们从概率论的角度来看，抛硬币得到正面还是反面的概率都是 1/2，也就是说每个人猜中的概率都是 50%。如果把这 2.25 亿人换成 2.25 亿只猴子，最终也能得出一样的结果——产生 215 只非常会猜硬币的“天才”猴子。

在投资当中也是一样的，我们很难在短时间内或者根据偶然的几次成功就去判断一个人的能力到底强不强，因为我们很难评判这个人的成功到底是来自运气还是能力。我们在评价基金经理的业绩能力的时候，不能仅仅根据这个基金经理在最近两三年的时间里所取得的成绩来进行判断，因为这可能会受到很多外界因素的影响，比如说这几年的市场风格正好适合这位基金经理，所以这位基金经理的业绩表现非常好。正确的做法是，我们应该拉长时间周期，如果这位基金经理在 15 年的复合投资收益率依然很高，我们就可以认为这位基金经理的成功是来自他的能力。就像巴菲特所取得的成就，在于他一直坚持价值投资的理念，拉长时间周期来看，60 多年来的年化收益率能达到 20% 以上，并且经历了 2000 年美国科网泡沫的破灭和 2008 年金融危机，穿越了市场的牛熊。对于巴菲特这样的投资表现，我们不妨认为是能力的表现而不是运气好。

顺便说一下，巴菲特的这个故事还有后半段。巴菲特说道：如果这 215 只猴子来自全美各地的动物园，那显然获胜的 215 只猴子只是概率而已，因为总归会有 215 只猴子获胜。但是，如果这 215 只猴子大部分来自同一个动物园——“奥马哈”动物园，动物园的园长叫格雷厄姆，那就值得我们深思了。我们就要去研究为什么来自这个动物园的猴子大多能成为获胜者，比如它们的饮食结构、家族遗传、饲养调教等各方面是否存在不同。言下之意，巴菲特认为格雷厄姆的“门徒”（都是价值投资信奉者）都取得了不俗的业绩，那么价值投资取得好业绩，就不仅仅是运气好了。

过度自信

过度自信是行为金融学的重要研究成果之一，它揭示出人们经常过于高估自己的能力，从而做出非理性的决策。过度自信的人经常会对自己的信息赋予过高的权重，认为自己知识的准确度高于真实的准确度。有一项心理研究发现，90%的司机相信自己的驾驶技术高于平均水平。当我们问一个司机“你是一个好司机吗”时，显然这个问题很好回答，大多数人很快会回答“是”；而当我们问司机“你是一个高于平均水平的司机吗”时，显然这个问题比第一个问题难回答得多，因为要回答这个问题，需要将自己的驾驶技术水平和平均水平进行比较，事实证明，即使大多数人并不知道驾驶技术的平均水平如何，他们还是会认为自己的驾驶技术高于平均水平。事实上，根据平均的定义，我们知道不可能有90%的目标样本高于平均水平，这一调查结果与事实显然不符。通常情况下，我们只关注到自己的知识和技能，过于强调自己的能力，却忽视了别人的能力，这就是过度自信的表现。

在股票投资中，投资者也经常表现出过度自信。人们会将偶然的成功归因于自己的投资能力，而将失败的投资归因于外界无法控制的因素。在投资中，这种认知偏差会以各种各样的形式表现出来。

相信自己能战胜市场。过度自信的人倾向于高估自己的能力，认为自己的能力在市场平均水平之上，相信自己能战胜市场。所以，他们更愿意进行主动选股而不愿意进行被动投资（买指数），但事实上能战胜指数的人只占少部分。

相信自己能割别人的韭菜。人们总是过度相信自己对于股票价值的判断能力，并且依据自己的这种判断进行交易，相信自己能割别人的韭菜。但请仔细想想，当你买的时候必然有另一个人在卖，当你卖的时候必然有另一个人在买，买家和卖家当中必然有一个人是“错”的。过度自信的后果就是大家相信能够通过交易赚钱，但最终发现自己才是“韭菜”。

相信自己能战胜专业机构。过度自信的第三种表现是相信自己能战胜专业机构。统计数据表明，在A股市场上，个人投资者占据较大的比例。为什么大家宁愿自己炒股，也不愿让专业机构帮自己理财呢？显然这就是过度自信的表现，因为很多散户认为自己能战胜专业机构，获得比专业机构更高的投资收益率。但实际上，在A股市场中，由于大量散户的存在，机构的平均业绩好于指数，指数好于散户，因为指数就是所有投资者的平均业绩，机构能战胜散户就是因为散户跑输了指数。

锚定效应

锚定效应是金融市场中经常存在的一种非理性行为。所谓“锚定效应”，是指人们在做决定或下判断前，容易受到之前的信息影响，该信息犹如一个沉重的锚，沉到了海底，让你的思维以该信息为基准，在它的一定范围内做判断，而这样的判断往往会造成决策的偏误。

心理学家曾做过一个实验，他们带领一些大学生和房地产的专业人员参观一座房屋，然后请他们估计房屋的价格。而在参观之前，实验人员会打印一份随机生成的“销售数据表”分发给他们作为“参考”。多次实验的结果显示，无论是大学生，还是专职的从业人员，他们对房屋价格的估计无疑都受到了“销售数据表”的操纵。表格里的价格越高，相对应的人员给出的估值也越高，反之亦然。显然，人类的大脑极易受到“锚定效应”的影响，即使是专业从业人员也不例外。

股票投资者很容易在自己的心里设定一个初始值，之后在做决策的时候经常受到这个初始值的影响，也就是被锚定了。当指数从 2 500 点直接涨到 3 000 点的时候，人们会觉得 3 000 点太高了；而当指数从 2 500 点涨到 3 500 点再跌到 3 000 点，人们反而会觉得 3 000 点挺便宜的。这背后的原理其实就在于，人们心中的锚发生了变化，从 2 500 点变成了 3 500 点，自然就会产生认知偏差了。在投资中，人们经常会被锚定，从而做出错误的投资决策。

第一种锚定效应是人们经常会被历史股价锚定。也就是说，人们在做决策时经常会锚定股价曾经到达的历史最高值，并将其与现在的股价进行对比，当股价的下跌幅度大到一定的程度时，投资者往往会认为与自己锚定的历史最高值相比已经超跌很多了，从而做出投资决策。比如，某家公司的股价曾经最高到达过 50 元，而现在的股价只有 30 元，下跌幅度达 40%，有些投资者可能会认为股价下跌 40% 已经很多了，和 50 元相比，30 元简直太便宜了，然后就买入该股票。但在投资者买入之后，股价继续下跌。为什么？因为股价从 50 元跌到 30 元，很可能是因为基本面恶化，股价看上去更便宜了，但估值却更贵了。只有当公司基本面没有发生不可逆转的恶化，这时候由于市场情绪波动所导致的股价下跌，投资者不应该减仓，反而应该加仓。

第二种锚定效应是人们经常被近期股价锚定。比如在2018年，人们谈论消费股的估值，会认为30～40倍的估值太贵了。但到了2021年年初，人们再谈论消费股的估值，反而会认为30～40倍的估值很便宜。为什么呢？因为经过近几年的上涨，很多消费股的估值超过60倍，在60倍估值的锚定作用下，人们自然不会觉得30～40倍的估值很贵了。

第三种锚定效应是人们会被自己的买入成本锚定。很多人买了股票之后，决策会受自己的买入成本以及是盈利还是亏损的影响。但事实上，未来股票的走势，和你自己的买入成本没有任何关联。我经常说，一旦买了股票，就要忘记自己的成本，但很少有人能够做到。

人们会以股价作为锚点，不管是历史股价、近期股价，还是买入股价，这基本上是一个锚定错误。投资看的是未来，过去的股价对未来的股价的影响非常有限，人们不应该将股价作为投资决策的参照系。这个锚定错误，往往会造成严重的后果，给投资者造成损失。

第四种锚定效应是被别人的决策锚定，也就是说人们总盯着别人的决策行为，当别人做出买入决策，并且赚钱了，无论这时候估值贵不贵，都纷纷入市。假设今天某位投资明星发表了演讲，声称自己在未来一段时间看好科技股行情，那么很多人就会在不自觉当中被这个观点所锚定，纷纷买入科技股。

被别人的决策锚定，也可以叫作“羊群行为”。我们经常用羊群行为来比喻人们的从众心理和盲从行为。在股市上涨尤其是牛市期间，股价上涨往往会吸引更多的投资者关注股市、进入股市。从统计数据上看，在牛市期间开户的投资者人数往往大幅上升，这背后反映的就是人们的羊群行为，股价在上涨，别人在赚钱，自己也会忍不住冲进股市。反过来，熊市的时候，股市估值很有吸引力，但大家谈股色变。对于投资者来说，最重要的是要避免被这种群体行为冲昏头脑，做出非理性决策。

心理账户

心理账户指的是人们在心里无意识地把财富划归不同的账户进行管理，不同的心理账户有不同的记账方式和心理运算规则。

简单来说，人们会根据钱的来源不一样，认为“此钱非彼钱”。例如，人们会对打工赚来的钱精打细算，但对买彩票中奖的钱尽情挥霍。因为人们将这两种来源的钱在心理上存于两个不同的账户中，并认为它们之间不具有可替代性。显然这是违背经济学常识的，因为资金不管其来源，是具有完全可替代性的。

在行为金融学中，有很多关于心理账户的案例。我们假设有两种情形：情形 A，你喜欢的明星开演唱会，你买了一张门票，花费 500 元，但在演唱会的前一天，你突然发现门票不见了；情形 B，在你正在支付门票钱的时候，突然发现你的钱包不见了，里面有 500 元现金。请问在上述两种情形下，你是否会再花钱购买一张门票？心理研究发现，在情形 A 下，大部分人不会选择再花 500 元购买一张演唱会门票，而在情形 B 下，大部分人还是会选择花 500 块钱购买门票。这两种情形下人们的行为差异真实反映了他们心中有不同的心理账户。在情形 A 下，如果你再花 500 元购买门票，你是从同一个心理账户支出了 1 000 元，你会觉得为一张门票支出 1 000

元不划算；而在情形 B 下，相当于你是从两个不同的心理账户中各支出了 500 元，对人们来说，这是两回事。

但其实不管是彩票中奖还是演唱会门票的案例，仔细想想，同样都是属于你自己的钱，没有本质上的区别，不应该被贴上标签从而做出不同的决策。之所以人们会有不同的行为决策，究其原因就是大多数人的心理账户问题。

因为心理账户的存在，人们对不同来源的钱所赋予的重要程度是不一样的，导致人们经常做出非理性决策。在投资当中也是一样的，人们经常会将投资的钱区分为本金和盈利，不能忍受本金的亏损，却可以忍受盈利的回撤。

假设你投资 100 万元赚了 20 万元，在你的心里，你可能会认为 100 万元是本金，20 万元是盈利。如果股价下跌，导致你亏损了 10 万元，现在你的本金还是 100 万元，而盈利降为 10 万元。这时候，你可能会觉得你还有 10 万元的盈利，还是赚钱的，所以亏损的 10 万元并没有给你的心理造成很大的冲击。但如果还是本金 100 万元，亏损了 10 万元，这时候你的本金剩余 90 万元，给你造成的冲击就会更大，因为你的本金出现了亏损。但仔细想一下，和彩票中奖、演唱会门票一样的道理，不管是本金还是盈利，同样都是你的钱，同等重要，我们不应该因为钱的来源不同，就认为它们的重要性不一样。

很多人在投资中会采取所谓的“安全垫策略”。安全垫策略就是拿到钱开始投资股票，先低仓位建仓，比如先买 20% 仓位的股票，剩余的仓位配置债券或者货币基金。等组合有 5% 的盈利了，再把仓位提到 40%；等组合有 10% 的盈利了，再把仓位提高到 60%；等组合有 20% 的盈利了，就可以考虑满仓股票了。这个策略背后的逻辑是什么呢？就是本金很重要，本金不能发生亏损。所以刚开始的时候仓位要低一点，避免本金亏损；等组合有盈利了，加大风险暴露程度，因为盈利回撤相对于本金亏损更加容易让人接受。

安全垫策略的本质是偏“追涨杀跌”的，因为会随着股票上涨不断增加仓位，随着股票下跌不断降低仓位。这种策略有没有道理？我觉得和价值投资的原理并不符合，价值投资应该是反过来的。安全垫策略背后的逻辑是心理账户在作祟——同样的钱，本金的钱比盈利的钱更重要。但事实上，盈利被侵蚀掉不也是亏钱吗？

损失厌恶

当人们面对同样数量的损失和收益时，损失给人们带来的痛苦感要大大超过收益给人们带来的幸福感，所以损失厌恶反映了人们面对损失和收益时敏感程度的不对称性。

丹尼尔·卡尼曼曾经设计了一个掷硬币的实验：如果是正面，你将得到 150 美元；如果是背面，你将输掉 100 美元。这个赌局对于参与者来说，如果长期下注的话，肯定是稳赚不赔的，毕竟输赢概率相同，赢的收益大于输的损失。

实验结果却是，大多数人仍然拒绝了这个赌局，因为对于多数人来说，损失 100 美元的痛苦远远大于得到 150 美元的快乐。那么收益多少美元的快乐才能弥补失去 100 美元的痛苦呢？实验给出的答案是：200 美元。

由上述实验我们可以看出：损失厌恶是指人们面对同样数量的收益和损失时，认为损失更加令他们难以忍受。损失带来的负效用为同量收益的正效用的数倍。

“损失厌恶”心理往往深刻影响着人们的投资决策。例如：你手中有两只股票，一只涨了100%，另一只跌了50%。现在你因急事需要用钱，必须卖掉一只，那么你会卖掉哪一只？调查显示，大多数人会选择卖掉上涨的股票。因为大部分人觉得：股票上涨是收益，一定要先落袋为安，却没有考虑它继续上涨的可能性；而股票下跌是损失，是不可接受的，总希望它能涨回来避免损失，如果卖掉那损失就永远不可挽回了。

这样的想法对不对？当然不对。因为要看股票的基本面和内在价值，跟你是被套牢还是盈利没有关系。如果公司的基本面已经发生恶化，公司的内在价值不断下降，股票价格还会继续下跌，继续持有套牢股票会让投资者产生更多的亏损，更别说回本了。

我问过很多投资者这个问题：你买了一只股票，是继续持有还是应该卖出，是否取决于这只股票未来会上涨还是会下跌？所有人觉得这是肯定的。

于是我再问他们另外一个问题：你买了某只股票，这只股票未来会涨还是会跌，跟你现在是被套牢还是盈利有没有关系？所有人会回答：没有任何关系。

如果我们把这两个问题及答案连在一起，是不是可以得出这样一个结论：你是应该继续持有还是卖出某只股票，和你的持仓成本、盈亏没有任何关系，而只和这只股票未来的涨跌预期有关。这个结论非常容易得出，但绝大部分投资者很难做到。很多散户会因为自己的买入成本而影响决策——8元买的，现在10元，要卖这个股票，你很容易下手；12元买的，现在10元，要卖这个股票，你很可能就下不了手了。这就是人性普遍的弱点，对大多数人来说，把亏损股票抛掉，似乎是把潜在亏损变成真正的亏损，更深层次的原因是抛掉亏损股票等于承认错误，而承认错误这件事情，对很多人来说是非常难的。所以，不愿意抛掉亏损股票，根子里还是和人性固有的弱点相关。

选择性吸收和记忆

选择性记忆是指信息受传者对所接受信息的基本倾向，即记忆那些与自己观念最一致的内容。受众在接受和处理传播内容时，并不是不加分析地、一股脑儿地全部接受，他们主动地、积极地、有选择地筛选并记忆那些与自己固有观念、兴趣、爱好相符合的部分，而把其余内容从自己的记忆中加以排除，从而满足自己的需要，达到心理平衡。选择性记忆是受传者防御和抵制于己不利或与自己观点相反的那部分信息的防卫圈。

我们经常会发现，当投资者以某种方法投资股票赚了很多钱时，投资者往往会记住自己曾经辉煌的经历，记得自己曾经赚了多少钱，获得多么可观的投资收益率，这也成为他日后和别人炫耀的资本。当投资者以同样的方法投资股票却亏了很多钱的时候，投资者则会忘掉这段历史，并且也不愿意和别人谈起。

选择性记忆和缺乏概率思维及过度自信是相互联系的。当投资者运用某种投资策略赚了很多钱时，倾向于认为这种投资策略是有效的，却忽略了偶然因素的影响；当投资者成功投资时，倾向于将其归因于自己的能力，却忽略了运气因素的影响。这些均是选择性记忆的表现形式。

在股票投资中，很多人只愿意吸收对自己有利的信息，强化验证自己的逻辑是对的，而忽略反向信息的影响——避免得出自己决策失误的结论。例如，当某个投资者重仓持有了某只股票时，只要市场上释放了对该公司有利的信息，这位投资者会马上吸收解读，以强化验证自己的持股逻辑是对的；一旦市场出现了对该公司不利的信息，则会本能地拒绝接受。投资者的这种行为很容易导致自己忽略一些重要的反向信号，丧失了客观判断的能力。

正确的决策行为

以上我们讲了投资中的常见认知误区，这些认知误区会影响投资者做出理性决策。那么，在价值投资中，正确的决策行为应该是什么？

善用概率思维

预测未来是一件非常难的事情，股票投资更是充满了不确定性和随机性。但如果我们拥有一套大概率正确，并且可复制的决策体系，即使在某次投资中有可能失败，经过多次重复之后，你会发现在大数定律的作用下，终将获得很好的投资回报。这就是投资的本质——投资是一个概率游戏，而我们要做的是善用概率思维，发挥大数定律在投资中的作用。

锚定价值而非股价

在投资中，我们经常会被历史股价、近期股价或别人的决策锚定，从而做出非理性决策。对于投资者来说，应该锚定的是价值，而不是股价。也就是说，价值投资者要避免就股价论股价、根据股价波动做决策，而要根据股票的内在价值进行决策。如果投资者能够锚定价值，那我们就不会受市场先生情绪的影响，从而冷静面对股价波动，而不是跟随股价波动来草率决策。例如，如果基本面没有发生变化，股价下跌就是加仓的机会；但如果基本面已经发生恶化，我们就要重新评估公司的内在价值，即使股价下跌幅度不大也要及时卖出。

理解沉没成本 （忘记持仓成本）

在股票投资中，我们要忘记持仓成本。因为人们的损失厌恶心理，所以人们经常会选择卖掉盈利的股票，握住亏损的股票，等着回本。但其实股票价格的变化趋势和你的持仓成本没有任何关系，股票价格的短期波动具有随机性，而长期来说则是由基本面决定的。我们应该关注公司的基本面，锚定公司的内在价值，而不是你的持仓成本。

公平对待每一元钱

不管是“意外之财”还是“辛苦工作挣的血汗钱”，都是你的钱。理性决策者会根据自己的需求做出决策，而不会因为钱的来源不同而做出不同的决策行为。在投资当中也是一样的，对于投资者来说，本金和盈利是一样的，它们同等重要。如果你能公平对待每一元钱，那么就能理解盈利回撤 10% 和本金亏损 10% 所带来的结果是一样的，从而所做出的决策也应该是一致的。

公平对待好消息和坏消息

作为理性的投资者，我们不应该根据自己的持仓情况去决定对待消息的态度，特别是不要选择性忽略反向消息——那些可能推翻自己先前结论的“坏消息”。不管是好消息还是坏消息，我们都要客观分析，如果这则消息对公司的基本面来说实属“噪声”，那我们就应该忽视这则消息；反之，如果这则消息确实对公司的基本面产生了实质性影响，那我们就应该重视这则消息，重新评估公司内在价值的变化。

独立思考，第二层次思维

在股票投资中，投资者尤其需要独立思考的能力。独立思考，不人云亦云、盲目从众，才能做出理性的决策。只有坚持独立思考，才能避免羊群行为，才能有第二层次思维。巴菲特之所以取得如此骄人的业绩，就是远离华尔街（他的办公室就在家乡奥马哈，远离华尔街；平时他在投资中，也远离华尔街的各种“服务”），保持独立思考、客观决策。国内优秀的投资者，也大多是独立思考、第二层次思维的典范。

勇于承认错误并反思错误

在投资中，有很多投资者经常只会记住和炫耀自己的成功投资，而选择性忽略自己的投资错误，这样的投资者很难成长。最可怕的不是犯错误，而是不敢正视错误，不能及时反省、修正错误，最终的结果，可能就是一错再错。因此，我们要学会从投资中犯过的错误里汲取经验教训。

面对投资失误，我们要多问自己一些问题。比如，我的投资策略是否依然有效？买入股票之前我是否对公司的基本面进行了全面、客观、严谨的评估？我的决策流程是否合理？我是否忽略了某些重要信息？

只有清晰地认识到自己的错误，才能避免在下次的投资中也犯类似的错误。勇于承认错误并反思错误，对于投资者来说，是一种真实，更是一种成长。

关于人性和市场效率的常识

1. 行为金融学对有效市场假说的基本前提提出质疑。行为金融学认为，人们的决策行为很容易受到情绪、情感、偏好等心理因素的影响，从而做出非理性决策。并且，人们的行为并不是偶然地、随机地偏离理性决策，而是经常以同样的方式偏离理性决策。

2. 巴菲特不认为股价波动是风险，反而觉得是机会，因为波动提供了以低价买入好公司股票的机会。

3. 在价值投资者眼里，天下存在“免费的午餐”，投资者可以在市场上寻找到“低风险－高收益”的投资机会。“低风险－高收益”的本质是寻找错误定价，也就是价格低于价值的好公司，等待均值回归，赚取定价错误被修复的超额收益。

4. 人们在进行决策时，经常会陷入认知误区，做出非理性决策。常见的决策误区包括以下几个：

（1）缺乏概率思维。

（2）靠线性外推预测未来。

（3）归因错误。

（4）过度自信。

（5）锚定效应。

（6）心理账户。

（7）损失厌恶。

（8）选择性吸收和记忆。

5. 正确的决策行为有：

（1）善用概率思维。

（2）锚定价值而非股价。

（3）理解沉淀成本（忘记持仓成本）。

（4）公平对待每一元钱。

（5）公平对待好消息和坏消息。

（6）独立思考，第二层次思维。

（7）勇于承认错误并反思错误。

第七章

价值投资者的常识清单

在最后这一章，我把前面六章的内容做个概括，总结了一份价值投资者的常识清单。

重视行业竞争格局

在股票投资中，我们要高度重视对行业竞争格局的分析，因为良好的竞争格局可以帮助企业将竞争对手阻挡在外，获取持续的超额利润。不同竞争类型的市场结构决定了企业所获得超额利润的持续性。越是接近完全竞争的市场结构，行业内企业数量越多，竞争越激烈，企业没有定价权，最终只能获得市场的平均利润率。反之，越是接近垄断类型的市场结构，龙头企业在行业内的垄断优势越明显，拥有产品的定价权，更容易在竞争中获取超额利润。

但我们发现，很多人在做投资的时候，经常会优先选择成长性高、想象空间大的行业。在这里，我想告诉大家的是，行业的成长性高不高可能没想象中那么重要。行业的成长性高固然是好事情，但高成长性势必会吸引大量竞争者进入这个行业，使行业内竞争激烈，竞争格局不够清晰和稳定，这对投资者来说需要承担更高的投资风险。此外，高成长性行业往往具有高估值的特点，投资者对未来盈利增速预期较高，这会导致其盈利增速低于预期的概率大大提升。而在竞争格局稳定的行业，即使行业增速趋缓，龙头公司依然能凭借其核心竞争力持续稳定地获得超额利润，拥有更高的投资确定性。

因此，和成长性相比，行业竞争格局可能更为重要。如果一个行业同时拥有这两个特点，即竞争格局稳定且成长性高，自然是投资的最优选择，但这样的投资机会非常少见。当两者相互矛盾的时候，我们会优先选择竞争格局稳定的行业。

选择最具竞争力的优秀公司

最具竞争力的优秀公司同时拥有良好的行业竞争格局和宽阔的护城河这两个特点，投资者选择这样的公司能够充分享受公司内在价值增长所带来的长期回报。

在日常生活中，很多人非常喜欢后来者居上的故事，因为一旦成功，往往能够获得丰厚的回报。就像一场比赛进行到一半的时候，原本劣势的一方如果开始出现反转，最后实现反超，往往是最激动人心的时刻。但事实上，真的有这么多后来者居上的故事吗？历史经验告诉我们，后来者居上是一个小概率事件，而强者恒强才是大概率事件。所以，我们在投资中要选择最具竞争力的优秀公司，而不赌差公司会变好，因为好公司不容易变坏，坏公司则更难变好。很多陷入困境的企业，需要面临许多亟待解决的问题，一个问题尚未解决，另一个问题已经接踵而来。而优秀企业的护城河要经历很长时间才能形成，一旦形成，竞争者将会很难撼动优秀企业在行业内的地位。

2017 年以来，A 股市场发生了变化，市场开始愿意给具有竞争力的龙头企业一定的确定性溢价，这是巨大的进步。

做优秀公司的长期朋友

巴菲特曾说过："时间是优秀企业的朋友，平庸企业的敌人。"从长期来看，优秀的公司往往能够经受住时间的洗礼，历经宏观周期的更迭变换，依然能保持稳定的业绩增长，穿越牛熊。随着时间的流逝，它们的护城河将会不断加深，内在价值不断提高，长期持有它们的股票将会获得可观的超额回报。我们要高度注重公司的核心竞争力，而公司短期的业绩波动实则没有那么重要，更无须为公司的短期股价波动而过分操心。作为价值投资者，我们应该做优秀公司的长期朋友，充分享受时间所创造的复利价值。

做优秀公司的长期朋友，就意味着我们不以短期价差为买入目的，不依赖频繁交易创造回报。频繁交易意味着投资者要做大量关于短期股价走势的准确判断，但其实是非常困难的。上交所曾经统计过 2016—2019 年各类投资者的收益率情况，从中我们可以得出一个结论，无论是机构投资者还是散户投资者，均很难依靠择时获取收益，择时只是一种神话。用仓位的大幅波动做时机选择和波段交易，寻找短期价差所带来的收益，很难给组合带来正贡献，同时还会消耗你大量的时间和精力，并且你还有可能会支付高昂的交易成本。

留足安全边际，相信均值回归的力量

预测未来不容易，而安全边际可以帮助投资者降低对未来预测准确度的要求，并使投资者获得收益的概率大大超过损失的概率。安全边际越大，投资者所需要承担的风险越小，但所获得的潜在投资回报率越高，也就是说，安全边际可以帮助投资者实现“低风险－高收益”的目标。

短期来看，价格经常偏离价值，当价格低于价值的幅度越大，投资者的安全边际越大；长期来看，价格朝价值回归是基本的客观规律，在这个规律的作用下，股价最终能反映公司的内在价值。所以，我们在做投资的时候要留足安全边际，并相信均值回归的力量。

我们要特别避免以过高价格买入热门股票，因为高估值将会降低投资者决策的容错能力，降低投资回报率。高估值意味着市场对公司未来的业绩有较高的预期，但事实证明，即使是优秀的公司，也很难一直保持高速增长以支撑它的高估值。一旦未来公司业绩不及预期，投资者面临的将会是戴维斯双杀，投资者的损失也将会是巨大的。最典型的就是美国“漂亮50”估值泡沫破灭的例子。就如《漫步华尔街》的作者马尔基尔指出的那样，任何规模可观的公司都不可能保持足够的增长速度来支撑80倍或90倍的市盈率。好公司尚且无法持续支撑高估值，更何况市场上那些炒作概念的平庸公司，行业竞争格局不稳定，未来成长性存在巨大不确定性，这样的公司如何支撑高估值呢？未来一旦公司业绩不及预期，杀估值所带来的损失将是很多投资者无法承受的。

追求正确的非共识，从定价错误中寻找超额收益

价值投资者积极拥抱定价错误，因为定价错误是超额收益的来源。

定价错误来源于大众忽略、大众误解和大众恐慌。大众忽略指随着市场上股票供给的增多，很多细分行业里的龙头公司很容易被市场所忽略；大众误解指好公司经常由于市场风格等原因而被市场所误解，被人为贴上低成长、强周期、夕阳产业等标签；大众恐慌指市场先生经常会极度恐慌和恐惧，导致市场整体性低估，遍地黄金。

定价错误还往往来源于第一层次思维的过度放大，所以寻找定价错误需要第二层次思维。当市场上出来一则消息，不管是利好还是利空，第一层次思维的人经常只依据这则消息进行操作，导致股价的过度上涨或下跌。而第二层次思维的人则会具体分析这则消息对公司基本面是否产生实质性影响，区分是信号还是噪声，所以第二层次思维的人对问题的思考更加深入，拥有独立思考的能力和敏锐的洞察力，这也是投资者能够做出正确的非共识性预测所需要具备的思维能力。

价值投资者追求的是正确的非共识，从定价错误中寻找超额收益。但是，要做出正确的非共识预测谈何容易？投资者除了需要对所投资的行业和公司研究透彻，还要能够克服人性的恐惧和贪婪。投资是逆人性的，在现实生活中，真正能够克服人性的恐惧和贪婪的人少之又少。在巨大利益的诱惑之下，看到别人买了某只股票都

在赚钱，自己也就冲动买入；而当市场出现恐慌性下跌的时候，看到别人在卖股票，自己也开始卖出。因此，我们要追求正确的非共识，就要避免羊群行为。巴菲特曾说过："在别人恐惧时贪婪，在别人贪婪时恐惧。"其实，这体现的就是逆向投资的思想。

选择优秀公司构建组合，并注重组合均衡

我们要选择优秀公司进行投资，长期陪伴它们成长。但我们对公司的判断也有可能出错，优秀公司也会变得平庸，甚至也会犯错误或遭受重大挫折。所以我们需要构建组合，适当分散风险。诺贝尔经济学奖得主詹姆斯·托宾所说的"不要把所有的鸡蛋放在同一个篮子里"，就是这个意思。

在构建组合的过程中，我们要注重组合的均衡性。很多投资者非常喜欢问的一个问题是："你觉得接下来哪个板块表现会比较好?"其实这是一个很难回答的问题，我们很难预测宏观经济周期的变化，在这样的前提之下，我们在投资时要注重组合均衡，避免押注某个行业或者某种风格。如果我们在某个行业或某种风格上下重注，比如说，整个组合的配置极端偏向于某个行业，投资者需要承担更高的投资风险，最终的结果可能会导致组合收益率产生极大的波动，需要极强的择时能力和极高的纠错成本。这对于大部分投资者来说，是很难做到的。

均衡配置可能会导致你每一年的业绩都无法名列前茅，因为每年的业绩冠军，往往都是那些重仓某行业或者板块的基金。但长期坚持均衡配置，会使得你获得可观的长期回报。我们来看一下公募基金的回报率：拉长时间后我们会发现，行业配置均衡的公募基金

具有更好的长期投资回报，并且表现也更加稳定。

区分“重要的事”和“能力圈内的事”

价值投资者的常识清单中，有一件非常重要的事情，那就是区分“重要的事”和“能力圈内的事”。

在股票投资中，有很多东西尽管非常重要，但不是你能力范围内能预测、能把控的事情，你就不应该把你的时间和精力放在研究和预测这些东西上。

对绝大多数投资者来说，甚至对绝大多数机构投资者来说，宏观经济就是“重要但是能力圈外”的事情。其一，宏观经济本身很难预测。其二，宏观经济走势和股票市场走势之间也未必是强相关的，股票市场提前、同步、滞后反映宏观经济，都有可能，所以根据对宏观经济的判断来预测股票市场走势，理论上很正确，实践中非常困难、非常不靠谱。反过来，如果你真有能力预测宏观经济，而且能从宏观经济推导出股票市场走势，那么大家买股指期货就可以了，根本不需要研究和投资个股，因为股指期货带杠杆，收益更高。

正因为这样，投资大师巴菲特指出：“做宏观预测，或者听别人的宏观或市场预测，纯属浪费时间。事实上，它还是很危险的，可能让你的视野变得模糊，看不清真正重要的东西。”另一位投资大师彼得·林奇也说过：“根本没有任何人能够提前预测出未来利率变化、宏观经济趋势以及股票市场走势。不要理会任何对未来利率、宏观经济和股市的预测，集中精力关注你投资的公司正在发生什么变化。”

不只是这些投资大师认为宏观经济、股票市场不可预测，我观察身边的专业投资者，越是成功的投资者，越少关心宏观经济走势和股票市场走势。那么这些成功投资者关心什么问题呢？答案是“能力圈内的事”。

所谓能力圈内的事，就是你能研究清楚、跟踪得住的东西，那就是股票的基本面。比如，相比于宏观经济和指数，很多公司的基本面是投资者能把握得住的东西。比如像贵州茅台这样的公司，只要花些时间，你就能知道它的产品卖得好不好、产品价格是在涨还是在跌。研究这些东西，远比研究宏观经济和指数要容易得多、可靠得多。同时，以下这些事情是真正重要的：

第一，行业竞争格局好不好？
第二，公司壁垒深不深？
第三，公司抗风险能力强不强？
第四，公司是不是在为股东赚钱？
第五，公司业务是否会被替代颠覆？

这些事情，既是重要的，又是能力圈内的。投资股票，就是要聚焦在这些“重要且能力圈内的”事情上。

了解并避免决策盲区

我们在做股票投资时，经常会遇到自己的决策盲区，也很容易受到诸多非理性因素的影响，从而做出非理性决策。

丹尼尔·卡尼曼在《思考，快与慢》一书中指出，人类的大脑分为两个系统，即系统 1 和系统 2。其中，系统 1 的运行是无意识且快速的，它经常依赖情感、记忆和经验迅速做出判断，系统 2 则需要耗费更多的注意力来分析和解决问题。通常情况下，系统 1 会优先于系统 2 做出决策，但系统 1 也很容易上当，更容易受到非理性因素的影响，从而引导我们做出错误的决策。系统 2 则相对缓慢，比较不容易出错，可以帮助抑制住系统 1 的冲动，表现为更为理性的分析和有逻辑的判断，但它经常走捷径，倾向于跟从系统 1 的决策。正因为如此，我们需要学会多调动大脑的系统 2 进行思考，避免跟随系统 1 随意决策、快速决策。

对于价值投资者来说，要清醒认识到自己的决策可能会因为认知误区而变得不那么理性，要时刻提醒自己千万别陷入这些认知误区。所以说，价值投资不仅仅需要知识、需要技能，更需要和各种人性弱点做斗争，这也是价值投资知易行难的根本原因。